Beate Maltusch
Das Kochbuch der Gärtnerin

Beate Maltusch

Das Kochbuch der Gärtnerin

Gesunde Ernährung
aus dem eigenen Garten

2. Auflage
28 Farbfotos
36 Zeichnungen

E.U.
VERLAG
EUGEN
ULMER

CIP-Kurztitelaufnahme der Deutschen Bibliothek

Maltusch, Beate:
Das Kochbuch der Gärtnerin: Gesunde Ernährung
aus dem eigenen Garten / Beate Maltusch. –
2., völl. neugest. u. erw. Aufl. –
Stuttgart : Ulmer, 1985.
1. Aufl. u. d. T. Maltusch, Beate: Nach Art
der Gärtnerin.
ISBN 3-8001-6172-9

Wollgrasweg 41, 7000 Stuttgart 70 (Hohenheim)
Printed in Germany
Einbandgestaltung und Layout: Ulrich Kolb, Möhringen
mit einem Foto von Beate Maltusch, Weinheim
Satz: Setzerei Lihs, Ludwigsburg
Druck: Offsetdruckerei Grammlich, Pliezhausen

Inhalt

Blick in den Nutzgarten

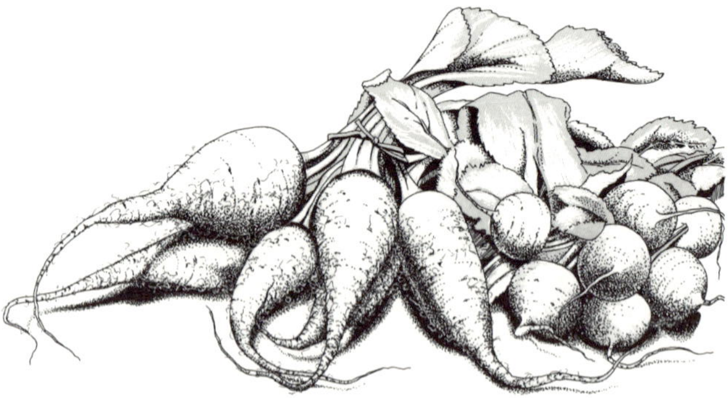

Nach Erscheinen des Kochbuchs »Nach Art der Gärtnerin« haben sich mit vielen der regelmäßigen Benutzer Gespräche ergeben. Diese möchte ich jetzt mit einem Blick aus dem Küchenfenster in den Nutzgarten mit allen Lesern fortsetzen und erweitern. Meine nachdenklichen Überlegungen sind auch dieses Mal mehr als Vorschläge denn als Ratschläge zu verstehen. Sie sind Einwände gegen das Übliche, Schematische oder auch Modische …

Ich habe mich oft fragen lassen müssen, ob wirklich alles von mir selbst erprobt sei, was ich zuerst an Kochvorschlägen aufgeschrieben hatte zur Anregung oder Nachahmung für Kochbegabte oder Gartenbegeisterte. Die dem »Wegweiser vom Garten zur Küche« jetzt mitgegebene »Gebrauchsanweisung für Küchengärten« gibt Antwort auf diese Frage.

Meine Erfolge in Küche und Garten sind ausführlich beschrieben. Meine Mißerfolge beim Anbau von Gemüse, bei der Ernährung meiner Familie und der Bewirtung meiner Gäste sind nur andeutungsweise zwischen den Zeilen zu lesen. Aus beidem, aus Freude und Kummer, sowie aus der Liebe zu jeder einzelnen Pflanze, die ich der Eßlust der Menschen opfern mußte, habe ich Erfahrungen geerntet, die mehr wert sind, als der Ertrag des Gemüsegartens in Mark und Pfennig.

Was ich gesammelt habe, erhebt nicht den Anspruch auf Vollständigkeit oder Einmaligkeit. Die Sammlung von Ergebnissen langer Mühen und großer Sorgfalt soll lediglich meine Gesprächspartner herausfordern, Garten und Küche *zusammen* noch umsichtiger zu handhaben, als bisher.

Wie ohne allzugroße Mühe Obst und Gemüse im Garten angebaut und was aus der Ernte eines kleinen Gartens alles zubereitet werden kann, findet sich in diesem Buch in Fülle. Für die Systematisierung der Pflanzangaben hat die Gärtnerin Dipl.-Ing. Vroni Hannf-Heinrich gesorgt.

Beate Maltusch
Weinheim, im Frühjahr 1985

Der Blick aus dem Küchenfenster zeigt eine erfreuliche Komposition aus Stauden und Erdbeeren einerseits, aus Einjahrsblumen, Kraut und Gurken andererseits. Die Frühbeetabdeckung beweist, daß es sich tatsächlich um nichts anderes als einen Küchengarten handelt. Winterharte oder perennierende Blütenstauden brauchen ihren Standort während des ganzen Jahres und bleiben viele Jahre am gleichen Ort. Ebenso Erdbeeren. Sie sind benachbart. Kraut wird im Frühjahr als Setzling aus dem Anzuchtbeet ausgepflanzt und ist den Sommerblumen benachbart, die ähnlich kultiviert werden. Kraut und Einjahrsblumen verschwinden im Herbst.

Wegweiser vom Garten zur Küche

In diesem Buch wird der hauseigene Küchengarten in den Mittelpunkt gerückt. Gemüseanzucht im Garten am Haus ist mehr als irgendeine Liebhaberei für Freizeit- oder Wochenendgärtner. Alles, was wir im Garten tun, ist ja – im Rahmen unserer Lebensumstände heute – sinnvoll. Freiwillig Geleistetes erweitert den uns belassenen Spielraum.

Wir stehen in einer technisierten, urbanisierten, verdreckten, vergifteten, reizüberfluteten, geräuschdurchbrausten Umwelt vor einem winzigen Stückchen Land und wollen uns – mehr oder minder laienhaft und spielerisch – dem Ungemach, das über uns zusammenzuschlagen droht, entgegenstemmen.

Aber Gartenfreunde gleichen Liebhabern; sie sehen selten zuerst die Probleme. Sie sehen, was sie wollen, und dementsprechend gehen sie ans Werk. Liebhaber zögern nicht. Sie begreifen und greifen gleichzeitig bereits zu. Sie führen meist auch durch, was ihnen vorschwebt. Sie sind selten enttäuscht und kaum je entmutigt. Nicht etwa, weil sie die Schwierigkeiten verkennen oder sie gar leugnen, sondern eben, weil sie Liebhaber sind. Liebe fragt nicht – sie liebt, was lebt und leben soll.

Gerade weil es so ist, wie es ist, und weil unsere natürlichen Lebensbedingungen bestimmt nicht besser werden, wird hier der Ernährung aus dem eigenen Garten das Wort gesprochen. Schon Teilernährung, Zukost, Rohkost aus dem Eigenen, die wir wohl wirklich als unverdorben bezeichnen dürfen, senkt die Gefahr, die aus dem Alleingenuß der durch Denaturierung widerstandsfähig und haltbar gemachten Lebensmittel droht. Zwar kann über das Gießwasser aus der Leitung und durch den Regen vom Himmel Unerwünschtes in den Boden gelangen. Aber gefährlich lebte der Mensch schon immer. Anpassung, Aufmerksamkeit und Fleiß haben seine Art bis heute erhalten. Also können auch wir versuchen, mit dem, was wir zubereiten aus der Ernte unseres Gartens, ein Höchstmaß an Gesundheit und Freude, an erfinderischer Beschäftigung und an schöpferischer Überraschung in unser Leben zu bringen. Dabei kommt es nicht auf die Größe des Gartens an, nicht auf den Anteil, den Gemüse, Kräuter und Obstgehölze bei der Bepflanzung einnehmen. Es kommt allein auf das »Wie« an.

Der kleinste Garten, nämlich der Schnittlauchtopf auf dem Fensterbrett oder die im Suppenteller auf feuchte Watte gesäte Kresse (Sojabohnen, Weizen, Senf) hat in gewisser Hinsicht genau den gleichen Effekt wie ein Leiterwagen voller Kürbisse oder ein Waschkorb voller Äpfel: Es ist das Ernten dessen, was wir haben wachsen und werden sehen, was uns bereichert, uns sättigt. Denn der Mensch lebt nicht vom Brot allein.

Meine Großmutter zog auf ihrem Berliner Balkon im dritten oder vierten Stock in den Blumenkästen Tomaten als Sichtschutz gegen die Nachbarn. Es ist mir noch heute unauslöschlich im Gedächtnis, welch ein Fest es war, wenn eine oder zwei der reifen Früchte geerntet wurden und gerade ich diese Paradiesäpfel pflücken durfte und – wie in einer kleinen Laube sitzend – sie hernach zum Abendbrot aufgetischt bekam.

Um eine Familie aus dem Hausgarten zu ernähren, werden schon einige Beete gebraucht, die im Wechsel so genutzt werden sollten, daß vielerlei Gemüse- und Obstarten gleichzeitig keimen, sprießen, reifen können. Durch den Fruchtwechsel wird dem Boden außerdem noch Gelegenheit gegeben, sich zu erneuern. Selbst wenn wir im Hausgarten keineswegs alles erzeugen können, was wir brauchen, selbst wenn die Mengen, die täglich anfallen, nicht hin und nicht her zu reichen scheinen – was tut's! Not macht bekanntlich erfinderisch. »Not« kann es auch bereiten, wenn es von Bohnen, Gurken oder Beeren gerade dann eine »Schwemme« gibt, wenn die großen Ferien und die Sommerreise heran sind, oder wenn beruflicher Streß vorübergehend den Garten mit seiner Ernte ins Hintertreffen bringt. Für eben diese Sonderfälle, die ja eigentlich das Normale sind, enthält dieses Buch viele Ratschläge. Daß Hausfrauen und Mütter mit sehr wenig Wirtschaftsgeld in schlechten Zeiten – und überhaupt – ihre Familien mit dem Garten durchgebracht haben, ist bewiesen. Der Garten vor den Toren der Stadt, halb Acker noch, brachte schon im-

Petersilie, Schnittlauch, Kresse, Bohnenkraut, Soja- und Weizenkeime sprießen auf dem Fensterbrett bereits im Vorfrühling.

mer große Erträge, auch ohne Gießmöglichkeit. Meine Schwiegermutter bewirtschaftete zeitlebens außer dem Hausgarten einen Stadtrandgarten. Sie hatte acht Kinder und die schönsten Gemüserabatten, die ich je sah. Da waren Salat, Kohlrabi, Gurken, Möhren, Blaukraut, Tomaten, Zwiebeln, Petersilie, Liebstock, Bohnenkraut entlang dem Hauptweg in buntem Verein gepflanzt. Wo immer eine Staude, eine Frucht geerntet wurde, setzte sie sofort eine anderer Art mit anderen Ansprüchen an den Boden dazwischen.

Blumenkohl löste Erbsen ab, drei Büsche Bohnen machten den Kürbisranken Platz, anstelle von Rettichen traten Rosenkohlpflanzen. Mangold, Lauch und Grünkohl beherrschten das Bild im Winter, bis auch die Rapunzeln den ersten Radieschen und frühen Salaten wichen.

Dem Leipziger Arzt Dr. Daniel Schreber ist die Anregung zu verdanken, den im 19. Jahrhundert vom Land her in die schnellwachsenden Städte zuwandernden Industriearbeiterfamilien Gartenparzellen zur Verfügung zu stellen. Die so entstandenen Laubenkolonien waren als Ausgleich gegenüber eintöniger Fabrikarbeit und einseitiger Ernährungsweise gedacht, und die Familien in der Stadt sollten durch die Gärten seelisch eine »Heimat« finden. Die Statistik beweist, daß auch heute noch aus den 100 bis 500 Quadratmeter großen innerstädtischen Gärten erhebliche Erträge von sehr guter Qualität erzeugt und, über den Eigenbedarf hinaus, verkauft werden.

Dennoch ist der Gemüsegarten rein rechnerisch keine Kapitalanlage. »Reihenversuche« im Garten und in der Küche sind immer aufwendig. Das meiste Geld kostet immer das Gewinnen von eigenen Erfahrungen. Diese Art Wissen wird selten von anderen übernommen.

Ungeprüft übernehmen können wir aber die Sorten und Arten der Gemüsepflanzen, die Generationen von Fachleuten in immer wiederholten und präzisierten Züchtungsversuchen zur Verfügung stellen. Doch bleibt es uns überlassen, aus der Vielzahl des Angebotes das zu wählen, was wir brauchen und was wir bewältigen können.

Entscheiden müssen wir uns ferner, ob wir im eigenen Küchengarten Kunstdünger und Spritzmittel verwenden wollen. Die Kompostpflege erfüllt im kleinen den gleichen Zweck, wo im Kampf gegen den Hunger in der Welt die chemischen Mittel unentbehrlich geworden und sehr hilfreich sind.

Mein Blick bei der Zusammenstellung der Vorschläge war ausschließlich auf die Ernte aus dem eigenen Garten gerichtet und auf eine ausgewogene Ernährung. Dabei blieben zunächst Fleischgerichte außer Betracht. Es wird aber nicht schwerfallen, die Anregungen in dieser Richtung zu ergänzen und dadurch manches Gericht noch schmackhafter zu machen. Unsere Lebensbedingungen heute verlangen leichtverdauliche, schlank machende und nicht blähende Kost. Auch Pflanzenkost kann üppig und belastend sein. Das wurde bedacht.

Das Gemüseputzen ist allenthalben zum Problem geworden. Zeit kostet Geld; auch die »unbezahlte« Zeit der Hausfrau ist unbezahlbar wertvoll. Darum erhält hier die Gartenhausfrau in erster Linie Anregungen, wie Gemüse aus dem Garten rasch und ohne viel Umstände in vielerlei Arten auf den Tisch gebracht werden kann.

Bei allen Vorschlägen können Zucker und Salz durch Fruktose und kochsalzarme Hefewürzen ersetzt werden. Unersetzlich sind, gerade bei Diätkost, die heimischen Kräuter, die immer frisch, erst wenige Minuten vor der Mahlzeit aus dem Garten geholt werden.

Außerdem wurde großer Wert darauf gelegt, Traditionen der Kochkunst, die von Mund zu Mund, von Mutter auf Tochter

Der reiche Ernteertrag aus unseren Küchengärten hängt von einem gesunden Boden ab. Dieser ist das Ergebnis wohlüberlegter und rechtzeitiger Bearbeitung. Das Durchlüften im Herbst, auch um die winterbeständigen Gemüse herum – hier Grünkohl und Mangold – erleichtert die Arbeit am Boden im Frühling. Die als Schädlingsabwehr bis über die ersten Frostnächte wirkungsvollen und schmükkenden Calendula wollen wir dabei aber schonen.
Das Umstechen mit der Grabegabel sollte nicht zu zaghaft in jedem Jahr erfolgen, und nachdem wir im Korb die letzten Falläpfel sammelten, die Gartenarbeiten abschließen.

Vom Fensterbrett wandert auf den Balkon, was wir an Kräutern vorkultivieren konnten. Die Tomaten an der warmen Hauswand sind vom Gärtner.

durch Generationen weitergegeben oder vererbt wurden, in dieser Sammlung Raum zu geben. Da wird – ohne Bedacht auf alle unsere Theorien heute – nach Herzenslust mit Zucker und Butter kandiert, wird flambiert und in Essig, Salz und Alkohol eingelegt, und dies wider alles bessere Wissen unbekümmert um Spurenelemente, Vitamine und Kalorien! Aber gerade all das schmeckt so gut, so ländlich und landschaftlich. Seine Gartenerzeugnisse abzuheben von dem, was alle überall in Europa und das ganze Jahr hindurch kaufen können und sie seinen Gästen »nach Art des Hauses« anzubieten, gerade das macht doch Freude!

Gartenpartys sind sehr beliebt in der Familie und auch im Freundeskreis. Besonders jenen, die keinen eigenen Garten haben, können Gartenbesitzer mit einer Sommerabendeinladung oder mit einem Wochenende (einschließlich Gartenarbeit) viel Freude machen. Anderen Gartenbesitzern, die zu Gast kommen, kann man allerdings nur ein Wort der Anerkennung ablocken, wenn nachweislich alles, aber auch alles, was angeboten wird, aus dem eigenen Garten stammt, dort gewachsen ist, wo es verzehrt wird.

»Handarbeiten« aus dem Garten in Form von Gelees, Fruchtpasten, kandierten Nüssen und Likören bereichern das Geschenkprogramm zu Weihnachten und bei anderen Gelegenheiten. Die ersten fünf reifen Erdbeeren auf dem Schreibtisch des Hausherrn, der einzige Pfirsich vom Spalier dem Nachbarn über den Zaun gereicht, der Hausgartentee dem Schnupfenkind ans Bett gebracht – das sind Lebenshilfen.

Die Rezepte für die Gartenküche sind in einer bestimmten Weise geordnet, nämlich nach dem Gartenjahr, das ja im März beginnt. Nur für diejenigen Erzeugnisse werden Vorschläge gemacht, die dem Monat entsprechen. Jeder Monat beschert uns ja besondere Gemüsearten, die es entweder schon oder noch gibt. So diktierte mir mein Garten Vorschläge in bunter Folge. Das Zuviel von dem einen und das Zuwenig von dem andern gleichmäßig über die Monate des Jahres zu verteilen – das ist ja die Kunst der Gartenküche. Natürlich kommen wir mit unseren Produkten nur dann um den ganzen Jahreslauf herum, wenn wir zweckmäßig einlagern, langsam trocknen, vorsichtig konservieren, schonend einfrieren und Werte erhaltend einkochen. Die Erntezeiten, die für März bis Oktober angegeben sind, werden in den verschiedenen Gegenden Mitteleuropas nicht immer ganz zutreffen. Sie verschieben sich je nach Höhenlage, Bodenart, nach Winden und durchschnittlicher Niederschlagsmenge unter Umständen um drei bis fünf Wochen. Durch sonnige, halbsonnige oder gar absonnige Lagen, durch das Heranwachsen von Gehölzen, durch den Schlagschatten einer Laube oder durch ein neues Nachbarhaus verändert sich bisweilen auch das Kleinklima im Garten von einem Jahr zum anderen. Die angegebenen Reifezeiten können also nicht unbedingt bindend sein.

Auf Mehl, Reis, Brot, Haferflocken, Zitrusfrüchte und ausländische Gewürze sowie auf Kartoffeln, Mais und ähnliche Erzeugnisse aus dem Großanbau kann zum Gaumenfreuden-Zubereiten selbstverständlich nicht verzichtet werden.

Die Aufmerksamkeit der Gartenfreunde wird zum Erntedankfest besonders auf jene Früchte gelenkt, die uns auch jeder Ziergarten zu schenken vermag – so ganz nebenbei. Damit die »Wildfrüchte« geerntet und richtig verwendet werden, sind für sie eine Reihe von Anregungen eingeflochten.

Dieses Buch ist weder ein Garten- noch ein Küchenbuch, sondern ein Brevier für Gartenfreunde und Kochkünstler und solche, die es werden wollen. Es wendet sich an die Zeitgenossen, denen die Grundbegriffe des Gärtnerns wie der Speisenbereitung geläufig sind. *Mengenangaben,* wenn solche überhaupt gegeben werden, sind darum nicht zwingend. Wem die vorgeschlagenen Gewürze und Mischungen nicht gefallen, oder wem gerade die aufgeführten Zutaten im Gartenspielplan fehlen, der versuche einfach, andere zu nehmen. Wenn dies oder das nach Meinung des Lesers nicht schmecken kann, sollte er es dennoch wenigstens einmal – und dann nie oder immer wieder – probieren.

Es gibt in diesem Buch, das zur Bereicherung der Freizeit und zur Beflügelung der Phantasie zusammengetragen wurde, kein »man nehme«, obwohl das Beste der traditionellen Kochkunst – süß und sauer, bitter und scharf, heiß und kalt, nahrhaft, aber auch sehr sparsam – eingeflossen ist in diesen Leitfaden, der Garten und Küche schmackhaft verknüpft. Die darin zusammengestellten Anregungen sind neben eigenen Erfindungen Ergebnis von Erfahrungsaustausch und Sachinformationen zwischen »Fachleuten« rund um die nördlich-gemäßigte Zone der Erde. Respektloserweise werden solche wichtigen Gespräche »Hausfrauentratsch« genannt. Allen, die mich in ihre Töpfe gucken ließen, sei hier gedankt. Gedankt sei auch allen, die vor mir »Kochbücher« verfaßten. Ungeprüft und unverändert wurde von ihnen nichts übernommen. Sollten dennoch Übereinstimmungen festgestellt werden, kann es sich nur um den Zufall der gleichen Erfindung handeln.

Gebrauchsanweisung für Küchengärten

Wohin

Der kurze Weg vom Beet zum Herd ist bei der Anlage des Nutzgartens im Rahmen der Gesamtplanung nach Möglichkeit zu bedenken.

Grundstückszuschnitt, Hausgrundriß, Benachbarung und Bauordnung verbieten oftmals die Anlage von Beeten in dem regelmäßigen Raster, wie sie als »klassisch« und darum als »richtig« gelten. Es gibt sehr viele Möglichkeiten für den Gemüsegarten im Wohnbereich. Der Erwerbsgartenbau muß natürlich mit Normmaßen arbeiten, die sich früher aus der Art der Bearbeitung mit Handwerkszeugen ergaben, heute sich nach den eingesetzten Maschinen richten.

Zugluft lieben Pflanzen, welche Vitalstoffe in unseren Ernährungsfahrplan bringen sollen, nicht. Pflanzen setzen Licht in Nährwerte um, die permanentes Streichen der Luft wieder fortträgt. Diese kaum meßbaren Werte werden so vermindert. Der Duft der Kräuter und Blüten ist bekanntlich in stehender Wärme am stärksten spürbar.

Wie groß

Im Wohngarten ist ein optisch angenehmes, unregelmäßiges, quadratisches oder auch rundes Pflanzschema für die Nutzpflanzen ebenso erfreulich wie vernünftig, wenn hierdurch der Platz bis zum letzten Zipfel „genutzt" werden kann. Die übliche Breite für Beete liegt bei 1,20 m mit einem Trittpfad von 0,30 m dazwischen. Diese Grundmaße dürfen beim Küchengärtlein im Wohngarten durchbrochen werden – oft geht es gar nicht anders einzurichten.

Wer Gemüse möchte, muß auf Blumen nicht verzichten. In jedem Erntekorb, den wir aus dem Garten holen, sollte auch ein Blumenstrauß Platz finden. Voraussetzung für gleichmäßig bepflanzte Beete ist, den Raumbedarf einer jeden Pflanze im ausgewachsenen Zustand zu bedenken und auch die sommerlichen Höhen aufeinander abzustimmen. Ranker und Kriecher brauchen mehr an Bodenfläche als Salvien, Rittersporn und Dahlien. Rote Rüben und Salatköpfe sind bescheidener als Gurken. Liebstöckel, Zitronenmelisse und Borretsch werden wesentlich höher als Petersilie und Majoran. Aber Dill und Bohnenkraut schaffen sich immer Platz an der Sonne.

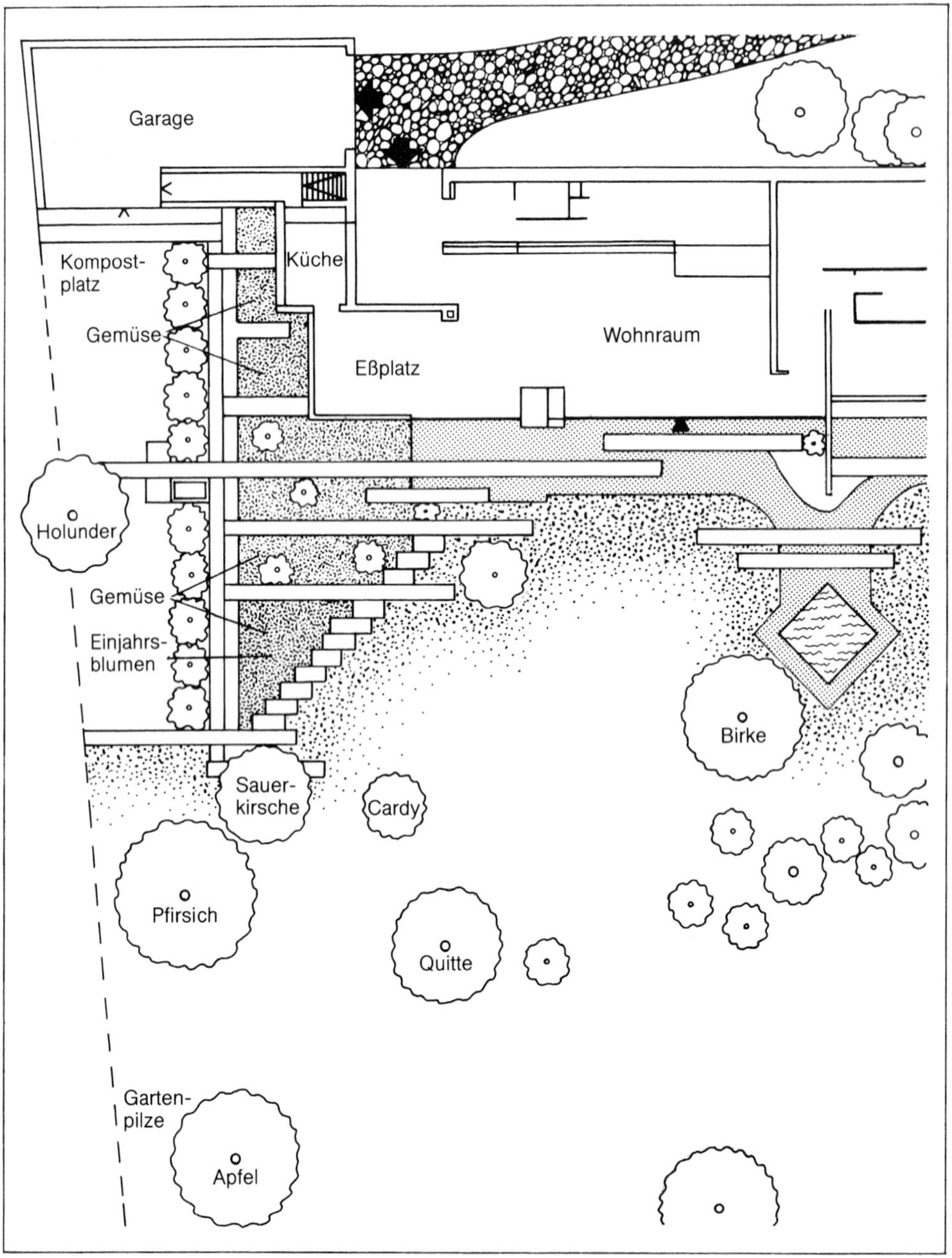
Garage
Kompost-
platz
Gemüse
Küche
Eßplatz
Wohnraum
Holunder
Gemüse
Einjahrs-
blumen
Sauer-
kirsche
Cardy
Birke
Pfirsich
Quitte
Garten-
pilze
Apfel

Im Gartenplan ist oben der Grundriß des Hauses angedeutet. Es öffnet sich mit großen Fenstern nach Süden zum Garten. Von der Küche aus überblickt, wer dort tätig ist, den Gemüse- und Schnittblumenteil, der durch die Hausnähe besonders warm und durch die Garage vor Zugluft geschützt daliegt. Die Beete sind ungleich lang und nicht alle gleich breit. Die Bedürfnisse der Pflanzen (wie der Menschen) sind verschieden. Die starkwüchsigen Zierstauden stehen weiträumig gepflanzt, schließlich eine allein, auf den kürzesten Beeten weit vom Haus. Was auf dem schnellsten Weg in die Küche wandern soll: Kräuter, Salate und alles, was wir roh essen wollen, steht der Küchentür am nächsten. Das Hin und Her zwischen Küche und Garten erfordert saubere Gehwege. Das Umrahmen der Beete mit Salbei, Lavendel, Kresse, Tagetes, Bohnenkraut oder einer Schnittlauchkante erspart das lästige Jäten entlang der befestigten Wege und in den Ecken. Im Gegensatz zu dem großzügig modellierten Wohngarten zeigt sich, was Nutzen bringen soll, straff geordnet. Beerensträucher und Obstbäume verbinden beide Gartenformen.

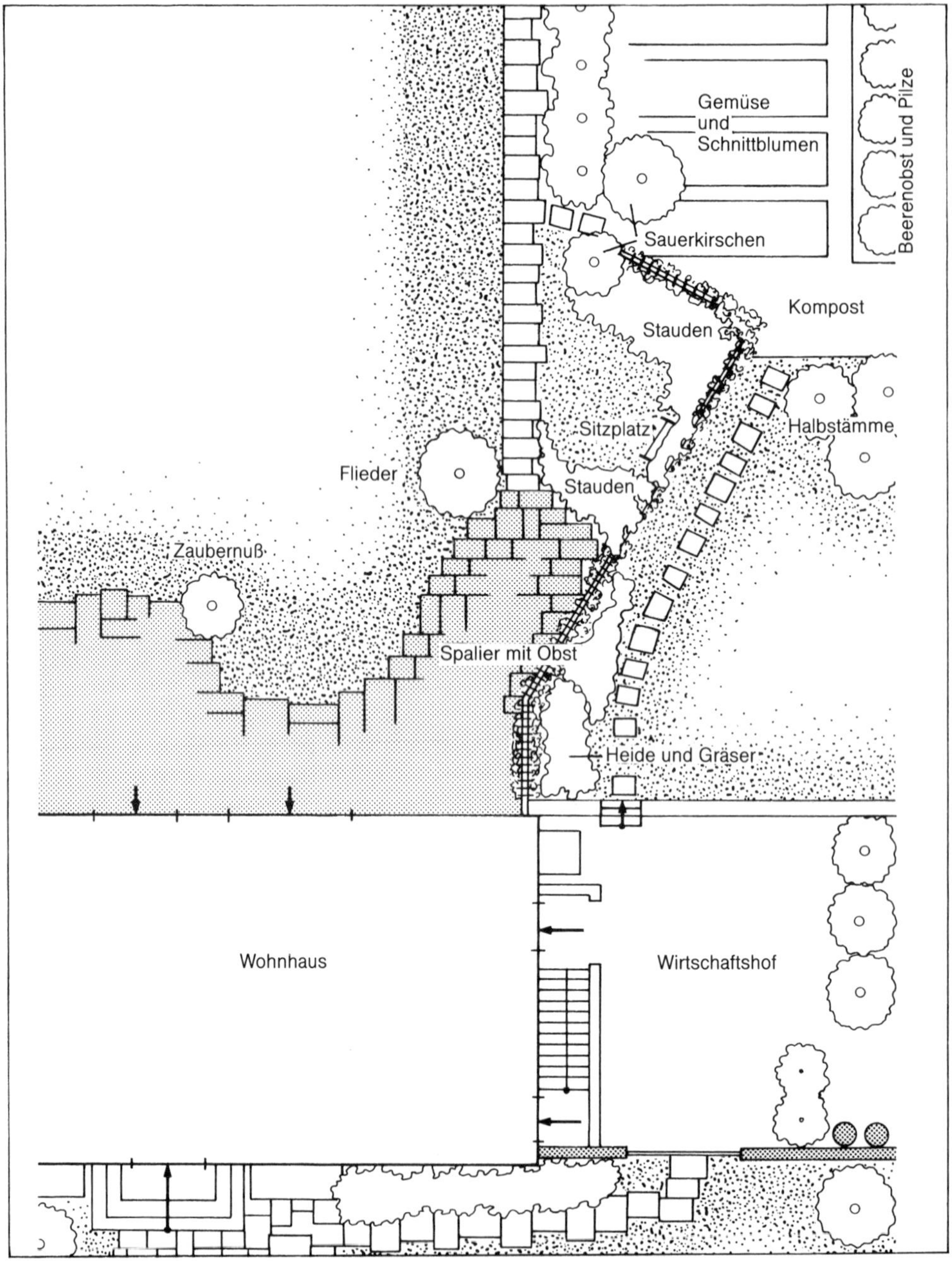

Gemüse und Schnittblumen
Beerenobst und Pilze
Sauerkirschen
Kompost
Stauden
Sitzplatz
Halbstämme
Flieder
Stauden
Zaubernuß
Spalier mit Obst
Heide und Gräser
Wohnhaus
Wirtschaftshof

Neben dem Wohnhaus ist ein Wirtschaftshof angelegt. Eine Trockenmauer schließt den sauber befestigten Platz ab. Hier kann gewerkelt werden. Ich denke da an Obstmostbereiten, an die Goldhamsterzucht der Kinder, an Gemüseputzen, an Gartenerzeugnisse zum Dörren oder Nachreifen hinlegen oder aufhängen, an das Reinigen von Körben und Kübeln, an das Bepflanzen von Töpfen und Balkonkästen und was so dergleichen mehr ist. Auch der Ping-Pong-Tisch steht hier plan und fest. Der Zugang zum Keller ist von außen möglich, um die Gartengeräte sicher und trocken zur Hand zu haben. Aus den Fugen der Trockenmauer wachsen Polsterstauden, Thymian und Lavendel heraus. Der Wäschetrockenplatz, dem Höfchen benachbart, kann auch als Krokett- und Spielrasen dienen. Er ist eingefaßt mit einem dichten Spalier von Obst-Halbhochstämmen. Da pflückt es sich leicht. Die Beerensträucher sind Grenzgehölze auf der Westseite neben den vier regelmäßigen Gemüsebeeten. Auf der anderen Seite der Beete könnten wir uns eine Einjahresblumenrabatte genau so gut vorstellen wie eine Anpflanzung eines bunten Gemüse-Allerleis. Eine Erweiterung des Gemüsegartens über vier Beete hinaus ist, wenn es das Grundstück erlaubt, denkbar. Jedoch sollten weit vom Haus nur Gewächse gezogen werden, die wenig Pflege brauchen, z. B. Rhabarber, Frühkartoffeln, Zucchini oder Monatserdbeeren.

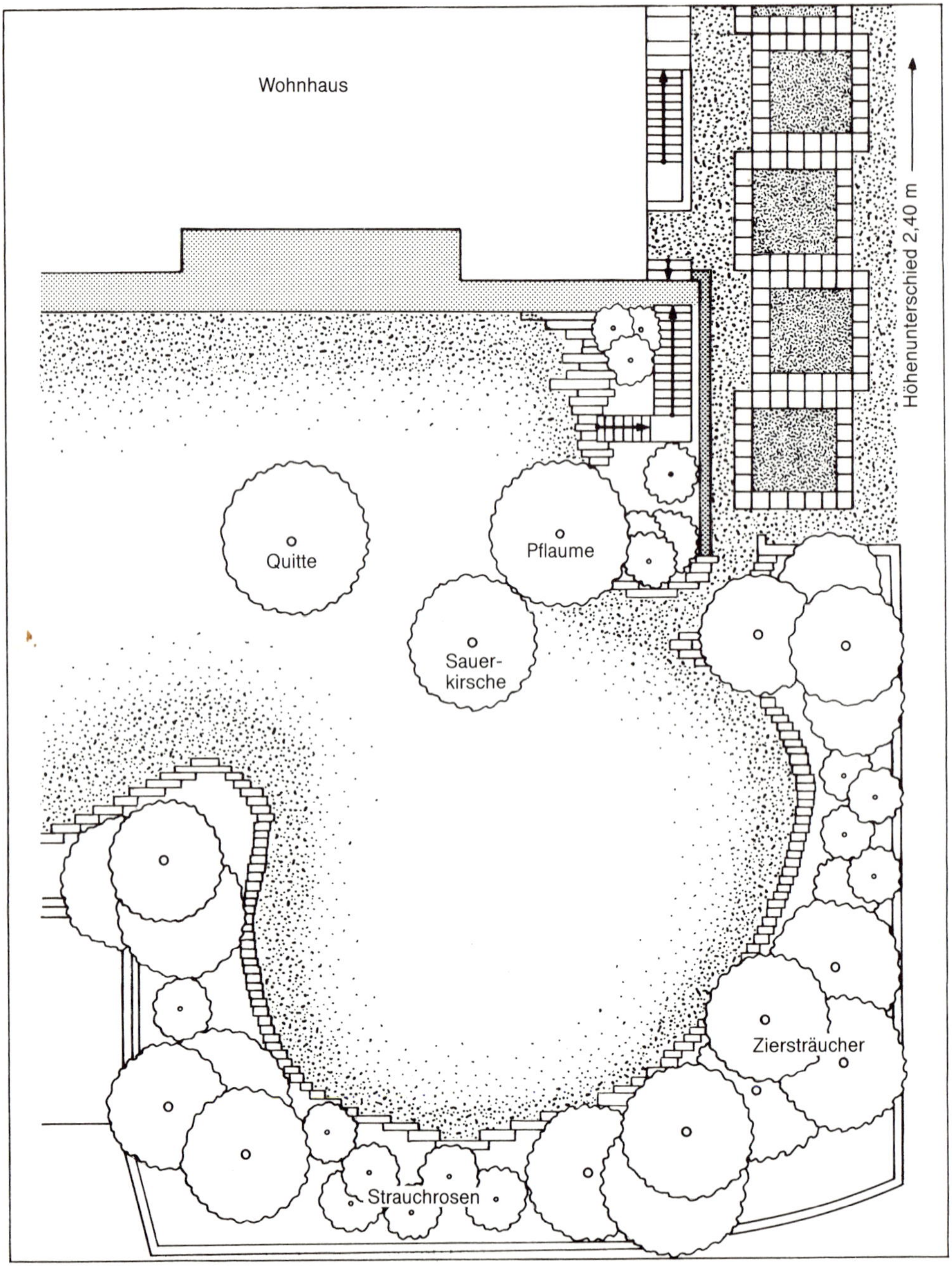
Wohnhaus
Höhenunterschied 2,40 m
Quitte
Pflaume
Sauer-
kirsche
Ziersträucher
Strauchrosen

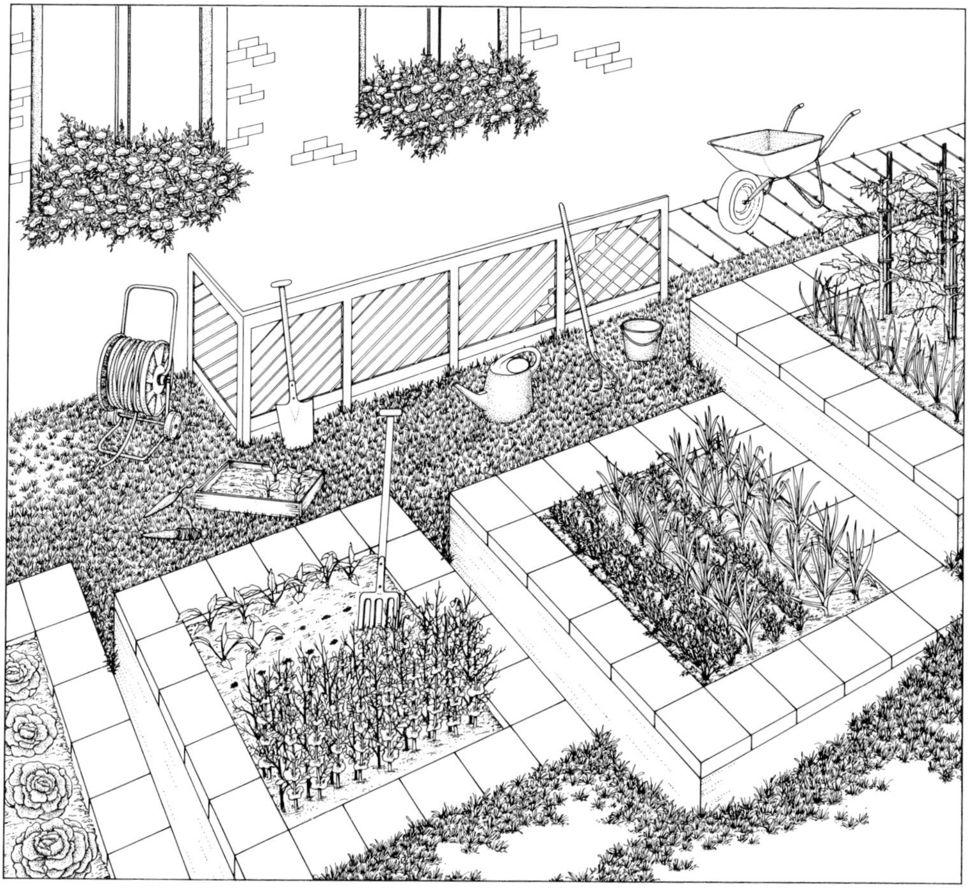

Das Haus liegt an einem Hang, der sich vom Haus her senkt. Das Gefälle wird optisch durch eine dichte Ziergehölzpflanzung aufgefangen. Da die Garage nicht neben dem Haus plaziert werden konnte, bot sich die Anlage des Nutzgartens zwischen Küchenseite und Grundstücksgrenze an, ist aber genau den streichenden Winden ausgesetzt. Hier gab die Forderung, daß der Nutzgarten möglichst nahe der Küche und auch unbedingt eben liegen sollte, den Ausschlag. Die fünf quadratischen Beete folgen in etwa dem Vorbild eines Bauerngartens. Die saubere, feste Einfassung mit regelmäßigen, gesägten Platten fangen das Gefälle stufenartig auf und ergeben ein interessantes Spiel. Hübsch ist auch eine zusätzliche Einfassung mit Lavendel. Kellertreppennähe, darüber die Küchenfenster und reichlich Umfeld lassen erkennen, daß den Benutzern für Eigeninitiative im Hinblick auf die zusätzliche Anpflanzung mit Beerenhochstämmen und Zwergobstgehölzen Raum gelassen wurde.

Die Gartenbestellung nahm früher, noch bis in unser Jahrhundert, einen breiten Raum in der Tagesarbeit ein. Das soll unser Ziel nicht sein. Kann denn eine „Gärtnerin aus Liebe", Ehefrau, Mutter, Hausfrau, Familienchauffeur, Nachhilfelehrerin, Finanzexperte, Reiseorganisator – neben womöglich beruflicher Tätigkeit – die Gartenarbeit allein leisten?
Wie wir auf diesem Bild aus einem mittelalterlichen Stundenbuch sehen, sind mehrere starke Männer und hockende bzw. knieende Familienmitglieder, mit Schürzen und Kopftüchern angetan, beschäftigt. Wir Heutigen haben einen anderen Nutzgartentyp entwickelt.
Aus: Wilhelm Boeck, Alte Gartenkunst, Leipzig 1939.

An Beeten, die schmal sind, kann breitbeinig darüber stehend gearbeitet werden. Das hat Vorteile, denn wir brauchen Wege nur etwa in der Breite unseres Fußes, nicht in seiner Länge. Sind die Beete gerundet, kann die Gärtnerin womöglich von *einem* Standort aus, nahe dem Regenwasserfaß oder dem Schlauchanschluß, mit Hilfe eines einzigen Trittsteines, rundum die Beete mühelos bepflanzen und bequem und raumsparend arbeiten. Das biologische Kunterbunt, wie in der Tabelle mit Vorschlägen über Hauptkulturen und ihre Begleitpflanzen auf Seite 27, muß nicht gleich zu Anfang aufgebaut werden. Das gelingt nämlich dem Garten-Neuling häufig nicht im ersten Anlauf. Dazu sind Pflanzenkenntnisse erforderlich und eigene Erfahrungen, die aus

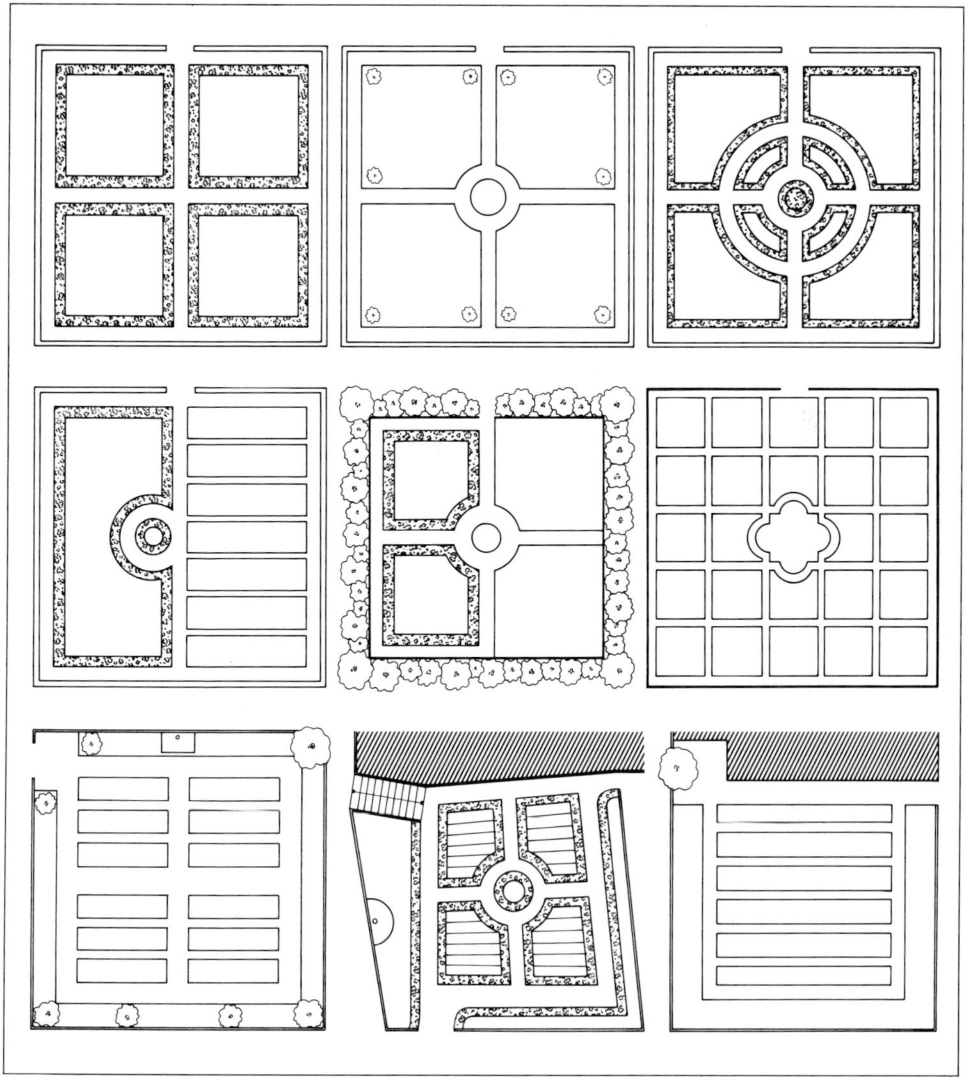

Der Bauerngarten bezieht seine vereinfachten Grundformen aus dem architektonischen Schema der barocken Anlage. Die frühen Gartentypen entstanden nach architektonischen Vorbildern. Wenn wir uns die Abmessungen sehr klein vorstellen, können wir aus der Gliederung und aus den Beetformen und deren Anordnung Vorstellungen entwickeln, nach welchen Mustern wir – ganz unkonventionell – unseren eigenen Nutzgarten im Wohngarten anlegen können, damit er praktisch und bequem zu bewirtschaften ist.

der Beobachtung des Gartens – und der Interessenlage während einiger Jahre – erwächst. Lehrbücher können nur Regelfälle als Beispiele vorlegen.

Beobachtungen machen

Schmale, kurze Beete, jeweils immer nur mit einem Gemüse, höchstens mit zweien besetzt, erlauben die Beobachtung der Ansprüche und der Veränderungen im jahreszeitlichen Ablauf. Nicht jeder wird allerdings soviel »wissenschaftliche Neugier« zeigen wie Renate, die von ihren Erstlingsbeeten im Vorgarten des Miethauses, in dem sie wohnt, zunächst nichts aberntete, weil sie beobachten wollte, wie die Pflanzen sich im gesamten Kreislauf ihres Daseins verhalten – also vom Samenkorn bis wieder zum Samenfall, über Trieb, Blüte, Frucht, Auswachsen und Welken hinaus. Es jeweils nur an einer Pflanze zu tun, hätte aber wohl auch genügt.

Schönheit und Ordnung

Wie der Küchengartenteil in einem dem Wohnen, der Bewegung, dem Spiel, der Erholung, der Freizeitbeschäftigung zugedachten Garten auf einem eng bemessenen Grundstück das ganze Jahr hindurch schön aussehen und seinen Teil zum »Gartenentzücken« beitragen soll, das steht nirgends geschrieben. Jeder Gartenfreund muß das selbst ausprobieren. Experimentieren, das ist Freude am Garten. Erfahrungen sammeln ist so nützlich, wie das wohlschmekkende Angebaute selbst. Wie wir aber versuchen, auch ein einfaches Gericht schön und ansehnlich anzurichten, so sollte es uns auch gelingen, unsere Gemüsebeete im Garten allezeit in einem ansehnlichen Zustand zu halten.

Der Gartenfahrplan

Dazu brauchen wir einen Gartenfahrplan, eine Art Verfahrensschema, das uns alle »Anschlüsse« bekannt gibt einschließlich der wichtigen Warte- oder Ruhezeiten für die Pausen zur Bodenregeneration. Wir wollen aus diesem Fahrplan ablesen, wann verstopft (pikiert), verpflanzt, verzogen werden soll, was nachgepflanzt werden kann, in welcher Folge wieder ausgesät werden darf. Wir wollen erfahren, welche Zwischenarbeiten nicht versäumt werden dürfen – z. B. das Abschneiden und Verjüngen der Kräuter während des Sommers, das Frischmachen der Beete. Wir wollen lernen, welche Pflanzen zueinander in gutem und welche in weniger vorteilhaftem Verhältnis stehen. So sollten zu früh entleerte, der Aushagerung ausgesetzte Beete und überflüssige Handgriffe zur Unzeit vermeidbar sein. »Gartenlust« darf nie zu Gartenarbeit ausarten, zumal wir ja auch noch kochen wollen und womöglich aus dem Eigenen *Vorratswirtschaft* betreiben. Durch vor-sorgliches Denken werden Mißerfolge seltener. Mißerfolge erzeugen Verdruß. Verdruß macht ärgerlich. Ärgerliches Hantieren bekommt weder unserem Gemüsegarten noch der Familie, die damit ja genährt, nicht angeödet werden soll. Adrette Beete im ganzen Jahr regen unsere Phantasie und damit immer wieder unseren Lebensmut an.

»Wissen Sie noch, wie Sie im vorletzten und im vergangenen Jahr die Pflanzen auf die verschiedenen Pflanzquartiere verteilt hatten?« – fragt mich meine Nachbarin Gerda. »Entsinnen Sie sich, wo die Winterbrache war und welches Beet Sie in den Gartenjahreszeiten bestellt hatten? Haben Sie sich wirklich gemerkt, wie die Erbsen hier, die Wurzeln dort gediehen sind und wieso der Kohlrabi leider letzthin gar nichts wurde?« Eine erfahrene Gärtnerin führt ein Gartentagebuch, in welchem sie am besten

Zwei Blattgemüse: Endivien und Grünkohl stehen beieinander. Rettiche, zuerst nur eine dünne Reihe am Rande, haben sich mit dicker werdenden Wurzeln viel Platz erobert. Das gleiche wird bei zunehmendem Winterwachstum der Grünkohl tun. Nur gut, daß die Endivien entweder bald gegessen oder zum Bleichen zusammengebunden werden. So brauchen sie weniger Platz. Nach dem ersten Frost wandert der Rest des Salates in eine mit Sand gefüllte Kiste in den Keller. Der „Fahrplan" für die gleichmäßige und vollständige Nutzung der Beete muß in jeder Beziehung und das ganze Jahr hindurch eingehalten werden. Dann gibt es weniger Verspätungen und Pannen.

Fruchtfolge

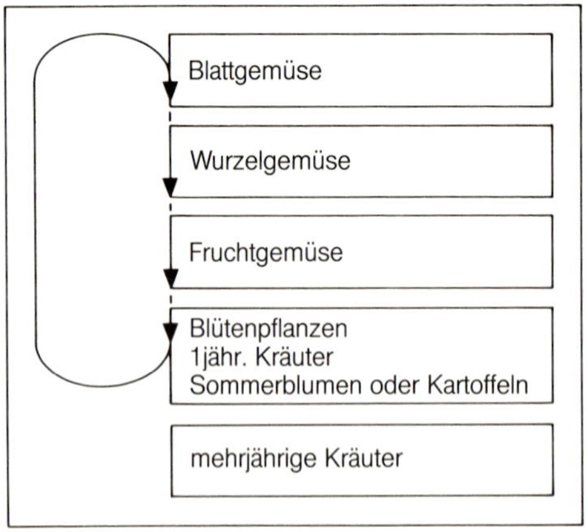

Regel: Nie Vertreter der gleichen Gemüseart in aufeinanderfolgenden Jahren auf dasselbe Beet setzen, um Krankheiten zu vermeiden.
Eine einfache, einleuchtende Einteilung der Küchengartenpflanzen ist die in Fruchtgemüse, Wurzelgemüse, Blattgemüse, Blütenpflanzen, die in 4jährigem Rhythmus das Beet wechseln.

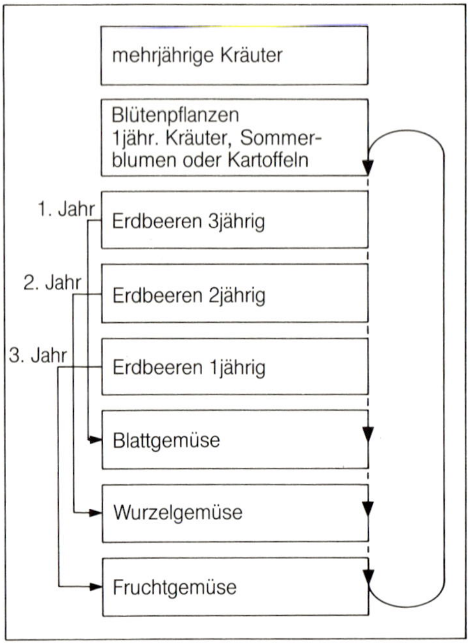

Noch günstiger, weil weiter auseinanderliegend, ist eine Fruchtfolge, die Erdbeeren mit einbezieht. Bei dreijähriger Nutzung der Pflanzen wird bei drei Beeten jedes Jahr jeweils das letzte Beet aufgelöst und ein neues vor dem ersten Beet angelegt. Durch diese weit gestellte Fruchtfolge kommt eine Kultur erst nach sieben Jahren wieder auf dasselbe Beet.

Vorschläge für Hauptkulturen mit Begleitpflanzen

Vorkultur	Hauptkultur	Zwischenbau	Nachkultur
	Fruchtgemüse		
Kohlrabi	Buschbohnen	Schnittsalat	Chinakohl
	Erbsen		Fenchel
Kopfsalat	Gurken	Schnittsalat	Spinat
Radies	Paprika		
Kopfsalat	Tomaten	Radies	
Spinat	Zucchini	Rettich	Feldsalat
	Wurzelgemüse		
Kohlrabi	Sellerie		Endivien
Möhren	Lauch		
Schnittsalat	Möhren	Kopfsalat	
Radies	Schwarzwurzeln		
Möhren	Zwiebeln		Feldsalat
	Chicorée		
	Knoblauch		
	Blattgemüse		
	Blumenkohl		Endivien
Rettich	Brokkoli	Radies	
Mairüben	Kopfsalat		Rote Bete
Salat	Rosenkohl		
und	Weißkohl		
Kohlrabi	Grünkohl		
	Mangold		

mit Hilfe einer einfachen Skizze der Nutzgartenaufteilung notiert, was wann gesät bzw. gepflanzt wurde und wann geerntet werden konnte. Sie weiß später genau, wie die Temperaturen und die Niederschlagsmengen von Jahr zu Jahr sich unterschieden haben. Sie ist nicht auf Vermutungen angewiesen oder auf ihr gutes Gedächtnis. In ihrem Gartennotizbuch ist genau vermerkt, wo und womit gedüngt, wann wie gemulcht wurde. Ihr Plan sagt aus, was in den Monaten einander im Wachstum folgte und wie der Fruchtwechsel im Laufe der Jahre den Boden beanspruchte oder auch anreicherte. Der ganze Umtrieb ist exakt erfaßt, in Stichworten. Das genügt. Die Erinnerung hilft dann nach. Erfahrungen machen ist gut, Erfahrungen sammeln ist besser. Nachprüfbare Fakten sind im Nutzgarten von Nutzen.

Die Anregungen für die Verarbeitung des Selbsterzeugten, die der Leser oder die Leserin in diesem Buch vorfindet, sind nach Monaten geordnet. Verwendet wird, was in den Monaten Mai oder August oder Oktober reif oder herangewachsen ist. Wann aber muß die Aussaat oder das Auspflanzen der Jungpflanzen erfolgt sein, damit wir

Hauptkulturen mit langer Vegetationszeit und großem Platzbedarf

	Abstand der Reihen in cm	Abstand der Pflanzen in den Reihen in cm
Schwarzwurzeln	25	3
Möhren	30	5
Sellerie	50	40
Buschbohnen	40	30
Gurken	100	20
Tomaten	80	60
Zwiebeln	20	5
Lauch	30	15
Kopfkohl	60	50
Blumenkohl	50	40
Paprika	40	40
Mangold	40	30
Zucchini	Komposthaufen	

Vor-, Nach- und Zwischenkulturen mit kurzer Vegetationszeit und weniger Platzbedarf

	Abstand der Reihen in cm	Abstand der Pflanzen in den Reihen in cm
Rettich, Radies	20	2
Kopfsalat	25	20
Spinat	20	3
Kohlrabi	25	20
Erbsen	30	5
Rote Bete	20	20
Endivie	40	30
Feldsalat	15	dicht
Chinakohl	60	50
Buschbohnen	40	30
Rosenkohl	60	60
Grünkohl	50	50
Lauch	30	15
Schnittsalat	25	2

dann ernten können, wenn das Gemüse am besten schmeckt? Nutzpflanzen, die in unserem Klima und in unseren Gärten gedeihen, brauchen unterschiedlich lange Zeiten, ehe sie in der Küche – oder richtiger für unseren Tisch – verwendet werden. Sie fordern auch unterschiedlichen Arbeitsaufwand. Es gibt hochwachsende Pflanzen, rankende, kletternde und kriechende, es gibt Blattpflanzen, die auf der Erde sich ausbreiten, Knollen und Wurzeln, die unter der Erde ihre Werte entwickeln und es gibt solche, die über der Erde, also an Stämmen oder Stielen fruchten. Sehr vieles läßt sich auch in einem ganz kleinen Küchengärtlein anbauen. Das angefügte Schema soll dazu anregen, sich in das Nutzgartenpuzzlespiel einzuüben, damit Sie, meine Leser, die Gewinner sind – in mehrfacher Hinsicht.

Auswahl treffen

Mich hat die Erfahrung gelehrt, daß drei, vier oder sechs kleine, dicht beeinander liegende Pflanzflächen, die theoretisch zumindest von einem Standort aus mit der Hacke sauber und locker gehalten werden können, sich fast ebenso biologisch beeinflussen, als hätten wir alle Pflanzenarten miteinander und durcheinander auf einem Beet üblicher Größe. Meine Erfahrung geht auch dahin, daß sich auf etlichen kleinen Beeten mit ausgewählten Pflanzen, nicht allen, die möglich wären, sondern mit denen, die man am liebsten mag, eine reizvolle Ordnung oder Anordnung erzielen und über den ganzen Sommer erhalten läßt. Der Küchengarten darf kein Schandfleck im Wohngarten sein, sondern eine ebensolche Augenweide

In unserem Klima ist Tomatenanbau Glückssache. Sind auch die Sorten heute widerstandsfähiger, so reifen Tomaten oft zu spät im Jahr. Das Umhüllen der Tomatenstauden mit Folienmäntelchen ist nicht schön, hat sich aber bewährt. An trockenen und warmen Tagen sollten diese Hüllen hochgestreift werden, damit durch das Schwitzen der Pflanzen sich keine Fäulnisbazillen bilden. An wiederholt von Jahr zu Jahr verwendeten Tomatenstützen aus Holz haften die Parasiten über Winter und schädigen die von neuem an sie gebundenen Pflanzen. Die Stützen sollten desinfiziert oder in Seifenlauge abgebürstet werden. Rankstäbe aus Edelmetall oder Kunststoff bieten Parasiten keinen Nährboden.

Pflanz- und Erntekalender

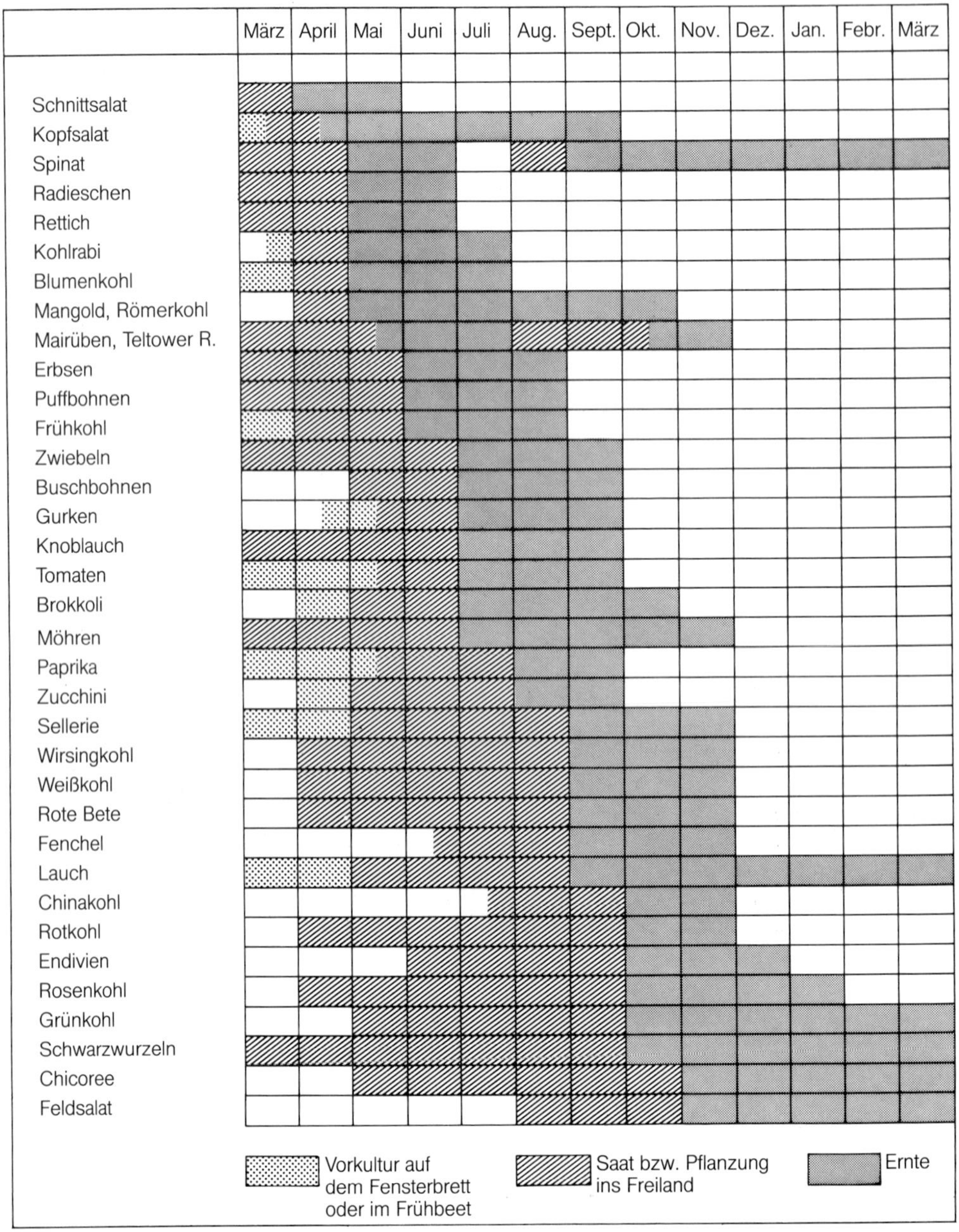

Kräuterbeetpflege

	Basilikum	Bohnenkraut	Borretsch	Dill	Gartenkresse	Kerbel	Koriander	Kümmel	Majoran	Petersilie	Estragon	Lavendel	Liebstöckel	Oreganum	Pfefferminze	Pimpinelle	Rosmarin	Salbei	Schnittlauch	Thymian	Ysop	Zitronenmelisse
einjährig im Frühjahr aussäen	×	×	×	×	×	×	×		×	×												
zweijährig						×		×		×												
ausdauernd											×	×	×	×	×	×	×	×	×	×	×	×
laufend nachsäen			×	×	×	×																
laufend junge Blätter oder Triebe ernten	×	×	×	×					×		×	×	×	×	×	×	×	×		×	×	×
laufend zurückschneiden					×	×				×									×			
im Frühjahr leicht zurückschneiden																					×	
im Sommer leicht zurückschneiden												×	×	×			×					×
zum Trocknen kurz vor der Blüte ernten				×					×	×	×		×	×	×					×	×	×
zum Trocknen zur Blütezeit ernten	×	×										×					×	×				
zum Trocknen Fruchtstände ernten							×	×														
im Winter auf dem Fensterbrett halten	×				×					×							×		×			

wie ein schön gedeckter Tisch. Wuchernde Kräuter, schießende Salatköpfe, geplatzte Kohlrabi, zu schwer an kippligen Stützen hängende Tomaten, schlapplaubige Gurkenranken, nicht rechtzeitig gereiserte Erbsen sind unschön. Häßlichkeit ist nur zu oft das Ergebnis falscher Sortenwahl aufgrund ungenügender Information. Der anfangs so liebliche Anblick dicht gesäter Möhren oder Rettiche oder roter Rüben verspricht meist keine überzeugenden Ernteergebnisse. Sie wollen in ihrer Unscheinbarkeit lieber Individualität zeigen dürfen. Sie müssen also zur rechten Zeit verzogen, verein-

Pflanzen, die sich gegenseitig fördern und sich Schädlinge fernhalten

Bohnen mit	Kohlarten, Tomaten, Salatarten, Borretsch
Kohlarten mit	Bohnen, Rote Bete, Tomaten, Erbsen, Sellerie, Gurken
Tomaten mit	Zwiebeln, Sellerie, Bohnen, Kohl, Petersilie
Möhren mit	Zwiebeln, Lauch, Dill
Salate mit	Rettichen, Bohnen, Gurken, Rote Bete, Mangold, Kerbel
Erbsen mit	Kohl, Sellerie
Lauch mit	Sellerie, Tomaten, Kohl, Möhren, Salat, Schwarzwurzeln, Zwiebeln, Erdbeeren

Pflanzen, die sich gegenseitig hemmen und deshalb nicht zusammengepflanzt werden sollten

Zwiebeln und	Bohnen, Kohl, Erbsen, Kartoffeln
Tomaten und	Rotkohl, Rote Bete, Fenchel, Erbsen
Kopfsalat und	Petersilie
Spinat nicht vor	Roten Beten, Mangold

zelt werden. Buschbohnen, die mehrmals durchgepflückt sind und deren Laub schon zu gilben beginnt, gleichen einem ungekämmten Schopf. Sie gehören raus, auch wenn ein paar letzte Schoten geopfert werden müssen. Sie können auf dem Gartentisch liegen bleiben. Vögel oder Mäuschen holen sie sich dann. Das sofort wieder frisch gemachte Beet wartet ja bereits auf neues Grün, z. B. auf Spinat, Endivien, Feldsalat, auf Rettiche oder nochmals Radieschen oder auf Rosenkohl und Grünkohl für den Winter oder auf Ackersenf als Gründüngung vor dem Winter.

Von 6 Beeten, je nur 0,60 m breit und kaum länger als 1,20 m, lassen sich während eines Gartensommers wenigstens 5 × 4 = 20 Gemüse (Salate inbegriffen) ernten, wenn wir nur rechnen, daß jede Fläche 2 × besetzt wird. Ein Beet, das sechste, sollte den (meist ausdauernden) Würzkräutern vorbehalten werden. Je zwei Hochstämmchen, beispielsweise Stachelbeeren, auf zwei Beeten sind vertretbar, je zwei Tomatenstauden auf den drei anderen. Erdbeeren benötigen kein eigenes Beet mehr, seit es rankende Sorten gibt, die aus einem Kübel oder Kasten sich an einem Stützgitter emporarbeiten. Ringelblumen oder Calendula halten von den kohligen Pflanzen die Raupen fern, Tagetes die Schadinsekten. Kaiserkronen sollten die Wühlmäuse vertreiben. Vergißmeinnicht und Goldlack gehen schon wieder, ehe die Gemüse antreten. Für Cosmeen und Kapuziner und Jungfer im Grünen ist irgendwo immer Platz oder sie finden ihn. Cardy, eine noch neue eßbare Bewohnerin unserer Gärten, ist eine Artischocke, die malerisch blüht. Wohin mit ihr? Zu den Stauden oder als Solitär mitten auf den Rasen.

Im Herbst die Grabgabel nicht einfach fallen lassen und den Mut nicht aufgeben! Einige Beete unseres kleinen Nutzgartens werden frei gemacht, damit der Boden sich regeneriert, indem er einfach auffriert wie ein Acker. Dadurch verfeinert sich die Krümelstruktur des Bodens. Oder wir Gartenliebhaber helfen der Erde, indem wir Kompost aufbringen oder Dünger einarbeiten, damit ihre Fruchtbarkeit sich erneuert. Wir

Keine Stelle des Bodens darf unbeachtet oder gar unbesetzt oder unbearbeitet bleiben. Brache hagert die Krume aus. Darum nach Plan: wo abgeerntet ist, die neue Saat legen oder gleich frisch bepflanzen. Aber auch wo ein Beet nur teilweise abgeerntet ist, sollte sofort neues Wachstum eingeleitet werden.
Mein Nachbar bestellt seinen Garten großzügig, aber biologisch vorbildlich. Er denkt wie ein Bauer und pflanzt wie auf dem Acker. Die Beete sind nur angedeutet, aber nie läßt er einen Krümel Erde unbestellt. Was sich fördert und viel bringt, wird bevorzugt. Mit der Ordnung nimmt er es nicht so genau. Aber sein Gartenland duftet.

sollten aber zu diesem Zeitpunkt schon eine Vorstellung haben, was im nächsten Frühjahr hier und dort wachsen soll. Manche Pflanzen, beispielsweise Wurzeln, lieben frisch gedüngte Böden nicht. Andere Pflanzen z. B. Leguminosen, also Hülsenfrüchte, düngen sozusagen für sich selbst und für die Nachfolger.

Auf anderen Beeten unseres Nutzgartens, die wir nicht abräumen können, warten Wintergemüse auf ihre Verwendung. Dazu gehören u. a. Porree und Grünkohl. Bis zum ersten Frost halten es auch Endivien draußen aus. Oft bedürfen sie erst nach Weihnachten einer Folienabdeckung. Wurzeln – das sind Karotten, Rettiche, Rote Bete, Sellerie, Schwarzwurzeln und andere – werden allerdings leicht von Mäusen angefressen, belassen wir sie zu lange an ihrem Standort. Wir schlagen sie besser flach in den Frühbeetkasten ein oder betten sie in Torfmull an einer gut erreichbaren Stelle, wo sie bis zum Verbrauch sich frisch halten. Petersilie, Schnittsellerie, Schnittlauch und andere derbere Würzkräuter, die wir ungern in der Küche vermissen, heben wir in einem kräftigen Spaten voll Erde aus, so daß ihre Wurzeln unbeschädigt alle im Ballen sind. Diese setzen wir so in den Frühbeetkasten zum sauberen Überwintern, d.h. zum Schnitt auch im Winter.

Beetpflege

Es gibt einige Grundregeln, um ein Beet, das mehrere Gemüsearten nacheinander tragen soll, frisch zu machen. Als erstes sollte das Beet von allen verbliebenen Pflanzenresten, das sind Blätter und Wurzelrückstände, befreit werden. Auch alles »Unkraut« muß, weil es im Krautgarten Kraut am falschen Platz ist, mit Wurzeln entfernt werden. Das ist wichtig, weil Unkraut, das bereits in Samen gegangen ist, von sich aus zur Vermehrung in ungeahnten Mengen Vorsorge getroffen hat. Es soll also das Beet abgeharkt, abgesammelt und gelockert werden. Mit Lockern ist Hacken gemeint.

Man fängt vor seinen Füßen an und entfernt den Hackenschlag vom eigenen Standort aus in Breite oder Länge über das Beet. Nur so kommt wirklich überall Luft, also Sauerstoff in die Krume, ist die Erde gewiß ausreichend tief und fein gelockert, damit zarte Würzelchen von Jungpflanzen oder die ersten Senker von Samen sich darin ausbreiten können. Wer von der äußersten Entfernung auf sich zu hackt, übergeht leicht Stellen im Beet und wundert sich hernach über das ungleichmäßige Gedeihen der Pflänzchen. Pflanzenausfall in den Reihen ist häßlich und ärgerlich. Der Anblick des Beetes ist beeinträchtigt und die Ernte vermindert. Nach dem sorgfältigen Säubern und Lockern (mit dem Dreizack-Kreil oder dem moderneren einzackigen Bodenlockerer, dem Sauzahn, darf man auch ziehen) ist oft ein Glätten mit dem Rechen kaum noch erforderlich, zumal wenn Pflänzchen gesetzt werden sollen. Jedoch verhilft das Überharken des Saatbeetes dem Boden zu noch feinerer Krümelstruktur. Ein solches Beet sollte so glatt und gleichmäßig in seiner Oberfläche sein wie ein ausgebreitetes Tischtuch.

Säen und Pflanzen

Ich brauche sicher nicht zu erwähnen, daß es zu einem schönen Beet gehört, an der Schnur entlang zu säen oder zu pflanzen. Wie mit einem Lineal gezogen sollten die in gleicher Tiefe und in abgemessenem Abstand gelegten Samen aufgehen, bzw. sollten dann die gesetzten Pflanzen gut angedrückt und aufrecht stehen.

Die bei der Anlage von Beeten und dem Abmessen der Reihen und Abstände häufig vorkommenden Maße, etwa 30, 25, 20 cm, auch 10 und 5 cm sollte man sich auf dem Hacken- oder Rechenstiel einkerben. Dann hat man vor sich selbst (und vor den anderen) keine Ausrede, man hätte gerade keinen Zollstock in der Tasche gehabt. Es glaubt einem ja auch niemand, daß die Suppe anbrennen mußte, weil der Topf zu klein war, oder daß in den Pudding Salz kam, weil man den Zucker nicht fand.

Bisweilen ist in der Anleitung auf der Samentüte (z. B. bei Feldsalat oder Spinat) die Angabe zu finden: breitwürfig ins Freiland zu säen. Stellen Sie sich dabei einen Sämann vor, der die Schürze oder einen Korb voll Körner vor dem Leib trägt und mit ausladenden Armbewegungen den Samen breit über das Feld streut, was heute kein Landmann mehr tut. Der drillt sein Getreide mit der Maschine in Reihen. Auf einem Beet, über das breitwürfig Samen gestreut wurde – angeblich spart das Mühe – läßt sich das Unkraut vom unregelmäßig wachsenden Kraut zunächst schwer unterscheiden. Das Unkraut geht ziemlich sicher schneller auf als das Kulturgut.

Eine Ausnahme bildet da lediglich der zur Gründüngung gestreute Samen von Akkersenf. Er soll das ganze Beet schnell dekken, die Erde mürbe halten und vor dem Aushagern schützen. Er kann dann früh im Jahr in den Boden eingearbeitet werden, wo er an Ort und Stelle in der Frühjahrsnässe bald verrottet.

Beim Einkauf von Samen in den verführerischen Fachgeschäften sollten wir auch unbedingt darauf achten oder danach fragen, wie hoch die ausgewachsene Pflanze wird. An der Höhe läßt sich etwa ihr Umfang ermessen, also die Zahl der Pflanzen abschätzen, die für unsere »Schmal-Kurz-Beete« in Betracht kommen. Es ist hier auf so vieles zu achten, was eigentlich nur Erfahrung und Anschauung lehrt – ganz ähnlich wie beim Kochen.

Vorkultur

Der Neuling sollte vor allem darauf achten, was der »Gartenratgeber« sprich Samen- und Pflanzenkatalog als Kultivierungsform angibt. Da kann es heißen, entweder »Aussaat ins Freiland« oder »Aussaat (bzw. Vorkultur) in Töpfen, Schalen oder Kisten« oder im »Frühbeet«, falls vorhanden. Dann – aber wann – »verstopfen«. Was ist das? fragte Hubert verdutzt. Eine Geduldsarbeit, die man auch pikieren nennt, und die feiner Fingerspitzen, zweier Pikierhölzchen oder gar einer Pinzette bedarf und sehr sorgfältig gesiebte Komposterde voraussetzt. Die gekeimten Samen, welche 2 bis 5 cm hoch sind und 2 bis 4 Keimblätter entwickelt haben, werden aus der Saatkiste oder -schale umgepflanzt. Jeder Keimling wird einzeln in ein bleistiftdickes Loch in ausreichendem Abstand gesetzt, fest angedrückt und stets gleichmäßig feucht und temperiert gehalten. In einer Kiste, die mit Klarsichtfolie abgedeckt werden kann, oder am besten in einem Minifrühbeet am Fenster entwickeln sich die Keimlinge zu Jungpflanzen, die genügend widerstandsfähig sind und ausreichend Wurzelwerk gebildet haben, um an ihrem neuen, dem dritten Standort, auf dem Gartenbeet, sich störungsfrei und daher gesund zu voller Größe zu entwickeln.

Aussaat ins Freiland

Für den Anfänger wird es immer einfacher sein, Pflanzen zu wählen, deren Samen es verträgt, direkt an Ort und Stelle in den Boden gelegt zu werden, wo er wachsen soll. Hierzu gibt es eine Faustregel: Der Abstand zwischen den Samenkörnern in der Reihe soll so weit sein, wie das Samenkorn dick ist, und es soll das Samenkorn dreimal so tief in die Erde gebettet werden, wie es groß ist. Bei sehr feinem Samen, z. B. bei Möh-

Wenn aus dem Salatquartier im Frühbeet schon Lücken herausgefuttert sind, können andere Pflanzen ausgesät werden, die einer Vorkultur bedürfen, z. B. Paprika, Sellerie, Sommerkohlrabi und Winterkohlsorten – auch Petersilie, wenn man mit der Aussaat ins Freie kein Glück gehabt hat. Jedenfalls hüten wir die Tomatenpflanzen im Frühbeetkasten, die nun schon in Töpfe verpflanzt sind, solange, bis sie Mitte Mai ins Freiland können. Gegen Ende des Gartenjahres wird Spinat oder Feldsalat den Anzuchtkasten füllen. Das Frühbeet wird jetzt ein Spätbeet oder Winterbeet, von wo Blattgemüse und Salate mühelos und vor allem auch sauber vom Garten ins Haus geholt werden können.

rensamen, ist es ratsam, den Samen mit Sand in einer Tasse zu mischen und ihn dann auszusäen. So fällt er nicht zu dicht. Langsam keimende Samen, z. B. Petersilie und auch Möhren können mit dem Saatgut von Salat oder Kresse vermischt werden. Diese keimen schneller und markieren die Reihen soweit, daß das Beet locker und sauber gehalten werden kann, bis das eigentlich Gemeinte kommt. Dann wird die Markiersaat vorsichtig herausgenommen, um in der Küche noch Verwendung zu finden.

Alle Samen sollen in der offenen Furche, die wir entlang der mittels zweier Steckhölzer gespannten Schnur mit einer Hacke oder dem »Sauzahn« gezogen haben, mit einem Holzbrettchen (aus der Küche) festgedrückt werden. Dann erst die Erde leicht darüber ziehen und nochmals mit dem Brettchen – das man auch an einen Gerätestiel nageln kann, wenn einem das Bücken schwer fällt – festdrücken. Sodann leicht – mit nicht eiskaltem – Gießwasser überbrausen. Unterläßt man das zweimalige Andrükken des Samens, verschwemmt man die Saat, und die sorgfältigen Reihen sind zerstört.

Schutz der Beete

Vögel, Katzen und Hunde müssen von den Saatbeeten ferngehalten werden. Sie kratzen bekanntlich. Wehende Bänder gegen Vögel, leichte, käufliche Netze aus Perlon oder ein System aus sternförmig kreuz und quer gespannten Fäden gewähren den erforderlichen Schutz und sind, wenn der Samen sich zu gefestigten Pflänzchen entwickelt hat, leicht zu entfernen.

Pflanzen

Wer kein Anzuchtbeet hat oder einen Frühbeetkasten, der mit Hilfe von verrottetem Mist erwärmt und mit Fenstern zugedeckt ist, wer sich überhaupt diese Mühe nicht machen will, kauft die Pflanzen beim Gärtner. Wir verwenden ja auch beim Kochen dies und das, was in keinem Garten wächst, z. B. Mehl und Butter. Die Pflanzen vom Gärtner sollten, auch wenn sie in Erd- oder Papptöpfen angeboten werden, am gleichen Tag noch an Ort und Stelle in ausreichendem Abstand gepflanzt werden, in tiefgelockerte und mit Humus und Nährstoffen angereicherte Erde.

Die Pflanzen müssen ganz fest angedrückt werden. Zu sorgloses Pflanzen verzögert das Wachstum, was am Gilben der untersten Blättchen zu erkennen ist. Selten holen solche Pflanzen die Verzögerungen während des Sommers wieder auf. Häufig sind sie besonders anfällig gegenüber Ungeziefer und Krankheiten.

Das Frühbeet

Das Anzuchtbeet, auch Frühbeetkasten genannt, spielt eine bedeutende Rolle im Gartenjahr. Mit seiner Hilfe läßt sich die Vegetationszeit erheblich verlängern. Ich pflegte damit Ende Februar zu beginnen und habe mich zum Bepflanzen nicht selten in den Schnee gekniet. Seine Abmessungen sind nicht zwingend festgelegt. Im Gartenbaubetrieb ist das Früh- oder Mistbeet 1,20 m breit. Jedes darüber gelegte Fenster hat die Maße 0,80 × 1,20 m. Zehn oder zwanzig Fenster nebeneinander in einer Reihe sind üblich und wirtschaftlich.

Aber in unserem Mini-Gemüsegarten ist ein Frühbeet, das 1 qm, also 100 × 100 cm mißt, oder sogar eines, das nur 50 × 60 cm oder 60 × 40 cm klein ist, schon ausreichend. Wichtig ist, daß 20 cm Erde ausgehoben werden und der Boden festgestampft und geglättet wird. Vier Latten aus Holz, Fertigplatten oder Betonbauteile sollen das vertiefte Geviert einfassen, an den Ecken durch je einen eingeschlagenen Pfosten gehalten. Die Oberkante soll 40 cm über Beetniveau reichen. Als Abdeckung genügt ein mit durchsichtiger Plastikfolie bespannter Rahmen in entsprechender Größe. Glasabdeckungen haben zwar mehr Gewicht, speichern aber auch Wärme noch besser. Das abdeckende Fenster soll eine leichte Schräglage haben, damit Regenwasser ablaufen kann. Klassisch wäre es, als unterste Schicht in das vertiefte Geviert Buchenreiser kreuz und quer zu legen, darauf eine dikke Schicht dampfenden Pferdemist festzutreten und feine Komposterde dick darüber zu sieben. Buchenzweige sind rar, Pferdemist selten. Also beginnen wir mit grobem Gartenabfall, den wir uns schon im Herbst bereit legten. Darauf treten wir zuerst eine Schicht Beeterde gemischt mit verrottetem Laub fest, am besten unter Zugabe von Brennesseln, die nicht nur auf der Haut brennen, sondern viel Hitze beim Verrotten entwickeln. Darüber sieben wir dann die Komposterde, in welche wir den Samen betten, z. B. Radieschen, Kerbel und auch schon gleich Tomaten. Gekaufte Salatpflanzen haben bestimmt auch noch Platz, von denen wir, mit einigem Wetterglück, Ende März schon ernten können. Später werden andere Pflanzen ausgesät, die einer Vorkultur bedürfen (siehe Angaben auf den Samentüten). Inzwischen sind auch schon Gurken im Frühbeet aus Kernen zu stattlichem Gerank herangewachsen, das über Sommer die gute, lockere, humusreiche Erde nutzt, um viele schöne Früchte anzusetzen. Gurken nehmen schwere Gewitterregen und plötzliche Abkühlungen, wie sie in höheren Lagen vorkommen, bisweilen übel. Die Folienabdeckung des Frühbeetes schützt zumindest Wurzeln und Triebansatz. Wer aber gerne neue Erfahrungen macht, nutzt im Sommer das dampfend warme Frühbeet zur Anzucht von Stadtchampignons. Sie sind bräunlich und schmecken herzhafter als die weißen aus dem Keller. Fabian, der mir fleißig bei der Arbeit zusieht, fragt natürlich: »Warum machst du dir den ganzen Umstand? Die Sonne macht's doch!« »Die Wärme für die Pflanzen wird nicht allein von der Sonnenenergie durch die Abdeckscheiben hindurch erzeugt. Die Luft, die unter der Mistbzw. Lauberdeschicht zwischen den Zweigen ganz unten streichen kann, fördert die Fäulnis. Fäulnis erzeugt Wärme. Für das Wachstum aber ist feuchte, gleichmäßige Wärme gut.«

Gießen

Nach dem Einsetzen der Jungpflanzen werden sie, ohne Brause, jede für sich, im Wurzelbereich angegossen. Das ist besser, als das ganze Beet unter Wasser zu setzen. Pflanzen brauchen mehr Sauerstoff im Boden als Feuchtigkeit. In Trockenzeiten hilft man dem gesunden Wachstum durch regelmäßige Lockerung mit der leicht gehandhabten Hacke (auch der Ziehhacke) besser als mit viel Wasser, das den Boden verdichtet, verkrustet und versauert.

Wasser aus der Regentonne ist heute ja auch nicht mehr, was es »früher« war. Es ist zum größten Teil über das Dach des Hauses zusammengelaufen und das Dach ist nach längeren Trockenzeiten bedeckt von Staub, von Industriestauben, die nicht wenig Chemikalien und andere Schadstoffe enthalten. Also auch das Wasser in der Regentonne sollte, ehe wir es unseren Pflanzen im Garten zuführen, auf den pH-Gehalt, also auf Säure und Ruß und sonstiges getestet werden. Gechlortes Wasser aus der städtischen Leitung ist unter Umständen besser oder zumindest harmloser, als das gesammelte Regennaß. Werde ich wohl daran denken, fragt sich Onkel Gustav, wenn das Dach nach ein paar Stunden reingewaschen ist,

In den Drahtkorb leeren wir was im Garten zusammengeharkt und abgeschnitten wird. Der Behälter soll nahe dem Nutzgarten seinen Platz haben. Durch den ungehinderten Zutritt von Luft und Regen verrotten in dem Gehäuse Stengel, Halme und Blätter im Laufe des Sommers. Im Herbst werden die Gitter umgelegt. Der Inhalt läßt sich leicht aufgabeln. Der Transport zum Kompostplatz erspart das erste Umsetzen. Ein guter Kompost soll dreimal gelüftet und umgelagert werden, um Humus zu werden. Im Humus entwickelt sich Kraft, Fruchtbarkeit und Wohlgeruch für die Ernten des kommenden Jahres. Voraussetzung für gesundes Gemüse und aromatische Früchte ist gutgepflegter Kompost.

hinauszugehen, um das Ablaufrohr über der Regentonne zu öffnen?

Kompost

Der Kompostplatz sollte dem Küchengarten in etwa benachbart sein. Es gibt ja beim Ernten wie beim Jäten, beim Fruchtwechsel den ganzen Sommer und Herbst über, viel nützlichen Abfall zum Kompostieren, und Kompost wiederum wird beim Frischmachen der Beete in dünnen Lagen immer wieder gebraucht. Außerdem gibt es sehr erwünschte Gartenfrüchte, die aus unserem Küchenzettel gar nicht mehr wegzudenken sind: Kürbisse und Zucchini, die unglaublich große Blätter haben und viel Platz und guten Boden brauchen. Diese setzen wir auf den Kompost und halten diesen damit zugleich beschattet und feucht.

Zum Kompost werden alle Gartenabfälle sowie die Abfälle aus der Küche, soweit sie pflanzlichen Ursprungs sind, gesammelt. Der Sammelplatz sollte wenigstens für drei Haufen von je 1 m^3 Raum bieten: Für frische Abfälle, für Halbverrottetes und für fertig veredelten Kompost. Damit wir die Rückverwandlung von Abfällen in Erde schnell und sicher erreichen, ist es ratsam, für die Zufuhr von Sauerstoff zu sorgen, indem wir lagenweise grobe Stiele und kleine Äste zur Ventilation einbauen. Die Zugabe von Hornspänen, Blutmehl und Düngekalk ist nützlich. Die Haufen sollten ein- bis zweimal im Jahr umgesetzt werden. Das ist eine ziemlich anstrengende Arbeit.

Mancher wird der klassischen Kompostanlage aus Raummangel oder um der Schönheit willen einen Biokomposter, d. h. einen geschlossenen aber gut durchlüfteten Behälter und einen Schredder, der auch Zweige und grobe Stiele »zerkaut«, vorziehen. Dennoch wird immer für das Gedeihen von Kürbis und Zucchini ausreichend Komposterde danebenfallen. Auch Gartenpilze möchten, soweit sie im Boden kultiviert werden, hier ihre Nährstoffe beziehen. Brennesseln, die in Kompostnähe ihren selbstgewählten Standort haben, sollten von Zeit zu Zeit abgehauen und grün zwischen die Abfallschichten gepackt werden. Brennnesseln fördern die Gärung und mindern den Fäulnisgeruch.

Schädlinge

Schädlinge: das können Wühlmäuse sein, Engerlinge, Maulwurfsgrillen, Schmetterlinge (Kohlweißlinge), Läuse, Milben, Schnekken, Rüsselkäfer und vieles mehr. Da viele Vogelarten – natürliche Feinde beispielsweise der Schnecken – fast ausgerottet sind, nehmen Schnecken in manchen Jahren erschreckend überhand. Streuen wir Gift, schaden wir wieder anderen Vögeln und auch den Igeln, die ihrerseits Vertilger von Maulwurfsgrillen, Engerlingen und Mäuschen sind.

Sowohl Schnecken wie Maulwurfsgrillen sind imstande, in einer einzigen Nacht verheerende Schäden anzurichten und es ist gut, wenn sich der Nutzgartenfreund vielerlei Kenntnis über mögliche Abhilfen verschafft. Aber nur eigene Erfahrung und rechtzeitige aufmerksame Beobachtung schützt tatsächlich vor Ungemach. Die enge Benachbarung sich ergänzender Pflanzenarten (siehe Seite 32) gibt eine gewisse Sicherheit. Mit wachsamen Augen werden Blattunterseiten noch vor dem Gießen abgesucht. Das Absprühen der Blätter mit Tabaklauge (Zigarettenkippen in einem Eimer Wasser sammeln) schadet nie. Schalen mit Bier sollen gegen allerlei Übel, vor allem Schnecken, ein probates Abschreckungsmittel sein. Am sichersten jedoch nimmt man eine Pinzette und sammelt – früh ehe die Sonne aufgeht – und trägt den schmierigen, klebrigen lebendigen Inhalt weit weg vom Kompost und aus dem Garten. Wohin? – sage ich nicht. Resi ist der Meinung, wenn man dreimal hintereinander die Schnecken zurück an den Waldrand bringt, kämen sie nicht wieder. Viele Leute stellen gegen Wühler und Wurzelfresser Fallen.

Obst

Eine Gärtnerin kocht natürlich auch mit Obst. Obstbäume haben nicht selten schöne Gestalten, stets liebliche zarte Blüten und meist gesundes, grünes Laub unterschiedlicher Schattierung. Obstbäume können ihren Platz an der Sitzgruppe oder nahe der Terrasse oder zur Beschattung des Kindersandkastens haben. Durch Beerensträucher lassen sich die Drahtzäune entlang der Grundstücksgrenzen verdecken oder kann der unentbehrliche Komposthaufen nutzbringend umpflanzt werden. Die Standorte der Obstbäume und der Beerensträucher bedürfen nicht der Beziehung zu den Gemüse- und Kräuterbeeten.

Gartenpilze

Pilzmyzel ist im Fachhandel, einschließlich Kulturbeschreibung, zu haben. Wie im Walde auch, werden die Gartenpilzarten ihren Standorten nach unterschieden. Es gibt im Boden wurzelnde und am Holz (Fichte, Kiefer oder Buche) wachsende Pilze. Im Garten lassen sich Pilze unter Obstbäumen und in naher Standortbeziehung zu Brombeerhecken oder Himbeerstauden ziehen, also zusammen mit *den* Beerenpflanzen, die aus den Kahlschlägen im Wald ihren Einzug in die Haus- und Wohngärten gehalten haben. Hier verbessern wir ihre Bedingungen – die der Beeren und die der Pilze – durch regelmäßiges Mulchen, d. h. Ablagern von Laub und Rasenschnitt in ihrem Wurzelbereich.

Pilze können vom zeitigen Frühjahr an über den ganzen Sommer hinweg bis zum Herbst geerntet werden, wenn auch selten in großen Mengen. Eine Sorte, der Samtfußrübling, erträgt sogar bis zu 10° Frost. Als Nachkultur im Frühbeet sind Stadtchampignons eine bequeme Sache. Der bekannte japanische Shii-Take wird im Frühjahr und im Herbst vom feuchten und, wenn es kein zu strenger Winter ist, auch noch über Weihnachten vom trockenen Holz geerntet. Rinde tragende Rundhölzer von je einem Klafter (etwa 1,7 m) Länge werden auf die Erde gelegt. Im Bild auf Seite 63 sind es Chamaecyparisstämme (Zypressenholz), die auf den Lavaböden von Japans Bergwelt einzig gedeihen. Jedes andere borkige Holz z. B. von Akazien oder genauer Robinien ist für die Anzucht sicherlich auch brauchbar. Das Pilzmyzel, das es einschließlich der Gebrauchsanweisung im Samenhandel zu kaufen gibt, wird unter die Rinde gebracht, eingeimpft sozusagen. Das Holz soll nun stets feucht gehalten werden und gleichmäßig warm. Es darf und soll ein bißchen faulig riechen. Die Schilf- oder Strohmatte wird nicht nur des Nachts darübergerollt, sondern garantiert bei starken Regengüssen oder bei heißer Sonne, daß das Myzel weder anfangs ausgeschwemmt wird, noch die Pilze vor der Zeit austrocknen. Anneliese meint, in Großstadtgebieten sei Stroh, noch dazu langes, also handgedroschenes, ausgesprochen schwer zu haben. Sie versucht die Pilzkulturabdeckung nun mit nasser Holzwolle. Vielleicht geht auch das? Ein beschatteter Ort macht die Sache im ganzen einfacher. Täglich können wenigstens 4 bis 8 bis faustgroße Pilze von Oktober bis zum Frost und im Frühjahr wieder vom April an bis Anfang Juni dem einen oder anderen Gemüse oder einem Reisgericht beigegeben werden.

Ein trauriger Anblick! Ja – und die Darstellung eines Problems, das im kleinsten Gemüsegarten am größten ist und am schwersten wiegt. Wir ziehen ja von jeder Art Gemüse nur wenige einzelne.
Probleme gibt es immer. Da ist erstmals die Zusammenstellung der Sorten und Arten auf einem Beet als Problem. Probleme kann uns der Boden und seine Bearbeitung bringen. Probleme sind zuviel oder zuwenig Regen, sind Schatten, sind Hitze. Probleme sind mitunter der Hund, die Katzen, die Vögel. Probleme sind das Ungeziefer. Probleme sind dazu da, gelöst zu werden. Jeder Gartenliebhaber kann aus eigener Erfahrung zu meiner Aufzählung noch seine hinzutragen.

Schnittblumen, Kräuter und vieles mehr

Wer möchte auf Blumen aus seinem Garten verzichten – und wer hat das Herz, aus seinen Staudenpflanzungen, die so sorgfältig komponiert wurden, Blütenstiele herauszuschneiden? So wird der Nutzgarten nur zu oft auch zum Schnittblumenquartier, und sei das Küchengärtlein noch so klein.

Da hatte doch Irene den Mut, in einer Hofecke zwischen Wohnhaus und ehemaligem Stall auf nur 10 qm Fläche einige »geschenkte«, ihr also noch unbekannte Stauden zu pflanzen. Dazwischen säte sie irgendwelche Sommerblumen nach dem Bild auf der Tüte, und wo ihr dann noch die blanke Erde ungenutzt erschien, säte sie Pflücksalat, Borretsch und Petersilie. Sie pflanzte Kohlrabi, weil sie so hübsch aussehen, ebenso Schnittlauch, Zitronenmelisse und Salbei. Sie vergaß auch Dill nicht. Tomaten zieht sie als Sichtschutz gegen die auf der Straße Vorübergehenden hoch und gegen den Einblick vom Hof schützen sie mittlerweile dichte Bohnenranken, die aus einem Balkonkasten sprießen. Sie werden wöchentlich einmal geerntet. Bei meinem letzten Besuch bemerkte ich Erdbeeren im nun mit Erde gefüllten alten Brunnenloch und Grünkohl war als Winterzierde vor der Türe gepflanzt. Ein Weinstock zur Taufe des ersten Kindes wartet im Topf darauf, eingepflanzt werden, wenn das alte Haus seinen neuen Putz haben wird. Er ist der Grundstock zur Laube. Es gibt eigentlich keine Vorschriften, auf welche Weise und in welcher Gesellschaft das Gemüse im eigenen Garten herangezogen werden muß. Aber es ist immer gut, das zu beachten und genau zu beobachten, was anderen zu Erfolg und Freude im Nutzgarten verhilft und daraus zu lernen.

Küchenzettel: Was koche ich wann?

Einer bäuerlichen Überlieferung zufolge braucht der Mensch zu seinem Gedeihen an jedem Tag etwas von dem, was unter der Erde gewachsen ist, von dem was auf der Erde steht und von dem, was über der Erde heranreift, um sich die Gottesgaben der Natur recht einzuverleiben.

Meine Erfahrung lehrt mich, daß Ratschläge nie direkt und selten wörtlich befolgt werden. Anregungen hingegen wirken oft noch lange Zeit. Vorschläge für Speisenfolgen können eigentlich immer nur Denkanstöße sein. Die von mir hier gegebenen Anregungen folgen der oben angeführten Überlieferung und folgen den Monaten durch das Jahr.

Ich habe für 40 Wochen Beispiele für die Hauptmahlzeit angeführt. Sie sind durch einen Vorschlag für die Nebenmahlzeit, oder das Abendbrot, ergänzt.

An allen anderen Tagen im Jahr möge die Erfindungsgabe der kochenden Gärtner gedeihlich walten. Die Erntemengen, die Anzahl der Tischgäste, die zur Verfügung stehende Zeit und manches andere – nicht zuletzt der Geldbeutel – sprechen ja immer ein Wort mit.

40 Anregungen für Speisenfolgen von Januar bis Dezember

Januar/Februar

1 Erbsensuppe (186)
Apfelküchlein (146)
Grün-weiß-roter Salat (126)

2 Nudel-Auflauf (170)
Sauerkrautsalat (184)
Apfelrohkost (60)

3 Grünkohl mit Birnen (185) zu Bratwurst und Salzkartoffeln
Himbeernachtisch (187)
Möhren-Sellerie-Rohkost (60)

4 Lauchgrütze (186)
Apfel im Schlafrock (149)
Champignon-Rohkost (53)

März/April

5 Gemüserisotto (53) und Fenchelsalat (50)
Apfel-Johannisbeer-Schnee (54)
Frühlingsomelett (59)

6 Gemüsesülze (49), Bratkartoffeln, Apfelsoße (51)
Pfannkuchen, Kompott

7 Schwarzwurzelsuppe (56)
Semmelschmarren mit Blattgemüse (80)
Zwiebelsalat (183)

8 Spinatberg (61)
Rhabarbergrütze (64)
Rote Rüben angenehm aufgefrischt (53)
Rohkost mit Bohnenkeimen (60)

Mai

9 Lunchsalat mit Schinken und harten Eiern (72)
Kirschen-Reis (76)
Rettich-Radieschen-Salat (73)

10 Kohlrabi gedünstet (62) mit Rindfleischklößchen
Kartoffelbrei mit Kräutern
Obstsalat (77)
Spargel, kalt mit grüner Soße (76)
Kräuterbutter (73) zu Vollkornbrot

11 Kräuter-Rührei (72)
Grüner Salat (71)
Kartoffelsalat mit rohen Gemüsen (73)
Stachelbeersuppe (70)

12 Kohlrabi in Pfefferminzsoße (75)
Kartoffelflinsen (175)
Erdbeernachspeise (71)
Grießomelett (70)

Juni

13 Englische Suppe (87)
Mangold im Käsebett (74) mit Kartoffelklößen (189)
Errötende Jungfrau (83)
Grüner Salat mit fettfreier Mayonnaise (90)

14 Irish-Stew (52) mit oder ohne Hammelfleisch, Kartoffeln
Stachelbeerschnee (69)
Rettichsalat (61)

15 Erdbeerkaltschale mit Wein (83)
Reis mit Pilzsoße (88)
Kalte Spargel mit pikanter Soße aus jungen Zwiebeln (91)

16 Spargelsuppe (91)
Überbackene Kohlrabi (90) oder gefüllte Kohlrabi (91) auf Kartoffelbrei
Erdbeergrütze (83)
Schmorsalat mit Eierstich (79)

Juli

17 Fruchtsaftsuppe (99)
Grünkernbratlinge mit Wachsbohnensalat (100, 102)
Aprikosenschaum (98)

18 Buttermilchkaltschale (110)
Gartenchinesisch (100)
Salatblattrouladen (95)

19 Möhren im Schnee (104) mit Kalbssteak,
Obstsalat im Juli (98)
Helgoländer Salat (187)

20 Blumenkohl, totschick (103)
Pfefferminzkartoffeln (126)
Früchtebibber (98)
Salat aus gekochten Gemüsen (162)

August

21 Gefülltes Gemüse (118) Hirsebrei
Augustäpfelnachspeise (117)
Senfgurken oder Zuckergurken, frisch (121) zu Bratkartoffen mit Speck

22 Risipisi (88) mit
Gurkensalat
Stippmilch (119)
Kartoffelsalat mit Äpfeln (117)
23 Schmorgurken Großmutterart (112)
Naturreis
Birnen-Krokant (151)
Möhrensaftkaltschale (109)
Spieße nach Wahl (110)
24 Blumenkohlsuppe (87)
Zwetschgenknödel (119)
Buttermilchkaltschale mit Beeren (110)

September

25 Nudeln mit andalusischer
Tomatensoße (129)
Afrika-Birnen (137)
Tomaten-Käse-Toast (130)
26 Goldtaler-Böhnchen (128) Kartoffeln,
Westfälische Pflaumennachspeise (136)
Kohlrabirohkost (75)
27 Tomatensuppe mit Rotwein (130)
Apfelpfannkuchen (152)
Jugoslawiensalat mit Kresse (126)
28 Lauchauflauf (155)
Apfelquark (136)
Spanische Omeletts (130)

Oktober

29 Kartoffelsuppe, roh (175)
Apfelstrudel mit Vanillesoße (148, 99)
Käseklößchen mit Spinat oder
Mangold (79)
30 Rotkohl mit Kutscherkartoffeln (172,
174) dazu Putenkeule
Nußkaramelspeise (179)
Apfelsalat (162)
31 Birnenvorspeise (151)
Wirsingkoteletts (154)
Klöße Brandenburger Art (189)
Holundersuppe mit Grießklößchen
(144)
32 Laubfrösche aus Römerkohl (156)
Holländische Soße (155) Bratkartoffeln
Birnennachspeise (151)
Apfelmus

November

33 Bohnensuppe (159)
Apfelkartoffeln (149, 174)
Kürbissalat (162)
Sandwichaufstrich, klassisch (165)
34 Blitzsuppe (160)
Selleriekoteletts mit Feldsalat (164, 50)
Quittenschaum (167)
35 Obstsauerkraut (172)
Kräuterflinsen (59)
Japanisches Frühstück (62)
36 Chinakohlwickel mit Käsesoße (166)
Bratäpfel (173)
Birnenvorspeise (151)

Dezember

37 Kartoffelsuppe mit Pilzen (160)
Birnenhupferle (161)
Quark-Kräuter-Keulchen (60) und
Paprikaboote (125)
38 Rosenkohl gebacken mit grünen Bandnudeln (170)
Arme Ritter mit Kompott
oder Apfelmus (174)
Partysoße Wintergarten (188)
39 Bohnenkernsuppe (186)
Dorotheenknödel (119)
Walnußtoast (187)
40 Zwiebelscheiben, paniert,
überbacken (182)
Erbsauflauf (99) mit
Sauerkraut (172, 184)
Nußquark (152)
Dänischer Salat (88)

Seit alters her wird im Korb die Gesamtheit des zum Leben Notwendigen gesammelt und nach Hause getragen. Auf diese Weise ist ein jeder Korb zum Sinnbild für Wohlergehen, Sicherheit, Fleiß und friedliches Tun geworden. Mit einem schön gefüllten Korb danken wir für alles, was uns Garten, Erde, Sonne, Regen und unser Gartenfleiß bescheren. Wir danken für das, was wir durch unsere Erfahrung und Umsicht vom Garten in wechselvoller Folge auf den Tisch bringen dürfen. Den Korb für den Bindebast, die Rebschere, das Okuliermesser, die Hippe, die Handkralle hat die umsichtige Gärtnerin stets bei sich, wenn sie in ihren Garten geht. Ein Korb erspart ihr unnötige Schritte.

März

Favoriten des Monats: Keimlinge, Spinat, Feldsalat, rote Rüben, Schwarzwurzeln

Gemüsesülze
Gemüsestrudel mit Feldsalat
Feld- oder Rapunzelsalat
Spinatstrudel mit Fenchelsalat
Fenchelsalat, roh
Fenchelsuppe
Brote mit Kükenfutter
Spinat, weder streng noch langweilig
Spinatklöße
Spinatpuffer mit Apfelsoße
Apfelsoße, pikant
Spinatwickel
Spinatauflauf italienisch
Spinatsuppe mit Öl
Spinatsuppe mit Ei
Frühlingssuppe
Stew (ohne Fleisch), in England mit Lamm
Apfelrisotto
Gemüserisotto
Rote Rüben, angenehm aufgefrischt
Champignon-Rohkost
Kressesalat
Kressebrote
Keimlingsbrote
Keimlingsbereicherung
Apfel-Johannisbeer-Schnee
Schwarzwurzeln putzen
Schwarzwurzeln mit Semmelbröseln oder in der Soße
Schwarzwurzeln, überbacken
Schwarzwurzeln im Teigmantel, dazu Ketchup oder Salat
Tomatenketchup
Chicoreesalat mit Äpfeln
Rotkohlsalat
Schwarzwurzelsuppe
Schwarzwurzeln mit Kräuterrührei und Schinken
Schwarzwurzelsalat
Gartentee
Veilchenessig

»Frühes Märzenlaub dient dem Frost zum Raub.«

Das Gartenjahr fängt zwar im März an, aber selten kommt der Frühling zur rechten Zeit (21. März). Zuverlässig beginnt allerdings die Gartenzeit im März, womöglich schon im Februar, mit dem Packen des Warmbeetes und der frühen Aussaat dessen, was aus dem Samen über den Setzling, im Laufe des Frühjahrs ins Freiland gepflanzt, das Ernten vom Mai an ermöglichen soll. Aber gerade im März sind wir frischkostbedürftiger denn je. Die Frühjahrsmüdigkeit nach den sonnenarmen Monaten verlangt nach Aufmunterung durch Vitamine und Blattgrün.

Der Garten bietet uns jetzt direkt vom Beet Winterspinat und Feldsalat (Rapunzel), wenn sie im Spätsommer (August bis September) ausgesät wurden. Auch Petersilie treibt unter geringen Schutzvorrichtungen (Folienhaube) bereits neu aus den Wurzeln des vergangenen Jahres. Schnittlauch im Topf und Gartenkresse sowie Bohnen- und Weizenkeime in Schalen stehen am sonnigen Fenster für uns bereit.

Diese Sieben müssen uns im März helfen, das nun schon nährstoffärmere und aromageschmälerte Wintergemüse, das noch aus der Herbsternte vorhanden ist, geschmacklich aufzubessern. Es dürften vor allem Wurzeln noch im Vorrat sein, die in manchen Gegenden sogar im Boden überwintern können. Sellerie, dessen Laub, falls er jetzt austreibt, zwar die Knollen unansehnlich macht, aber zum Würzen unbedingt mit verwendet werden sollte, gelbe Rüben (Möhren), rote Rüben (rote Bete), Schwarzwurzeln, auch einige Kohlköpfe können evtl. noch überdauert haben, abgesehen von Fenchel und von Chicoree, den wir selbst im Keller angetrieben haben. Zwiebeln und Porree (Lauch) sind bestimmt noch da. Vom Obst werden noch Äpfel lagern, die verbraucht werden müssen. Die Ernten des alten und des neuen Jahres treffen sich im März in der Küche.

Gemüsesülze

Möhren, Sellerie und Zwiebeln halbweich kochen, auch Schwarzwurzeln, falls vorhanden, und dann würfeln. Tiefgefrorene grüne Erbsen weich kochen und dazugeben. Saure Gurken, süßsaure Bohnen und Kapern aus dem Vorrat unter das Gemüse mischen und alles sternförmig oder im Kreis in einer Schüssel anordnen, aus der sich der Inhalt stürzen läßt. Einen Sud bereiten aus Wasser mit Gemüsebrühwürfeln, Salz, Zitronensaft oder Apfelessig oder Weißwein, einem Lorbeerblatt, getrockneten Dillspitzen, getrocknetem Basilikumlaub. Gelatine darin auflösen (nach Vorschrift). Die Flüssigkeitsmenge richtet sich nach der Gemüsemenge. Das Gemüse soll nur eben bedeckt werden, nicht im Sud schwimmen. Der Sud soll scharf-sauer und würzig schmecken. Er wird sofort, nachdem sich die Gelatine gelöst hat, über das Gemüse gegossen, das sehr vorsichtig darin ein wenig bewegt wird. Die Sülze wird erst kühl, dann kalt gestellt; sie hält sich mehrere Tage im Kühlschrank. Zum Anrichten taucht man die Schüssel bis zum Rand für einen Moment in warmes Wasser, stürzt auf einen zuvor angefeuchteten Teller. Man umlegt die Sülze mit einem Kranz frischer Gartenkresse und garniert mit hartgekochten, in Scheiben oder Achtel geschnittenen Eiern.

Gemüsestrudel mit Feldsalat

Fertiger Strudelteig (kaum eine Hausfrau stellt ihn heute noch selbst her, aber er wird beim Apfelstrudel, Seite 148, dennoch beschrieben) wird auf ein sauberes Tuch ausgerollt, mit geriebener Semmel bestreut und mit einer Mischung belegt, die beispielsweise aus Möhren, Sellerie und Kohlblättern besteht. Möhren und Sellerie werden grob geraffelt, die Blätter geschnitten und zusammen mit gehackten Zwiebeln in Öl auf der Pfanne gedünstet, so daß keine Flüssigkeit bleibt. Leicht salzen. Rohes Sellerielaub, rohe Spinatblätter und Petersilie verbessern den Geschmack; mit getrocknetem Majoran, Liebstock, Rosenpaprika und Hefewürze kann nachgeholfen werden, auch Parmesan kann bereichern. Der Strudel wird mit Hilfe des Tuches zusammengerollt, an den Enden umgeklappt und in einer Form oder auf dem Backblech etwa 30 Minuten gebacken. Vor dem Herausnehmen mit Parmesan überstreuen. Hierzu schmeckt Rapunzelsalat.

Feld- oder Rapunzelsalat

Den Salat mit den vielen Namen (so auch Ackersalat, Ackerlattich) verlesen und mehrmals waschen. Mit gehackten Zwiebeln, Joghurt, Salz und Pfeffer eine kräftig schmeckende Soße herstellen, in die der Salat vorsichtig eingehoben wird. Nicht umgekehrt, und erst kurz vor dem Essen, denn Rapunzel schlappt gern.

Spinatstrudel mit Fenchelsalat

Eine andere Strudelfüllung kann aus gedämpften Spinatblättern, einer Petersilienwurzel und hartgekochten Eiern, die mit geriebenen Nüssen, Pfeffer und Salz untermischt sind, hergestellt werden. Gut paßt dazu roher Fenchelsalat.

Fenchelsalat, roh

Eine bis zwei Knollen schrubben, die kleinen grünen Laubteile sorgsam beiseite legen, die Stengel von den Knollen entfernen. Die weißen Teile werden, soweit sie nicht zu grob sind, in feine Streifen geschnitten und mit einer Soße aus einem Eßlöffel Öl, einem rohen Eigelb, dem Saft einer Zitrone, einem Teelöffel Senf, Salz und Zucker, die miteinander kräftig verquirlt werden, übergossen. Das gehackte Fenchellaub zum Schluß darüberstreuen. Die gröberen Fenchelreste verwenden wir zu einer Suppe.

Fenchelsuppe

Aus den gröberen Fenchelteilen kann in wenig Wasser eine Suppe gekocht werden, die, durchpassiert und mit Hefewürze, Milch oder Sahne sowie mit Eigelb abgezogen, eine schmackhafte Abendbrotbereicherung ist, zumal wenn es dann hinterher z. B. Kükenfutter aufs Brot gibt.

Brote mit Kükenfutter

Mit einer Mischung von hartgekochtem Ei, Quark und Brennesseln werden Eintagsküken gefüttert. Sie wachsen dann schnell und gesund heran.

Für Menschenkinder stellen wir aus gehackten, hartgekochten Eiern (eines je Esser), Quark oder Hüttenkäse und, anstelle von Brennesseln, aus allem Grün, was der Garten schon zu bieten hat – es dürfen übrigens auch Brennesseln dabei sein – eine lockere Mischung her. Petersilie, Schnittlauch, Sellerielaub, Kresse werden dazu grob gehackt. Diese bildhübsche Mischung richten wir auf Butterbrote gehäuft an. Getrockneter Dill und ganz fein geriebene frische Möhren dazwischen erweitern das Programm.

Spinat, weder streng noch langweilig

Winterspinat schmeckt leicht etwas streng, und besonders Kinder mögen ihn dann oft nicht. Wenn man ihn aber ohne Wasser bei milder Hitze im Topf zusammenfallen läßt, ergibt sich unter dem Abtropfsieb genug Flüssigkeit, um damit eine weiße Grundsoße mit viel gehackten Zwiebeln zu bereiten, die wir mit Milch löschen. In diese wird der grob gehackte Spinat eingelegt. Ihn zu süßen, wird sich durch die Zwiebeln erübrigen. Eine einzige Knoblauchzehe, in die Soße gelegt und wieder herausgefischt, oder Knoblauchsalz machen den Geschmack weit interessanter. (Andere schwören auf etwas geriebene Muskatnuß, wieder andere auf eine Prise Safran.)

Spinatklöße

Zu Spinatklößen wird der gekochte Winterspinat nur leicht gehackt, mit Salz, Pfeffer und Muskatnuß gewürzt und mit zwei verquirlten Eiern, geriebener Semmel und ein klein wenig Mehl zu einer formbaren Masse verarbeitet, die sich mit dem Löffel abstechen läßt. Die Löffelklöße in kochende Brühe (oder auch nur kochendes Salzwasser) einlegen und einige Minuten ziehen lassen. Läßt man sie in der Brühe und überstreut sie im Teller mit Käse, so hat man eine leckere und sehr aparte Suppe. Nimmt man die Klöße mit dem Schaumlöffel vorsichtig aus dem Kochwasser, empfiehlt es sich, sie nochmals auf die Pfanne zu geben und mit gebräunter Zwiebel zu schmälzen.

Spinatpuffer mit Apfelsoße

Gehackten rohen Spinat und die gleiche Menge rohe geriebene Kartoffeln mit zwei Eiern, wenig Knoblauch, Zwiebeln, Salz, Basilikum verarbeiten. Voraussetzung: Spinat und Kartoffeln sollen so trocken wie möglich, die Zwiebeln sehr fein gehackt, und das Eiweiß soll zu steifem Schnee geschlagen sein. Ist die Masse zu flüssig, kann sie mit einer gekochten Kartoffel vom Vortag oder mit Püreeflocken nachgedickt werden. In heißem Fett auf der Pfanne backen wir dann gleichmäßig große Puffer, die zuerst mit geschlossenem Deckel gegart, dann bei offenem gebräunt werden. Hierzu schmeckt eine Apfelsoße.

Apfelsoße, pikant

Rohe geriebene Äpfel mit Weizenkeimschrot, Zitronensaft, Salz, einer Prise Zucker, Senf, Kapern oder Gewürzgurken und mit Kefir oder Joghurt durchmischen – fertig. Das Ergebnis ist ausgesprochen pikant!

Spinatwickel

Spinatblätter kurz in heißes Wasser legen, auf dem Tisch je vier bis sechs überlappend ausbreiten. Hierauf wird trockener gekochter Reis mit gehackten Champignons und Bohnenkeimen oder Reis mit Tomatenpüree und Weizenkeimen oder gekochte trokkene Haferflocken mit Nüssen und einigen kernlosen Oliven gehäuft. Aus den Spinatblättern Röllchen wickeln, diese sofort und schnell in heißem Fett backen. Pro Person dürfen vier bis sechs Röllchen gerechnet werden.

Spinatauflauf, italienisch

In eine sehr, sehr dicke Bechamelsoße aus Fett, Mehl, Milch, Salz, einer Prise Zucker und ein wenig Muskat die gekochten Winterspinatblätter (es dürfen auch eingefrorene sein) hineinheben, zusammen mit 2 hartgekochten und zerdrückten Eiern und etwas trockenem Quark. Diese Masse wird in einer Auflaufform dick mit Parmesankäse bestreut und mit Butterflöckchen besetzt, überbacken. Kartoffeln oder Reis dazu und evtl. eine Scheibe Schinken.

Spinatsuppe mit Öl

Zwei Eßlöffel Reis in wenig Öl hellgelb rösten, mit Salzwasser oder Gemüsebrühe löschen und etwa 15 Minuten kochen – es kann auch ein Reisrest sein, der in die Brühe eingelegt wird. Die rohen Spinatblätter (hierzu eignet sich auch der Winterspinat) dürfen nur eine Minute in der Suppe mitziehen. Dann die Suppe sofort in Tassen füllen und mit Reibekäse überstreut servieren.

Spinatsuppe mit Ei

Rohen Spinat hacken oder durchdrehen, 10 Minuten in Butter dämpfen, dann zerquirltes Ei mit geriebenem Käse und Muskat hinzufügen und sofort mit kochendem Wasser oder kochender Milch aufgießen. Abschmecken mit Salz und Pfeffer. Gehackte Zwiebeln, die zusammen mit Haferflocken geröstet wurden, darüberstreuen.

Frühlingssuppe

Vier Möhren in Scheiben, eine dicke Scheibe Sellerie gewürfelt, einige Schwarzwurzelstückchen, Weißkohlblätter nudelig geschnitten und eine grobgehackte Zwiebel, dazu eine Handvoll Spinat, Sellerielaub, soweit vorhanden, werden unter Rütteln in Butter geschwenkt, mit Brühe aufgefüllt und bis zum Garwerden leise gekocht. Dann erst werfen wir ein Bündelchen Pflücksalat, Petersilie, Weizen- und Bohnenkeime in die Suppe, schmecken mit Salz ab und streuen entweder Schnittlauch oder geriebenen Parmesan über die Suppe in den Tellern, in welche zuvor geröstete Brotwürfel oder besser noch drei Crackers je Person gelegt werden.

Stew ohne Fleisch, in England mit Lamm

In heißem, mit Basilikum und Majoran aromatisierten Öl werden nacheinander angedünstet: roher Porree in Ringen, rohe Mohrrüben und eine Petersilienwurzel in Scheiben, roher Sellerie in Würfeln, roher Weißkohl in fingerlangen Stücken, zum Schluß rohe geschälte Kartoffeln, halbiert oder geviertelt. Wenn nötig, mit Gemüsebrühe aufgießen. Nach 20 Minuten Kochzeit bei geringer Hitze getrocknete, zuvor eingeweichte Pilze oder frische Champignons hinzufügen und weiterköcheln lassen. Vor dem Anrichten erst salzen und nochmals auf Gewürze, insbesondere Petersilie, abschmecken.

Soll das Stew mit Fleisch zubereitet werden, kann zum Aufgießen die Kochbrühe des Lammfleisches genommen werden. Die kräftig dick geschnittenen Fleischscheiben legen wir oben auf – oder würfeln das Fleisch und lassen es im Gemüse verschwinden.

Apfelrisotto

Geschälte Äpfel und Zwiebeln, im Verhältnis etwa 3:2, mit Öl oder Margarine im Topf anschmoren. Gewaschenen, trockengeriebenen Reis daraufschütten und mit durchschwitzen. Dann kommt so viel Wasser dazu, daß der Flüssigkeitsspiegel einen Finger breit über dem Gemisch steht. Ein Stück Orangenschale, ein Stück Zitronenschale, eine Handvoll Rosinen, Salz und wenig Zucker werden so lange bei fest verschlossenem Deckel auf kleinster Wärmeeinstellung mitgeschmurgelt, bis der Reis weich und alle Flüssigkeit verkocht ist (etwa 15 Minuten). Sodann vorsichtig umrühren und anschließend mit gebräunter Butter anrichten.

Gemüserisotto

Aus unserem Lagervorrat suchen wir die besten Möhren aus, ein wenig Sellerie, Porree, Schwarzwurzeln, Petersilienwurzeln, Weißkohl, eine Knolle Fenchel und dünsten die gewaschenen, auf einem Tuch abgetrockneten, geschnitzelten Gemüse kurz in sehr heißem Öl an, geben den Reis und nötige Flüssigkeit wie vorher beschrieben dazu und würzen mit Curry und Salz. Tomatenmark oder sehr viel Petersilie verändern den Geschmack.

Rote Rüben, angenehm aufgefrischt

Rote Rüben schmecken, zumal nach der Lagerung den Winter hindurch, etwas lasch. Gekocht und püriert, dann mit rohen geriebenen Äpfeln, geriebenen Gewürzgurken, Zitronensaft, Salz und einer Prise Zucker vermischt und mit nicht zu wenig geriebenem Meerrettich abgeschmeckt, gewinnen die so sehr gesunden Rüben an Frische.

Champignon-Rohkost

Tadellose »Früchte« (aus der Kellerkultur) sauber abziehen und sofort, möglichst ungewaschen, sonst gut abgetupft mit Küchenkrepp, in feinste Scheibchen schneiden, so, daß die Pilzform erkennbar bleibt. Diese in Olivenöl gleiten lassen. Kurz vor dem Verzehr eine Mischung aus Zitronensaft, Salz, Zucker, Paprikapulver oder Pfeffer oder Basilikum darübergießen und vorsichtig mischen. Das ist eine gesunde und vitaminreiche Vorspeise, gerade im Vorfrühling.

Kressesalat

Gartenkresse, besonders die am Fenster oder unter Glas gezogene, ist so zart, daß sie eigentlich nichts weiter an Zugaben verträgt als ein wenig Salz und Zitronensaft unmittelbar vor dem Essen.

Kressebrote

Wenn man Weißbrotschnitten anstatt mit Butter dick mit Mayonnaise bestreicht, darauf dick Kresse streut und das erste Radieschen darauf setzt, ist ein österliches Vorgericht auf einfache Weise zubereitet.

Keimlingsbrote

Wie mit Kresse läßt sich das gleiche mit Bohnenkeimen machen, die allerdings zuvor kurz abgebrüht und abgekühlt in Sojasoße umgewälzt sein sollten.

Keimlingsbereicherung

Bohnenkeime zusammen mit Weizenkeimen bereichern alle Rohkostsalate aus vorjährigen Gemüsen auf das vorteilhafteste: z. B. Apfel, Sellerie, Weizenkeime oder auch Weißkohl, Paprika, Sojabohnenkeime und ähnliche Zusammenstellungen, je nach vorhandenem Gemüsevorrat.

Apfel-Johannisbeer-Schnee

Aus Eiweiß, das bei Soßen- und Suppenbereitung bisweilen übrigbleibt, gibt es einen feinen Nachtisch. Apfelmus und Johannisbeergelee oder Preißelbeerkompott werden gemischt und mit sehr steif geschlagenem Eischnee unterzogen. Sehr kalt servieren. Will man diese Mischung im Kühlschrank etwas aufbewahren, gibt man anstelle von gewöhnlichem Zucker Gelierzucker in das kochende Apfelmus, das beim Erkalten mitsamt dem Eischnee sofort steif wird.

Schwarzwurzeln putzen

Das Putzen und Schälen von Schwarzwurzeln macht weniger Mühe, wenn man mit Gummihandschuhen unter fließendem Wasser arbeitet und die fingerlangen Stücke sofort in Essigwasser (ein Eßlöffel Essig auf 1 l Wasser) legt.

Schwarzwurzeln mit Semmelbröseln oder in der Soße

Die nach der soeben beschriebenen Art vorbehandelten Stücke werden in etwas frischem Salzwasser gedünstet und entweder nur mit Semmelbröseln in brauner Butter angerichtet, oder sie werden in eine Soße eingelegt: eine helle Einbrenne (ein Eßlöffel Fett, ein Eßlöffel Mehl) mit Milch und etwas Kochwasser (von den Schwarzwurzeln) ablöschen und mit Salz, einer Prise Zucker und Muskat abschmecken.

Schwarzwurzeln, überbacken

Mit einer Mischung aus geriebenem Käse (Chester) und Butter (in Flocken) oder Margarine und Paprika überbacken, wird das Schwarzwurzelgericht, auch ohne jegliche Zukost, zu einer sehr ausreichenden Mahlzeit.

Schwarzwurzeln im Teigmantel, dazu Ketchup oder Salat

Die fingerlangen Stücke der geputzten und gekochten Schwarzwurzeln werden einzeln in einen strammen Eierkuchenteig getaucht und entweder auf der Pfanne oder in der Friteuse oder auf dem Backblech im Rohr gebacken.

Weniger kalorienreich ist der Teigmantel, wenn er mit Quark und Stärkemehl und nur mit einem Ei anstatt aus Mehl und mehreren Eiern hergestellt wird. Zum Quarkteig rührt man zuerst den Quark mit den Eiern ohne Flüssigkeit, verdickt dann mit Mehl oder Weizenkeimschrot zu einem zähflüssigen Teig, der an den Gemüsestücken haftet.

Hierzu schmeckt hauseigenes Tomatenketchup oder Chicoree- oder Rotkohlsalat (siehe folgende Rezepte).

Tomatenketchup

Aus dem eigenen Püreevorrat wird Tomatenketchup frisch unter Zugabe von Dosenmilch, süßem bayerischem Senf (Weißwurstsenf), Salz und Zucker und ein wenig Zitronensaft hergestellt.

Chicoreesalat mit Äpfeln

Dies ist ebenfalls eine gute Ergänzung zu Schwarzwurzeln. Den Chicoreestauden mit

Kresse, Weizen, Linsen, Sojabohnen treiben wir ab Februar auf dem Fensterbrett. Allerdings müssen wir die Keime immer rechtzeitig ernten und sofort verwerten. Lieber legen wir die Samen öfter, dafür aber nicht in zu großen Mengen zugleich, aus. Schnittlauch braucht nährstoffreiche Erde und einen großen Topf zum Gedeihen.
»Kistentomaten«, Treibchicoree, Fenchel, ja selbst Feldsalat, der draußen überwinterte, um wieviel mehr Möhren und Sellerie vom vergangenen Jahr, werden jetzt sinnvoll durch Keime ergänzt. Dazu braucht man nicht viele Keimlinge, sondern solche, die gerade eben ihre schützende Samenhülle durchstoßen haben. Mit der wohlabgewogenen Keimlingskultur üben wir die Nutzgartenplanung des kommenden Sommers ein.

einem spitzen Messer das Herz ausstechen und ihnen alle Bitterstoffe entziehen, indem man sie eine halbe Stunde in kaltes Wasser legt. In fingerbreite Ringe schneiden und mit etwa ebensobreiten rohen Apfelstückchen, die sofort in Zitronensaft mariniert wurden, vermischen. Eine Soße aus Quark, Senf, einem Ei, Öl, evtl. einem Teelöffel Tomatenpüree, Rosenpaprika, Salz und Zucker übergießen und gut mischen. Die Soße darf ziemlich steif sein, weil Chicoree und Zitronenäpfel in den 30 Minuten Durchziehzeit noch Saft abgeben.

Rotkohlsalat

Das ist die dritte der empfehlenswerten Beigaben zu den Schwarzwurzeln im Teigmantel. Der Salat besteht aus rohem Rotkohl (Rot-, Blaukraut), rohen geriebenen Äpfeln, Gewürzgurken (oder Senfgurken oder Zukkergurken aus dem eigenen Vorrat) und gekochtem Sellerie, alles zu gleichen Teilen (etwa je 150 g). Geriebenen Meerrettich, Zitrone, Öl, Senf, Salz und Zucker zu einer Soße rühren, unter das Gemüse heben und mehrmals abschmecken, während der Salat etwa eine Stunde durchzieht. Wer empfindlich ist, brüht den Rotkohl zuvor einmal ab oder kocht ihn einmal kurz auf.

Schwarzwurzelsuppe

Die geputzten Schwarzwurzelstücke werden in Salzwasser, dem ein Schuß Essig beigegeben wurde, ganz weich gedünstet und mit dem Kochwasser zu Brei püriert. Diese Masse wird entweder mit Milch oder mit Brühe aufgefüllt, je nachdem, wie sämig die Suppe sein soll. Abgeschmeckt wird mit Petersilie, Schnittlauch, Salz und Muskat. Ein Stück Butter in jeden Teller vor dem Einfüllen erhöht den Wohlgeschmack.

Schwarzwurzeln mit Kräuterrührei und Schinken (auch gut als Restverwertung)

Die geputzten Schwarzwurzeln in 3 cm langen Stücken in sehr wenig Salzwasser garen, abtropfen lassen und warm stellen. Ganze Eier mit Wasser, Salz und Rosenpaprika zerklopfen, Sellerielaub und Zwiebeln, feingehackt, dazwischenheben. Die Schwarzwurzelstücke mit in Streifen geschnittenem Schinken in der erhitzten beschichteten Pfanne ohne Fett, sonst in ausreichend Bratfett vorwärmen, dann die Eimasse darüberschütten und bei milder Flamme unter geschlossenem Deckel zum Stocken bringen. Nun alles vorsichtig umheben und mischen. Vor dem Anrichten mit reichlich gehackter Petersilie und Schnittlauch bestreuen.

Schwarzwurzelsalat

Die vorbereiteten, gekochten Gemüsestückchen einlegen in eine Kräutermayonnaise oder in eine Soße aus Magerquark; dieser wird mit etwas Öl und Milch, zwei Eigelb, dem Saft einer halben Zitrone, den vorhandenen Kräutern, Salz, Zucker und Paprika dickflüssig gerührt.

Gartentee

Mit dem Gartentee muß unbedingt jetzt im März begonnen werden. Zuerst sammeln wir Veilchenblätter und -blüten und trocknen sie (nicht in der Sonne und auch nicht auf der Heizung). Von den ersten Schlüsselblumen opfern wir einige Kelche, und der Schlehenhecke stehlen wir eine Handvoll Blütenknospen, um sie ebenfalls zu trocknen.

Im April werden wir Erdbeerlaub im Austrieb und im Mai einige Erbeerblüten dazu trocknen, im Juni pflücken wir Himbeerlaub und -blüten. Im Juli kommen die getrockneten Blätter von Salbei hinzu *(Salvia officinalis)*, im August Brombeerlaub und im September Fenchel. All diese Bestandteile – fein vermischt und sorgfältig getrocknet – werden uns den Winter über sommerlich gesund halten.

Veilchenessig

Als ersten Vorrat des Jahres bereiten wir aus den Blüten der Veilchen durch Übergießen mit gutem Weinessig Veilchenessig. Er nimmt eine sehr schöne Farbe an, nachdem er zehn bis vierzehn Tage in der Sonne gestanden hat; sein eigenartig würziges Aroma teilt sich höchst vorteilhaft vielen Salaten und Soßen mit.

April

Favoriten des Monats: Rhabarber, Spinat, junge Kräuter, Pflücksalat

Kerbelsuppe
Frühlingsomelett
Kräuterflinsen und -röllchen
Quark-Kräuterkeulchen
Rohkost mit Bohnenkeimen
Möhren-Sellerie-Rohkost
Apfelrohkost
Kohlrabisalat
Saatkartoffeln im Schlafrock
Grüner Salat oder Kopfsalat
Pflück- oder Schnittsalat
Salat aus Eiszapfen, Rettichen oder Radieschen
Spinatberg
»Regenwurm«-Kartoffeln
Spinatsaftsuppe, gebunden
Spinatsaftsuppe, klar
Spinatsaftsuppe mit Pilzen
Japanisches Frühstück
Grüne Eierkuchen mal so, mal so
Kohlrabi, gedünstet
Kohlrabi mit Sauce vinaigrette
Kohlrabi mit Joghurttunke
Rhabarberkompott
Rhabarber mit Grieß
Rhabarbergrütze
Rhabarberpudding
Rhabarbercreme
Rhabarberreis
Rhabarberpastete, geschlossen
Rhabarberpastete, offen
Rhabarbersuppe, warm
Rhabarbersuppe, kalt
Grießnockerln
Rhabarbermarmelade
Rhabarbersaft
Konservieren von rohem Rhabarber
Rhabarber-Rohsaft

»Ein nasser April verspricht viele Früchte«
Das verspricht er für den Lauf des Sommers, aber er bringt nur wenig an ernteiefem Obst und Gemüse. Noch immer bedarf es besonderer Phantasie, um alle Tage Frisches in ausreichender Menge auf den Tisch zu bringen. Immerhin gibt es im Freien Pflücksalat und Spinat und unter Glas oder Folie Radieschen und Rettiche, zarten Salat und früheste Kohlrabi. An Obst wächst uns Rhabarber zu, an Kräutern Kerbel, Petersilie, Schnittlauch, Zitronenmelisse und Liebstöckel, im Garten und am Fenster Bohnenkeime und Gartenkresse. Bisweilen bleiben Saatkartoffeln übrig, die bei richtiger Lagerung wie frisch schmecken und auch noch nährstoffreich sind. Vom Bach holt sich, wer kann, Brunnenkresse, von der Wiese Löwenzahn und Sauerampfer.

Kerbelsuppe

Eine helle Einbrenne mit halb Wasser, halb Milch ablöschen, mit Salz, Hefeextrakt, einer Prise Zucker, einigen Kümmelsamen und wenigen Tropfen Zitrone abschmecken und mit einem rohen Eigelb verquirlen. Der gartenfrische Kerbel (ohne Stiele) soll nach Möglichkeit ungewaschen und grob gehackt in der nicht mehr kochenden Suppe ziehen. Die Menge an Kerbel hängt vom persönlichen Geschmack ab, aber die Suppe soll doch schön grün aussehen.

Frühlingsomelett

Es besteht aus locker geschlagenem Eigelb (je Person eines), in das außer gehackten Kräutern aller Art auch Salz, Paprika, ein Teelöffel Mondamin je Ei und der steife Eischnee untergezogen werden. Diese Masse – oder ein Teil davon – wird entweder ohne Fett auf der beschichteten Pfanne oder mit Öl (Margarine, Butter) auf der üblichen Pfanne, ohne zu wenden, bei aufgelegtem Deckel gebacken. Ist die Masse gestockt, wird mit Reibekäse vermischter, gedünsteter Blattspinat darauf gebreitet und das dicke Omelett zusammengeklappt. Dann erst läßt man es aus der Pfanne auf vorgewärmte Teller oder eine entsprechende Platte gleiten und stellt bis zum Essen warm.

Kräuterflinsen und -röllchen

Eine Tasse Reis zusammen mit Zwiebeln in einen Eßlöffel sehr heißes Öl schütten und eine Minute lang bei sehr starker Hitze unter ständigem Bewegen anschwitzen, mit so viel Wasser, Fleisch- oder Gemüsewürfelbrühe ablöschen, daß die Flüssigkeit höchstens einen Zentimeter über dem Reis steht (gleichgültig, ob der Topf hoch oder flach ist). Bei sehr milder Hitze den Reis so lange bei weitgehend geschlossenem Deckel köcheln lassen, bis alle Flüssigkeit aufgesogen ist. Der etwas abgekühlte Reis wird mit Salz abgeschmeckt, mit ein bis zwei Eigelb abgerundet und evtl. durch einen Eßlöffel Butter gehaltvoller gemacht. Eine große Menge frischer Kräuter wie Petersilie, Kerbel, Schnittlauch, Zitronenmelisse, Spinatblätter, Sellerielaub (von vorjährigen Knollen), Fenchelgrün sowie aus dem Trockenvorrat Dill, Majoran, Thymian, Estragon hacken und unter die Reismasse heben. Löffelweise Flinsen oder Puffer auf der Pfanne in heißem Öl formen und ausbacken oder, zu Röllchen geformt, fritieren. Hierzu ist Kopfsalat (grüner Salat) die beste Beikost.

Quark-Kräuterkeulchen

250 g glatter, trockener Quark wird mit 250 g zerquetschten kalten Kartoffeln, 100 g Mehl, einem Teelöffel Salz und einem halben Teelöffel Curry zu einem Teig verarbeitet, der sich zart und trocken anfühlen und alle verfügbaren Kräuter des Gartens, fein gehackt, in sich aufnehmen soll. Aus dieser dann grüngesprenkelten Masse werden mit Löffel und nassen Händen Keulchen geformt, die auf dem gefetteten Backblech bei etwa 200 °C hellbraun gebacken werden. Dies ist eine wohlschmeckende, nicht beschwerende Zukost am Abend zu sehr viel grünem Salat oder auch Feldsalat.

Rohkost mit Bohnenkeimen

Bohnenkeime einmal kurz überbrühen und abtropfen. Möglichst ungewaschene Gartenkresse locker darunterheben, einige in Scheiben geschnittene Radieschen darunter- oder darüberlegen, Schnittlauch, 2 mm lang geschnitten, und ungehackte Petersilie ohne die Stiele dazugeben. Zitronensaft, Zucker, Salz und zwei Eßlöffel Joghurt verquirlen und löffelweise kurz vor dem Essen darüberspritzen.

Möhren-Sellerie-Rohkost

Rohe Möhren (gelbe Rüben, Mohrrüben, Karotten) und rohen Sellerie vom Vorjahr putzen, raspeln, mit einer gehackten Zwiebel oder Lauchringen in Kräuterquark betten, der mit Öl halbflüssig gerührt und mit Salz, Zucker, Zitronensaft, reichlich Petersilie, Schnittlauch, Kerbel, Sellerielaub und einigen zarten gehackten Spinatblättern würzig abgerundet wurde.

Apfelrohkost

Kefir, süßen Senf (Weißwurstsenf) und Tomatenpüree (aus dem Vorrat) mit gehackten Zwiebeln, Schnittlauch, Kerbel, Petersilie und, wenn möglich, frischen gehackten Liebstöckelblättern verquirlen und damit grob geraspelte rohe Äpfel bedecken.

Kohlrabisalat

Zarten Kohlrabi so dünn wie möglich schälen und stiften. Das Laub ganz kurz überbrühen und grob hacken. Aus rohem Eigelb, Zitronensaft, Zucker und Salz entweder mit Öl, besser mit Sahne, eine Soße rühren. Zuerst die Kohlrabiblätter, dann die Kohlrabistifte hineingeben.

Saatkartoffeln im Schlafrock

Die sauber geschrubbten Kartoffeln kreuzweise einkerben, so daß je ein Pfefferminzblatt, ein Kerbelstiel, ein bis zwei Petersilienblättchen und ein Bündelchen Schnittlauch in den Spalten untergebracht werden können. Jede Kartoffel einzeln in Alufolie wickeln und im Backrohr bei milder Hitze garen (etwa 30 Minuten). Die Alufolie öffnen, die dampfende Kartoffel mit Salz bestreuen und mit einem Stück Butter belegen.

Variante: Auch ein Stück Käse kann in der Folie mitgebacken werden. Die Kerben müssen dann breiter sein; am besten macht man eine Höhlung. Für die Käse-Variante können auch alte Kartoffeln gut verwendet werden. Zu diesem Gericht schmeckt natürlich am feinsten zarter, junger grüner Salat.

Grüner Salat oder Kopfsalat

Jungen grünen Salat nur mit Zitrone, Zucker und Salz anrichten oder die zarten Blätter mit Remoulade bespritzen. Mit Eierstückchen und gekochtem Sellerie umlegen; diese sorgen zusätzlich für die nötige Geschmacksfülle. (Weitere Anregungen für die Zubereitung von Salat Seite 71).

Pflück- oder Schnittsalat

Er fällt beim Mischen mit Marinade sehr zusammen. Am besten wird er nur mit Kräutern, Zitronensaft, Salz und Zucker angemacht. Weizenkeime geben ihm mehr Halt und eine besonders nahrhafte Geschmacksnote. Geraspelte Winterbirnen und Kapern sowie hartgekochtes, mit der Gabel zerdrücktes Ei daneben vergrößern die Menge. Petersilien- und Kerbelblättchen darüber oder darum bereichern und verschönern.

Salat aus Eiszapfen, Rettichen oder Radieschen

Eiszapfen oder junge Rettiche (auch Winterrettiche) werden ebenso wie Radieschen in Scheiben geschnitten und mit einer Mayonnaise aus Joghurt, Öl, Eigelben, Rosenpaprika, einem Teelöffel Senf, Salz und Zucker übergossen. Gartenkresse, die im April bereits an Schärfe zunimmt, wird als Umrahmung hierzu gut passen; man beträufelt sie leicht mit gesalzenem Zitronensaft.

Spinatberg

Viel Blattspinat im April nur waschen, abtropfen und im eigenen Saft vorsichtig bei milder Hitze zusammenfallen lassen. Die Blätter auf ein Sieb gießen und auspressen, den ablaufenden Saft in einer Schüssel auffangen. Den Spinatberg auf eine angewärmte Platte stürzen und warm stellen. Aus dem Spinatsaft wird mit einer gehackten Zwiebel, Semmelmehl, geriebenem Käse, Salz und Paprika eine sämige Soße schnell aufgekocht und zum Spinat gereicht, der mit einem ebensogroßen Reisberg oder mit »Regenwurm«-Kartoffeln zusammen sehr gut schmeckt.

Den Spinatberg kann man aber auch »einmanteln«: Reichlich Semmelbrösel in Butter rösten, eine geriebene Knoblauchzehe (oder Knoblauchsalz, aber nicht zu knapp), Petersilie und Schnittlauch hinzufügen und damit den Spinatberg überziehen. Mit perennierendem Neuseeländer Spinat läßt sich dieses Gericht nicht nur im April, sondern das ganze Jahr über ebenso frisch und zart auf den Tisch bringen.

»Regenwurm«-Kartoffeln

Regenwürmer gehören zum April. Darum werden kalte, gekochte Kartoffeln vom Vortag durch den Fleischwolf gedreht und so auf eine gebutterte feuerfeste Platte praktiziert, daß sie »regenwurmartig« und ganz locker liegen. Die Platte ins gut vorgeheizte Backrohr schieben und so lange darin lassen, bis sich auf den Kartoffeln eine leichte Bräunung zeigt. Vor dem Servieren Selleriesalz darüberstreuen.

Spinatsaftsuppe, gebunden

Aus dem verbliebenen Spinatsaft wird eine Suppe bereitet: Semmelbrösel in Butter rösten, mit Milch ablöschen und 2 bis 3 Minuten durchkochen. Spinatsaft, Salz, eine Prise Zucker, ein Hauch Knoblauch- oder Zwiebelsalz sollen nicht mehr mitkochen. Geriebener Käse ist gut darüber.

Spinatsaftsuppe, klar

Löscht man das Semmelgeröste mit Wasser oder Bouillon ab, bleibt die Suppe klarer. Ein dicker Klecks gut gewürzter Kräuterquark auf jeden Teller, ehe die kochendheiße Suppe daraufgefüllt wird, gibt ihr eine besondere Note.

Spinatsaftsuppe mit Pilzen

Rohe Eier mit gehackten Kräutern, Salz und Muskat in Milch verquirlen, in den Spinatsaft einrühren und einige gedünstete Zwiebeln mit Champignons und rohen Pflücksalatblättern darin und darauf schwimmen lassen. Einige Spritzer Soja machen das Gericht »chinesisch«.

Japanisches Frühstück

Eine Scheibe Graubrot, beidseitig mit Butter bestrichen, rösten. Belegen mit frischen Gartenpilzen (Schii-Take, Schwefelkopf oder Samtrübling), die nach dem Waschen etwas zerkleinert, sehr gut abgetrocknet, gegrillt, aber kaum gesalzen sind. Ein weiches Ei in die Mitte der Brotschnitte gelegt, wertet dieses Frühstück zu einem ergiebigeren Gericht auf. Wer es mag, versteckt unter den Pilzen eine Scheibe gebratenen Frühstücksspeck, doch dem feinen Pilzaroma kommt dies nicht zugute.

Grüne Eierkuchen mal so, mal so

Rohe gewaschene Spinatblätter werden mit allem an Kräutern vermischt, was frisch verfügbar ist: Kerbel, Kresse, Petersilie, Schnittlauch, Sellerielaub, Fenchelgrün und Liebstock. Dies alles wird samt einer Knoblauchzehe grob gehackt und in einen leicht gesalzenen Eierkuchenteig eingehoben, den man (der Linie wegen) besser mit Magerquark und etwas Mondamin als mit allzuviel Mehl anrührt. Jetzt kann man wählen: Entweder gibt es etliche dünne, knusprige Omeletts in Butter gebacken, oder es gibt ein bis zwei dicke ohne Fett auf der beschichteten Pfanne; sie schmecken verschieden, so oder so jedoch lecker.

Kohlrabi, gedünstet

Den vorbereiteten, jungen Kohlrabi ohne Laub in so wenig Wasser wie möglich 5 bis 10 Minuten dünsten, das Laub hacken und überbrühen, abgießen und zu den Knollen geben. Mit Öl oder Butter, Salz und einer Prise Zucker bei fest geschlossenem Deckel und kleinster Wärmeeinstellung weitere 15 Minuten dünsten lassen. (Brennt leicht an!) Evtl. Milch nachgießen.

Kohlrabi mit Sauce vinaigrette

Die gedünsteten Kohlrabiknollen, evtl. halbiert, erkaltet auf einer Platte nebeneinanderlegen und wiederholt übergießen mit einer Marinade aus sechs Eßlöffeln Öl, einem Teelöffel Senf, zwei bis drei Eßlöffeln Apfelessig, ein bis zwei feingehackten Zwiebeln, zwei hartgekochten, zerdrückten Eiern – alles tüchtig verquirlt und mit Salz, Zucker und Pfeffer abgeschmeckt. Viel gehackte Petersilie unterziehen. Sauce vinaigrette soll grünlich aussehen. Feinschmekker nehmen Weißwein statt Apfelessig.

Kohlrabi mit Joghurttunke

Joghurt, zwei Eßlöffel Sonnenblumenöl, ein Eßlöffel Zitronensaft, ein Eßlöffel Apfeldicksaft vermischen, etwas Kräutersalz, in

Wer wenigstens den Sommer über ohne Fleisch auskommen möchte, um sich ganz und gar gesund aus Eigenem zu ernähren, wird bei der Speisenzubereitung bestimmte Geschmacksnuancen entbehren. Das Hinzufügen von Pilzen zu mancherlei Speisen anstelle von Fleisch ist ein Würzgeheimnis des Fernen Ostens. Die Anregung, Pilze als Kulturpflanzen in unseren Gärten zu ziehen, stammt aus Japan. Es ist dort üblich, in den kleinen Hausgärten Shii-Ta-Ke-Baumpilze auf Holzstämmen zu ziehen. Sie werden, nachdem das Pilzmyzel unter die rauhe Rinde eingebracht ist, mit Strohmatten bedeckt, die das Holz immer gleichmäßig warm und feucht halten. Täglich können mehrere Pilze geerntet werden.

dem eine kleine Zehe Knoblauch zerdrückt ist, zugeben; einige Spritzer Hefewürze machen die Tunke besonders schmackhaft. Man gibt dann eine kleine, sehr fein gehackte Zwiebel, eine halbe, ebenfalls fein gehackte Paprikaschote oder eine halbe Gewürzgurke sowie gehackte Petersilie hinzu.

Diese wohlschmeckende Tunke eignet sich sehr gut, um gedünsteten jungen Kohlrabi kalt auf einer Platte anzurichten – wobei gekochte, weiche Möhrenscheiben (alte Ernte) als »Füllboden« noch eine würdige Verwendung finden.

Rhabarberkompott

Der Rhabarber wird, im April ungeschält, später abgezogen, in etwa daumenbreite Stücke geschnitten und kalt gewaschen; tropfnaß soll er dann mit viel Zucker in einer feuerfesten Glasschüssel 30 Minuten stehen, um Saft zu ziehen. Dann wird er langsam bis zum Kochen gebracht. Am Schluß wird der Saft einer Zitrone zugefügt, denn eine Säure mildert die andere.

Rhabarber mit Grieß

Rhabarbersäure wird durch die Zugabe von Kartoffelstärke und auch von Grieß gemildert und von Kindern recht gern als »Grütze« mit Milch gegessen.

Rhabarbergrütze

Kleingeschnittenen Rhabarber mit Wasser aufkochen, die Stückchen unter Zugabe von Zucker, Honig oder Fruchtzucker zerquirlen. In die kochende Masse langsam so viel Sago einlaufen lassen, bis ein dicklicher Brei ausgequollen ist, und in die kochendheiße, aber nicht mehr kochende Masse den steifen Schnee von zwei bis vier Eiern einheben.

Aus dem Eigelb mit Milch, Vanille und Zucker eine Soße dazu bereiten.

Rhabarberpudding

Den in Stücke geschnittenen Rhabarber süßen und kochen. Kartoffelmehl mit Wasser, Zitronensaft und abgeriebener Zitronenschale anquirlen und zum Rhabarber geben. Kräftig durchrühren, bis die Masse dick vom Löffel tropft. In Schälchen füllen und mit Schlagsahne kalt servieren.

Die Säure des Rhabarbers spielt bisweilen der Stärke einen Streich. Darum die Speise überdick kochen oder sie mit Gelatine, in Südwein gelöst, bereiten (ein Blatt darf rot sein). Das Steifwerden dauert wenigstens acht, meist zwölf Stunden. Die Speise schmeckt am besten sehr kalt.

Rhabarbercreme

Rhabarber mit Gelatine andicken und Eischnee oder Schlagsahne – mit angeweichter Gelatine oder »Sahnesteif« geschlagen, – unterziehen. Das macht die Speise cremeartig locker und auf diese Weise ist sie auch bis zum nächsten Tag haltbar.

Rhabarberreis

Einen steifen Reisbrei mit halb Milch, halb Wasser und einer Prise Salz kochen, abgekühlt mit fünf Eidottern, zwei Eßlöffeln Rum oder Maraschino, abgeriebener Zitronenschale, etwas Butter und reichlich Zukker vermengen und zum Schluß mit sehr steif geschlagenem Eischnee auflockern. Lagenweise mit dem rohen, gewaschenen und eingezuckerten Rhabarber in eine Auflaufform schichten, obenauf Butterflöckchen setzen. Im Rohr bei 200 bis 250 °C backen, bis der Reis sich bräunt.

Rhabarberpastete, geschlossen

Eleganter noch als die Zubereitungsarten auf Seite 64 ist die Verwendung von Rhabarber in Form einer Pastete. Einen guten, fettreichen Mürbeteig kneten, der mit Rum oder Weinbrand besonders mürb wird und der keinesfalls kleben darf, ausrollen, zu zwei Platten schneiden, jede etwas größer als die Form, die zum Backen benutzt werden soll. Eine der Teigplatten so auf den Boden der Backform legen, daß der Rand hochsteht. Den zuckerdurchzogenen, mit Vanillezucker und Ingwer abgeschmeckten rohen Rhabarber darauf verteilen, darüber zwei bis drei Löffel Semmelbrösel streuen. Darauf die zweite Teigplatte legen und die Ränder beider Platten fest zusammendrükken. Die obere Teigplatte mit der Gabel zum Entdampfen in regelmäßigem Abstand durchstechen, mit Ei bepinseln und die Pastete sodann im mäßig heißen Ofen (200 °C) etwa 45 bis 50 Minuten backen. Die Pastete läßt sich auch unter Verwendung von grünen Mai-Stachelbeeren herstellen.

Rhabarberpastete, offen

Es wird ein Mürbeteig bereitet (aus beispielsweise 250 g Mehl, zwei Eiern, 50 g Butter, 100 g Quark, einer Prise Backpulver), wobei es darauf ankommt, daß alle Zutaten kalt und rasch zu einem ausrollbaren Teig verarbeitet werden; dieser wird als Platte auf ein Backblech gelegt oder mit Rand in eine Springform gedrückt. Rhabarber schälen, in zwei Zentimeter lange Stücke schneiden, einzuckern. Mit dem sich bildenden Saft, drei Eigelb, abgeriebener Orangenschale und einem Eßlöffel Honig ein Paket Magerquark (250 g) anrühren und den Rhabarber zusammen mit dem steifen Schnee der drei Eier unterheben. Die Mischung sofort auf den Mürbeteig streichen und das Ganze in den auf 250° vorgeheizten Backofen schieben. Hellbraun backen.

Rhabarbersuppe, warm

Bei spärlicher Ernte, Resten oder an heißen Tagen, die es im April oder Mai schon mal gibt, ist eine Rhabarbersuppe eine gute Lösung.

Den geschnittenen Rhabarber mit Wasser weichkochen und durch ein Sieb streichen; die Flüssigkeit mit Zucker oder Honig nochmals aufkochen, mit Zimt oder Zitronenschale und mit Madeira würzen und mit einem Eigelb und Sago andicken. Das steifgeschlagene Eiweiß als Schneebälle daraufsetzen und unter geschlossenem Deckel mit durchziehen lassen.

Rhabarbersuppe, kalt

Anstatt den weichgekochten Rhabarber nochmals aufzukochen, wird nur eine Tasse Wasser mit Kartoffelmehl und reichlich Zucker, Zimt und Zitronenschale aufgekocht und in das noch lauwarme Fruchtmark eingerührt; zum Schluß rohen Zitronensaft dazugeben und beim Anrichten Suppenmakronen obenauf setzen oder Grießnockerln hineinlegen.

Grießnockerln

80 g geschmolzene, aber nicht gebräunte und nicht heiße Butter mit zwei Eiern und etwa 150 g grobem Grieß, einer Prise Salz und einer Prise Zucker verrühren. Diese

Masse mit einem nassen Teelöffel nach und nach abstechen und die Nockerln in kochendes Salzwasser einlegen; sie dürfen nur 5 bis 7 Minuten ziehen. Dann stellt man den Topf beiseite, füllt zugleich ein bis zwei Kellen kaltes Wasser dazu und setzt den Deckel fest auf den Topf. Nach einer dreiviertel Stunde werden die Nockerln alle Flüssigkeit aufgesogen haben und sehen groß und lokker aus.

Diese Nockerln schmecken natürlich zu allen Arten von Kompott gut, aber auch salzig mit Tomatensoße (siehe hierzu auch Schwemmklöße, Seite 190).

Rhabarbermarmelade

Die erste Marmelade des Jahres bereiten wir aus geschnittenem Rhabarber und Zucker, Pfund auf Pfund, mit einer Zugabe von Zitronensaft und entweder mit einer Gelierhilfe oder auch ohne. Für den Schnellverbrauch kann man auch mit Mus aus Vorjahrsäpfeln die Fruchtmasse vergrößern. Das Verhältnis 1:1 von Fruchtanteil und Zucker muß aber gewahrt bleiben.

Rhabarbersaft

Aus dem Dampfentsafter, mit Zucker nochmals eben zum Kochen gebracht, ist Rhabarbersaft gesund und wohlschmeckend. Ungesüßt kann Rhabarber eingefroren und als Zugabe zu Konfitüren später im Jahr verwendet werden (siehe Erdbeeren, Seite 86).

Konservieren von rohem Rhabarber

Ganz einfach: In kleine Stücke geschnitten, stopft man die gewaschenen Stiele in sorgfältig gesäuberte Weinflaschen, füllt mit kaltem, abgekochtem Wasser auf und verschließt mit Korken und Cellophan.

Rhabarber-Rohsaft

Saft aus der Saftzentrifuge, ebenfalls roh in verschließbare Flaschen gefüllt, hält sich gut und ersetzt bei vielen Speisen den Zitronensaft. Will man ihn länger aufheben, sterilisiert man ihn 20 Minuten bei 90 °C.

Noch keine bemerkenswerten Erntemengen können wir in unserem großen Gartenkorb in die Küche tragen. Noch ist die Zeit des Vorbereitens, der Aussaat, der Erwartung. Aber der Monat Mai verspricht durch die Blütenpracht an den Obstbäumen und -büschen viel Gutes. So freuen wir uns jetzt an dem, was wir haben, und lassen unserer Phantasie freien Lauf, wie aus Kohlrabi und Salat, Radieschen und Spinat, Mairüben und Mangold, Rhabarber und Erdbeeren und grünen Stachelbeeren feine und bunte Mahlzeiten zusammengestellt werden können, die allen am Tisch munden und bekommen. Die reichlicher heranwachsenden Gartenwürzkräuter werten viele Gerichte auf.

Mai

Favoriten des Monats: grüner Salat, junge Kohlrabi, Rettich, Radies, grüne Stachelbeeren

Kompott aus grünen Stachelbeeren
Stachelbeerschnee
Grießomelett mit Stachelbeeren
Grießomelett Sennerinnenart
Stachelbeertorte oder -blechkuchen mit Quarkbett
Stachelbeertorte mit Vanillecreme
Stachelbeersuppe
Stachelbeermarmelade, grün
Grüne Stachelbeeren roh konservieren
Erdbeervorspeise
Erdbeernachspeise
Erdbeermilch
Erdbeerschaumomelett
Das Anrichten von grünem Salat
Grüner Salat nach Maienart
Salat mit Speck
Salat mit brauner Butter
Salat mit Rahm
Lunch-Salat
Salat mit Früchten
Kräuter-Rührei
Rührei mit Pilzen
Kartoffelsalat mit rohen Gemüsen
Kalt gerührte Kräutertunke
Kräuterbutter
Rettich- und Radieschensalat
Mairübensalat
Mairüben in Butter
Mairüben, bräunlich
Mangold (Beißkohl)
Stielgemüse aus Mairübenlaub, Mangold oder Winterspinat
Mangold im Käsebett
Stielmus- oder Rübstielsalat
Kohlrabi, gedünstet
Grünes Kohlrabigemüse
Kohlrabi in weißer Soße und Speckkohlrabi
Kohlrabi in Pfefferminzsoße
Kohlrabikost mit grüner Soße
Grüne Soße
Grüne Soße für den Vorrat
Spargel kalt, mit grüner Soße
Waldmeister-Maitrank
Kirschenreis nach Feinschmeckerart
Kirschenstäbchen
Kinderfest-Brötchen
Florida-Leuchtturm
Obstsalat im Mai
Obstsalat mit süßer Mayonnaise

»Der Mai bringt Blumen dem Gesichte, aber dem Magen keine Früchte.« Das stimmt für den Bauern, nicht jedoch für den Gärtner, denn der Mai läßt uns schon manches reichlicher ernten; an Früchten: Stachelbeeren, wenn sie auch noch grün sind, Erdbeeren, zumindest die frühen Sorten, frühe Kirschen, wenn wir das Glück haben, in der richtigen Gegend zu wohnen. Salat wächst, soviel wir nur wollen, dazu Kohlrabi und Radieschen, Rettiche, Mairüben, Mangold und an Kräutern: Kerbel, Petersilie, Dill, Borretsch, Liebstock, Pfefferminze, Zwiebelgrün, Schnittlauch, Zitronenmelisse.
Die ersten Erdbeeren sollten weder gekocht noch irgendwie »zweckmäßig verwendet« werden. Im Mai sind sie noch so rar, daß sie kaum in ausreichender Menge »unverfälscht«, also nur gezuckert, als Nachtisch angeboten werden können. Darum weichen wir auf »Spar-Lösungen« aus.

Kompott aus grünen Stachelbeeren

Von Blüten und Stielen befreite grüne Stachelbeeren in sehr süßem, sprudelnd kochendem Zuckerwasser aufkochen, nach einer Minute die Beeren herausfischen und in eine Schale legen. Den Zuckersaft etwas eindicken (durch längeres Kochen oder mit Hilfe von Kartoffelmehl) und über die Beeren füllen. Eine Zugabe von Macis oder Vanille ist nie von Schaden. Das Mitkochen von einer Handvoll Sultaninen nimmt dem Kompott viel von seiner Schärfe.

Stachelbeerschnee

Hierzu dürfen die grünen Beeren zerkochen, denn sie werden hernach durch ein Sieb gestrichen. Den Fruchtbrei tüchtig süßen, mit abgeriebener Orangenschale sowie Zitronat und Orangeat in Würfeln würzen und den Schnee von einigen Eiern der Menge des Fruchtmarks entsprechend unterziehen. Auf 1 Liter Fruchtmark rechnet man bis zu sechs Eischnee. Dem Eischnee wird zum Schluß gelöste Gelatine (auf 1 l Fruchtmark sechs Blatt oder ein Päckchen gestoßene Gelatine) mit eingeschlagen. Diese Speise wird in Gläsern angerichtet, die nicht zu voll sein sollen, damit ein Klecks Schlagsahne oder süßer Sahnequark obendrauf Platz hat. Das helle Grün sieht mailich aus.

Grießomelett mit Stachelbeeren

Die scharfe Säure der unreifen Stachelbeeren wird, wie auch bei Rhabarber, durch Grieß gemildert. 250 g Grieß in reichlich Butter goldgelb anrösten, mit kochendem Wasser auffüllen und ausquellen lassen. In die abgekühlte Masse zwei bis drei Eier, Salz und Zucker einarbeiten – auch Muskat oder Zimt ist gut darin –, so daß sich die Masse leicht in der beschichteten Pfanne (ohne Fett) ausstreichen läßt. Während des Backens werden kurz abgekochte Stachelbeeren (wie zu Kompott, jedoch ohne die Flüssigkeit) darauf gefüllt. Bei geschlossenem Deckel 2 bis 3 Minuten weiterbacken, dann das Omelett einmal zusammenklappen, auf einer Platte warmstellen und das nächste backen. Wenn alle Omeletts gefüllt und fertig sind, wird dick mit braunem (Rohr-)Zucker bestreut. Wer darf, kleckert obendrauf noch braune Butter.

Grießomelett Sennerinnenart

Diese Grießomeletts eignen sich auch zur Aufnahme von sehr viel Kräutern: Petersilie, Dill, Kerbel, Zitronenmelisse, Liebstock, Zwiebelröhrchen, Schnittlauch, Sauerampfer, Pfefferminz, die zusammen mit den Eiern und Salz in die angeröstete und ausgequollene Grießmasse eingearbeitet werden. Vor dem Überklappen legen wir zum Füllen dicke Käsescheiben auf das Omelett; unter dem Deckel kommen sie zum Schmelzen. Gut zu jeder Art von Maisalaten.

Stachelbeertorte oder -blechkuchen mit Quarkbett

Auf einem Mürbeteigboden, den man selbst macht oder fertig kauft, werden um die Säure zu mildern, die grünen, rohen Beeren in eine dicke Lage Quark eingebettet; der Quark wird ohne zusätzliche Flüssigkeit nur mit Eigelben, unter Zugabe von Zucker und Zitronenschale, streichfähig gerührt. Wenn das Obst auf dem Kuchen gar ist (nach dreiviertel der Backzeit von etwa 35 bis 40 Minuten bei milder Hitze), wird der mit Zucker steifgeschlagene Eischnee daraufgespritzt oder mit einem nassen Messer darübergestrichen. Der Eischnee bäckt dann mit, bis er hellbraun ist.

Stachelbeertorte mit Vanillecreme

Eine Vanillecreme aus einer Tasse Milch mit einem Eßlöffel Mondamin aufgekocht, drei Eßlöffel Zucker, vier Päckchen Vanillezucker, einer Prise Salz, sechs Eidottern dazu, erfüllt den gleichen Zweck wie das Quarkbett. Dann aber sollten die grünen Stachelbeeren, wie zu Kompott vorbereitet, ohne Saft auf den fertigen und mürben Tortenboden gebracht werden, der dann mit Creme, Früchten und Eischnee noch einmal 10 Minuten überbacken wird.

Stachelbeersuppe

Aus dem Zuckersud, der bei der Kuchenbereitung übrigbleibt, läßt sich mit Zitronenschale und Sago und ganz zum Schluß unter Zugabe einer halben Tasse Malaga oder eines anderen Südweins eine wohlschmekkende Kaltschale oder auch eine warme Abendsuppe anrichten.

Stachelbeermarmelade, grün

Dazu wird am besten das Fruchtmark ohne Schalen und Kerne verwendet. Das Verhältnis ist wie stets 1:1, also auf 1 kg oder 1 Liter Fruchtmasse kommt 1 kg Zucker.

Grüne Stachelbeeren roh konservieren

Unreife Stachelbeeren von Blüte und Stiel befreien, jede Beere einzeln ein- bis zweimal mit einer Stopfnadel durchstechen und möglichst dicht in Flaschen stopfen, mit abgekochtem kalten Wasser auffüllen. Die Säure der Beeren konserviert das Obst, wenn die Flaschen fest verstöpselt und obendrein versiegelt oder mit Kerzenwachs zugetropft sind. Beim Gebrauch muß selbstverständlich das Obst gekocht werden wie zuvor beschrieben.

Erdbeervorspeise

Als Vorspeise bestreichen wir pro Person einen Zwieback oder zwei Cracker sehr dick mit Gervais-, Philadelphia-, Boursin-

oder einem anderen Frischkäse, den wir mit Dosenmilch geschmeidiger gemacht haben. Auf jeden bestrichenen Zwieback oder Cracker setzen wir obenauf eine gewaschene Erdbeere (oder auch nur eine halbe).

Erdbeernachspeise

Als Nachspeise rühren wir Quark mit Milch und Zucker glatt und setzen so viele Erdbeeren obenauf, wie wir haben. Wer noch Erdbeermark im Tiefkühlfach oder Erdbeersaft aus dem Vorrat hat, kann den Quark auch »rosa« rühren, ohne Milch, aber mit Zucker.

Erdbeermilch

Auch in Erdbeermilch werden die ersten Erdbeeren »gerecht« verteilt. Hierzu werden die Beeren mit der Gabel zerdrückt, am besten gleich in dem Becher, aus dem die Milch (zum Abendbrot) getrunken werden soll – im Mixer geht zuviel verloren. Etwas Honig hinzu und die kühle oder temperierte, nicht eiskalte Milch darüber. So kommt das Aroma der Früchte voll zur Geltung.

Erdbeerschaumomelett

Aus dem Eiweiß mehrerer Eier (je Person 1 Ei) steifen Schnee schlagen. Die Dotter mit Zucker und einigen Tropfen Zitronensaft zu einer Creme rühren und diese löffelweise unter das Eiweiß ziehen. Inzwischen auf der Pfanne reichlich Butter und ein wenig Zucker erhitzen; wenn die Bräunung beginnt, von der Eicreme eine dicke Lage hineinschütten und den Schaum bei geschlossenem Deckel stocken lassen. Das nur einseitig gebräunte Schaumomelett von der Pfanne auf eine vorgewärmte Platte gleiten lassen, die Hälfte des Randes mit sechs ganzen, halben oder auch nur Viertel-Erdbeeren belegen und die nicht belegte Hälfte rasch so überklappen, daß die Früchte gerade noch sichtbar bleiben. Zehn bis fünfzehn Erdbeeren reichen dann für Omeletts aus drei bis vier Eiern bzw. für drei bis vier Esser. – Weitere Erdbeervorschläge im Juni, dem Monat der reichlichen Erdbeerernte.

Das Schaumomelett können Sie auch ohne Zucker im Eigelb (der Zucker auf der Pfanne süßt nicht, er dient nur zum Bräunen) mit allen Arten von grünem Salat essen, an denen der Mai so reich ist.

Das Anrichten von grünem Salat

Salatanrichten ist eine Art »Weltanschauung«, ob süß, halbsüß, süß-sauer, salzigsauer, mit oder ohne Öl, mit Rahm, mit Speck, mit heißer Butter, mit Zitrone oder Essig, mit oder ohne Kräutern, viel oder wenig Zwiebeln, vielleicht Knoblauch zum Einreiben der Schüssel ... Grundsätzlich verträgt sehr zarter Salat keine schweren Soßen, also weder Rahm noch Mayonnaise.

Grüner Salat nach Maienart

Salat schmeckt im Mai so einzigartig, daß die Kräuter, die wir zwar nicht missen wollen, besser als Soße mit harten Eiern oder im Rührei oder auf dem Kartoffelsalat gegeben werden sollten. Gegen Ende Mai und den Sommer über, wenn grüner Salat dem Gaumen schon zur Gewohnheit zu werden droht, sollte er aber alle Tage anders auf den Tisch kommen (siehe oben).

Salat mit Speck

Der gewaschene, abgetropfte grüne Salat wird mit Salz, Zucker und Essig mariniert und unmittelbar, ehe er auf den Tisch kommt, mit heißem, ausgelassenem Bauchspeck samt den Grieben übergossen. Er darf nicht stehen, denn sonst fällt der Salat natürlich sofort zusammen.

Salat mit brauner Butter

Das gleiche kann mit brauner, brodelnder Butter gemacht werden; dann wird der Salat vorher mit Zitronensaft, Kapern oder Gewürzgurkenstückchen, Salz und Pfeffer gewürzt.

Salat mit Rahm

Mit saurem Rahm angemacht, braucht der Salat außer Salz und Zucker eigentlich nichts. Nur muß er sehr trocken in die Schüssel gelegt werden – dazu muß jedes einzelne Blatt auf einem Tuch, auf Küchenkrepp oder in der Salatschleuder abtrocknen. Den Rahm schichtweise auf die Blattlagen auflöffeln; so erspart man das Mischen und entgeht der Gefahr des »Vermanschens«. Auf diesen Salat dürfen Kräuter nach Lust und Laune gestreut werden.

Lunch-Salat

Grüne Salatblätter vermischen mit Radieschenscheiben, Stücken von hartgekochten Eiern, mit Krabben oder in Streifen geschnittenem kaltem Hühnerfleisch oder (und) gekochtem Schinken oder (und) würfelig geschnittenem Hartkäse oder (und) Hüttenkäse. Marinieren mit einer kalt gerührten Zusammenstellung aus Zitronensaft, gehackten Zwiebeln, Kräutern, Zucker, Salz sowie einer Messerspitze Senf und einem halben Becher Joghurt.

Eine solche Schüssel Salat wird ein volles Essen, wenn dazu Vollkornbrot oder auch lediglich Knäckebrot gereicht wird. Wer's nahrhafter möchte, gibt zur Salatsoße Öl oder streicht die Brote mit Butter, Sahnequark oder Mayonnaise. Aber wegen der Bekömmlichkeit nur entweder – oder.

Salat mit Früchten

Wer Salat süß und fruchtig mag, wird ihn durch Zitrone, mehr Zucker als Salz oder durch Joghurt, mit Fruchtsaft und Honig gerührt, in dieser Geschmacksrichtung beeinflussen.

Ein paar Erdbeeren und die ersten, ausgesteinten Kirschen dazwischen machen ihn ansehnlich. Aber dann eine strenge Kräuterauswahl treffen, z. B. Zitronenmelisse und Dill passen immer, mit allem Zwiebeligen aber Vorsicht!

Kräuter-Rührei

Mehrere rohe Eier mit je einem Teelöffel Wasser, Salz und soviel an Gartenkräutern, auch Wildkräutern wie Löwenzahn, Brunnenkresse, Brennessel, Sauerampfer, verquirlen, wie die Masse nur aufnehmen will. Ein paar kleingehackte Spinatblätter dürfen auch dabei sein. Die Masse ohne Fett in die beschichtete, stark erhitzte Pfanne schütten, aber zuvor die Wasserprobe machen. (Wenn ein Tröpfchen Wasser auf der Pfanne perlend tanzt, ist die Pfanne heiß.) Lassen Sie, ehe Sie zu rühren beginnen, am besten das Ei stocken. Das Rührei so umheben, daß große Fetzen bleiben. Es macht sich auf diese Weise ansehnlicher.

Rührei mit Pilzen

4 bis 6 Eier mit 4 bis 6 Eßlöffeln Wasser und etwas Salz verquirlen. In der Deckelpfanne

soviel Pilze, wie wir geerntet haben, gewaschen und etwas zerkleinert mit Zwiebelscheiben in Öl oder mit gewürfeltem Speck anbraten und unter dem Deckel etwa 10 Minuten garen. Nachsehen, ob sich ausreichend Saft bildet, sonst etwas warmes Wasser zuschütten. Wenn die Pilze wieder bruzzeln, die gequirlten Eier darübergießen und den Deckel für 3 Minuten darübersetzen. Wenn die Eimasse fest zu werden beginnt, vorsichtig umheben, nicht zerrühren.

Schnittlauch und Petersilie und grüne Wasserkresse daraufgestreut, machen das Gericht schmackhaft und hübsch.

Kartoffelsalat mit rohen Gemüsen

Kartoffelsalat im Mai sollte mehr ein Gemüsesalat mit Kartoffeln sein: ein Drittel gekochte kalte Kartoffeln, ein Sechstel rohe Kohlrabi, ein Sechstel rohe Äpfel, ein Sechstel Rettiche oder Radieschen (oder ein Sechstel abgebrühter Lauch) und ein Sechstel eingelegte Gurken. Die Zutaten schneiden und miteinander vermengen unter Zugabe von Petersilie, Dill, Schnittlauch, Borretsch, Liebstock, Pfefferminze, Sauerampfer, Kerbel, die alle grob gehackt werden. Im Wasserbad zwei Eidotter, verquirlt mit Milch, Apfelessig, einer Messerspitze Currypulver, Öl, Salz und Zucker und einem Teelöffel Mondamin, erhitzen, bis zum Dickwerden quirlen, nach Belieben abschmekken und die noch warme Soße sehr vorsichtig untermischen. Dieser Kartoffelsalat bekommt besser, wenn er nicht ganz kalt, sondern gaumenwarm gegessen wird.

Kalt gerührte Kräutertunke

Mehrere Eigelb hartgekochter Eier zerdrükken, mit Öl, Salz, Zitrone, gehackter Petersilie, kurzgeschnittenem Schnittlauch, Zitronenmelisse, Liebstock und sehr wenig Kerbel zu einer dicken Creme rühren. In Portionstellern oder -näpfchen mit einem Kranz von Gartenkresse anrichten, die mit dem grobgehackten Eiweiß und etwas Salz und Zitrone untermischt ist.

Kräuterbutter

Die paßt zu Pellkartoffeln, ist gut aufs Brot, zu Steaks und besonders zu gebratenen Gemüsen, z. B. Spinatpuffern (Seite 51), zu Selleriekoteletts (Seite 164), zu Kohlrabi im Mai. Zimmerwarme Butter oder Margarine mit einer Gabel zerdrücken und verkneten mit Zitronensaft, Salz und gehacktem Grün: Petersilie, Borretsch, Kerbel, Liebstock, Dill, Schnittlauch, einigen Spinatblättern und Salatherzen. Dann ist sie streichfertig. Soll sie zu Pellkartoffeln gegessen werden, darf saurer Rahm, Quark oder Kefir zur größeren Geschmeidigkeit zugefügt werden und eine Knoblauchzehe darin ruhen.

Die Kräuter dürfen in jedem Monat wechseln. Bohnenkraut, Majoran, Estragon, Pfefferminze, Sellerielaub verändern den Geschmack im Sommer wie Kümmel, Zwiebeln, Pimpinelle und feingemahlene getrocknete Pilze im Herbst. Auch mit eingefrorenen Kräutern oder eingesalzenem Suppengrün (Seite 107) läßt sich im Winter Kräuterbutter herstellen.

Rettich- und Radieschensalat

Rettiche sind im Mai so zart und klein, daß sie als Brotbelag, ebenso wie Radieschen, jedem schmecken. Haben wir sehr viel, ist ein Salat aus geschnippelten Rettichen mit Radieschen und Salatblättern sehr gut. Die würzende Soße bereiten wir auf einer Milchgrundlage (Milch nimmt die Schärfe).

Saure Sahne, Joghurt, Kefir oder gestockte Milch wird mit Salz und Zucker zu gleichen Teilen, mit Dill, Petersilie und einem Blatt Borretsch geschlagen und eine halbe Stunde vor dem Essen über den Rettich bzw. die Radieschen gegeben.

Mairübensalat

Mairüben können mitsamt ihrem gehackten Laub zu einem ähnlichen Salat angerichtet werden, wie oben beschrieben.

Mairüben in Butter

Mairüben, die im frühen April in lockeres Erdreich gesät und nach dem Aufgehen auf einen Abstand von 2 bis 3 cm verzogen wurden, sind jetzt so zart, daß wir sie ungeschabt, nur gewaschen, in leichtem Salzwasser 10 Minuten abwällen können, um sie dann in gebräunter Butter, gesalzen, mit einer Prise Zucker gewürzt und mit Petersilie überstreut zu Tisch zu bringen.

Mairüben, bräunlich

Um das Mairübengericht nahrhafter zu machen, bereiten wir eine Zuckereinbrenne, indem wir Butter (Margarine) und Zucker anbräunen, dann erst Mehl hinzufügen und zum Schluß mit Wasser löschen. In diese glasige Soße, die Salz und nochmal etwas Zucker braucht, werden die rohen Mairüben eingelegt; sie werden in etwa einer halben Stunde weich.

Mangold (Beißkohl)

Der Mangold des vergangenen Jahres, der im Garten überwinterte, treibt nun helle, kräftige Blätter, die noch einmal geschnitten werden dürfen, ehe er anderen Gemüseaussaaten Platz machen muß. Die Blätter lassen sich wie Spinat herrichten: die Blätter überbrühen, hacken und dann in etwas Öl auf kleinstem Feuer gardünsten. Vor dem Anrichten das Gemüse mit Muskat, Kräutern, Salz und, wer das mag, einer Prise Zucker verfeinern. Mit angedickter Milch wird Mangold milder.

Stielgemüse aus Mairübenlaub, Mangold oder Winterspinat

Hierzu werden die möglichst langen Stiele der Blätter von Mairüben-Herbstaussaat, Herbstmangold oder von Winterspinat verwendet, die den Winter über im Freien blieben, im April zugedeckt wurden und verdunkelt an Ort und Stelle lang austreiben. Die Stiele waschen, in 1 cm lange Stücke schneiden oder nach Belieben grob hacken und in heißem Öl unter öfterem Rütteln mit geschlossenem Deckel weichdünsten. Die Zugabe von frischen Kräutern, einer feingehackten Zwiebel und wenig Salz erhöht den Wohlgeschmack.

Mangold im Käsebett

Gleichmäßig große Blätter von zartem Mangold überbrühen, so daß sie sich leicht auf den Boden und an den Rand einer Auflaufform schmiegen. Hierzu darf etwa die Hälfte der vorbereiteten Blätter verwendet werden. Aus einer Tasse Vollmilch, einer Messerspitze Salz, einer Messerspitze Rosenpaprika, etwa 250 g trockenem geriebenem Käse (Parmesan), zwei Eßlöffeln geriebener Semmel, vier Eigelb und dem steifen Eischnee eine Creme mixen und die Hälfte davon in die mit Mangoldblättern ausgelegte Form gießen. Darauf kommt eine Schicht Blätter, dann die andere Hälfte Käse-Mix und darüber nochmals eine dünne Lage Mangoldlaub. Die Form nur halbvoll füllen, weil beim schnellen Überbacken im vorgeheizten Rohr der Inhalt steigt.

Stielmus- oder Rübstielsalat

Zum Stielmussalat werden die Stiele (Beschreibung siehe linke Seite) nur überbrüht, besser ganz kurz mehrmals aufgewällt und dann in fingerlangen Stücken auf Portionsteller gelegt und mit einer Kräuter-Remoulade übergossen.

Kohlrabi, gedünstet

Bei Kohlrabi aus dem eigenen Garten kann das Laub ganz und gar mit verwendet werden. Wer empfindlich ist, überbrüht die streifig geschnittenen Blätter. Wie? – wollte Hilde wissen. Ich habe es ihr gezeigt und legte die größten Blätter zuerst auf ein Holzbrett, darauf alles Kleinzeug. Die großen Blätter rolle ich um die kleinen fest herum und schneide mit scharfem Messer schräg quer in Streifen. Die so geschnittenen Blätter werden mit den würfelig geschnittenen Kohlrabi gargedämpft und zum Schluß mit etwas Milch, Salz und Butter, auch Muskat oder Basilikum, gewürzt.

Grünes Kohlrabigemüse

Die Kohlrabiblätter, die an Menge meist viel mehr abgeben als die noch kleinen Knollen, können auch abgebrüht, dann gehackt und wie Spinat in Wasser, Brühe oder Milch 15 Minuten unter öfterem Umrühren (!) gegart werden. Die in Butter gesondert gedünsteten Knollen werden dann wie zur Verzierung auf das Blattgemüse gesetzt.

Kohlrabi in weißer Soße und Speckkohlrabi

Ist der Kohlrabi schon derber, schmeckt er in einer weißen Soße, die mit dem feingehackten Laub, mit Gartenkräutern und Zwiebeln interessant gemacht wird.

Auch eine Specksoße – in ausgelassenem magerem Speck das Mehl ein wenig anbräunen und mit dem Kohlrabi-Kochwasser ablöschen – paßt gut zu Kohlrabi, zumal wenn mit Kräutern (auch Kümmel) phantasievoll nachgewürzt wird.

Kohlrabi in Pfefferminzsoße

Acht bis zwölf zarte gekochte Kohlrabiknollen (für vier Personen) schmecken als Vorgericht kalt mit einer Pfefferminzsoße überraschend pikant. Hierzu werden so viel frische Pfefferminzblätter fein gehackt, daß wenigstens drei Eßlöffel Häcksel in einem Schüsselchen mit einem Eßlöffel Zucker bestreut werden können. Hinzu kommt eine Tasse Apfelessig. 2 bis 3 Stunden stehen lassen, ehe die Kohlrabi damit übergossen werden; sie benötigen dann noch eine halbe Stunde zum Durchziehen.

Kohlrabirohkost mit grüner Soße

Roher geraspelter Kohlrabi, frisch aus dem Garten, läßt sich in kürzester Frist als nahrhafter Rohkostsalat mit folgender Soße servieren.

Grüne Soße

Frischen Dill, Petersilie, junges Bohnenkraut, ein Sellerie-, ein Borretschblatt, frischen Majoran und Zwiebelgrün hacken, mit einem Teelöffel Salz und einem Eßlöffel

Zucker bestreuen und mit dem Saft von zwei Zitronen und zwei Orangen beträufeln. Vor dem Anrichten abschmecken und mit Apfelsaft oder Weißwein oder auch nur Wasser entsprechend verdünnen. Diese Soße und die folgende eignen sich auch für kalte Spargel.

Grüne Soße für den Vorrat

Kapern, Sardellen (oder Sardellenpaste), eine Spur Zwiebeln (auch Zwiebelpulver), eine Spur Knoblauch (auch Knoblauchsalz), fünf Eßlöffel gehackte Petersilie, etwas Salz, Basilikum, eine Tasse Olivenöl, Saft einer halben Zitrone im Mixer rasch verquirlen und vielleicht noch mit einer Prise Zucker verfeinern. Machen wir die Soße auf Vorrat, füllen wir sie in weithalsige Flaschen, die wir gut verstöpseln und im Kühlschrank bis zu zwei Wochen verwahren können.

Spargel kalt, mit grüner Soße

Spargel schälen, in ganzen oder in fingerlangen Stücken in Salzwasser, dem ein Teelöffel Zucker und der Saft einer halben Zitrone zugesetzt ist, nicht zu weich kochen. Dazu eine der grünen Soßen.

Waldmeister-Maitrank

Eine Handvoll gebündelter Waldmeister mit einer halben Flasche Apfelsaft übergießen und nicht länger als 15 Minuten kühl, aber nicht kalt, stellen. Den Waldmeister entfernen und den aromatisierten Saft mit Zitrone und Zuckerwasser bzw. dem Rest des Apfelsaftes auffüllen. Eine »Bowle« für Kinder und für Leute, die Alkohol nicht trinken wollen oder dürfen.

Kirschenreis nach Feinschmeckerart

Gekochter trockener Reis (aus dem Kochbeutel) wird abgekühlt zuerst mit Kirschgeist, dann mit gesüßter steifer Schlagsahne unterzogen. Die Süßspeise in Portionsschälchen oder in einer Familienschüssel anrichten und mit ausgesteinten rohen Kirschen verzieren. Im Winter verwenden wir hierzu Saft und Früchte der »Alkoholkirschen« (Seite 84).

Kirschenstäbchen

Viel Eindruck kann man mit wenigen Kirschen machen, wenn sie als »Party-Sticks« angeboten werden: Schwarzbrotstückchen so zurechtschneiden, daß eine dicke Kirsche darauf Platz hat. Das Brot in Schnaps tauchen; mit kleinen Weißbrotbrocken in einer Öl-Mostrich-Mischung ebenso verfahren. Dann abwechselnd ein dunkles Brot, eine Kirsche, ein helles Brot, eine Kirsche usw. auf ein nicht zu kurzes Stäbchen stekken; den Abschluß macht ein Salatblättchen.

Kinderfest-Brötchen

Grahamschnittchen mit süßem Sahnequark dick bestreichen und in das Quarkbett entsteinte Kirschen dicht an dicht setzen und leicht eindrücken. Das schmeckt genausogut, wie es hübsch aussieht.

Florida-Leuchtturm

Diese »Partybrote« sind anspruchsvoller als die Kinderfest-Brötchen, , aber dafür auch imposant. Eine nicht zu dünne Scheibe Kastenweißbrot wird dick mit Kräuterbutter (Seite 73) bestrichen (für Vollschlanke evtl. mit Kräutermagerquark). Hierauf wird ein gewaschenes und gut abgetrocknetes, hübsches Salatblatt gelegt, darüber eine Scheibe Käse (Scheiblette: Edamer, Chester oder Gouda), die wiederum mit einem Salatblatt bedeckt wird. Jetzt kommt eine beidseitig gebutterte (mit Quark bestrichene) Pumpernickelscheibe darauf, auf diese dicht an dicht gesalzene Radieschenscheiben, die sodann wieder ein Salatblatt abdeckt, auf das wir Mayonnaise spritzen. Diese »Türme« müssen natürlich mit Zahnstochern zusammengesteckt und mit Messer und Gabel gegessen werden.

Abwandlungen erzielen Sie mit: Gelee auf Käse, Tomatenketchup anstelle von Mayonnaise und mit Rettichen statt Radieschen sowie durch Zugabe von einem halben hartgekochten Ei, einer Apfelscheibe oder einigen Erdbeeren oder Kirschen.

Obstsalat im Mai

Rohen Rhabarber in zwei Zentimeter langen Stücken einzuckern und mehrere Stunden zugedeckt Saft ziehen lassen. Die größten grünen Stachelbeeren, die der Garten hergibt, mehrmals mit einer Nadel durchstechen und in sehr wenig kochendem, sehr süßem Zuckerwasser eben weich dämpfen, aber nicht zerkochen. Ein bis zwei Äpfel aus der Vorjahrsernte schälen, entkernen, scheibeln und einzuckern. Alle diese Früchte mischen und anreichern mit so viel reifen Erdbeeren und (oder) entsteinten Kirschen, wie wir zur Verfügung haben. Glasierte Früchte aus dem Vorrat (Seite 81) oder Alkoholkirschen (Seite 84) können sehr zum Vorteil des Salates »eingemogelt« werden, ebenso können gehackte Nußkerne oder Mandelsplitter untergemischt werden.

Obstsalat mit süßer Mayonnaise

Eingebettet in eine Mayonnaise, ist dieser so gesunde blutreinigende Frühjahrs-Fruchtsalat genießbar, ohne daß die herbe Säure die Zähne »stumpf« macht. Für die Mayonnaise, die sehr süß sein sollte, werden Kaffeesahne oder Schlagrahm, reichlich Puderzucker und etliche Eigelb, mit Vanille oder Bittermandeln aromatisiert, im Mixer dicklich geschlagen.

Juni

Favoriten des Monats: Kirschen, Erdbeeren, Erbsen, Möhrchen, Blumenkohl

Geschmorter Salat mit Schinkenrührei oder Eierstich
Eierstich
Kirsch-Eierstich
Spinat mit Käseklößchen
Semmelschmarren mit Blattgemüse oder mit Obst
Kirschpfannkuchen
Kirschauflauf mit Mandeln
Kirschauflauf mit Quark
Kirschkuchen
Waffeln zu Erdbeeren oder Glaskirschen
Glasuren für Kuchen aus Fruchtsäften
Glasur aus Kirschgeist
Früchte glasieren und kandieren
Rosen, Veilchen und Lavendel glasieren
Hollerkrapfen
Hollersekt
Grüne Nüsse einmachen
Rote Grütze
Erdbeergrütze
Erdbeergrütze mit Wein
Errötende Jungfrau
Erdbeerkaltschale mit Wein
Erdbeerküsse
Kirschbowle
Kirschnachspeise
Kirschlikör
Süße Kirschen, roh eingelegt
Alkoholkirschen
Kirschen-Krankentrunk, auch als Suppe für Genesende
Kirsch-Rhabarber-Marmelade
Erdbeer-Rhabarber-Marmelade
Rosenkonfitüre
Rosenbowle mit Centifolien
Rosenbowle Maréchal Niel
Rosenlikör
Englische Suppe
Blumenkohlsuppe, weiß
Blumenkohlsuppe, bräunlich
Blumenkohlsuppe, grün
Junge Erbsen
Risi-Pisi
Pilzsoße zu Reis
Dänischer Salat
Grüne Mayonnaise
Fettfreie grüne Mayonnaise
Ein Tip für Sellerie und Lauch
Rohkostaufstrich für Sandwiches
Rohkostaufstrich, überbacken
Überbackene Kohlrabi mit Parmesan
Überbackene Kohlrabi auf Kartoffelschnee
Pikante Soße aus jungen Zwiebeln
Gefüllte Kohlrabi
Spargel mit Chaudeau
Spargel mit harten Eiern
Spargel, kalt in Mayonnaise
Spargelsuppe
Spargelsuppe, braun

»Bringt der Juni trockne Glut, dann gerät's Gemüse gut«. Auch das Beerenobst reift rasch heran. Der Juni erfordert Umsicht und gelegentlich schnelle Entschlüsse, sollen nicht auf den Beeten die Salate schießen, die Erdbeeren überreif faulen, die Erbsen gelb werden und der früheste Blumenkohl womöglich auseinanderbröckeln. Saubohnen schmecken am besten im Juni/Juli, ehe sie pelzig werden, und Karotten aus dem Saatbeet sind vielleicht auch schon »fertig«. Spargel werden nur selten im Hausgarten gezogen – erlebt habe ich es aber schon bei Spargelfans. So seien für sie einige Hinweise erlaubt. Was die Kirschen betrifft – in allen Nestern hocken jetzt junge Amseln, die von ihren eifrigen Eltern, ebenso wie die Stare, wie die Elstern und Spechte mit eben den Kirschen gefüttert werden wollen, die den Menschenkindern nun mal auch so gut schmecken. Die frühen Sorten, um die der »Konkurrenzkampf« hauptsächlich geht, bereichern unsere Mahlzeiten.

Geschmorter Salat mit Schinkenrührei oder Eierstich

Was uns im Mai köstlich dünkte – Salat –, wird im Juni zum Problem. Salat, auch bereits ausgewachsener darf es sein, wird gewaschen, von den Stielen und Blattrippen befreit, in fingerbreite Streifen geschnitten und in angebräunter Butter einige Minuten geschmort. Er fällt sehr zusammen, läßt sich aber nestartig auf vorgewärmten Schüsselchen anrichten, die mit Schinkenrührei oder Eierstich gefüllt werden.

Eierstich

Hierzu verquirlt man zwei bis drei Eier mit ⅛ l Milch, ein wenig Muskatnuß, Dill-Laub oder Petersilie und anderen frischen Kräutern, feingehackt, und sehr wenig Salz. Porzellantassen (Mokkatassen) mit Öl auspinseln (je Person eine Tasse) und mit dem Angequirlten *halb* füllen. Diese Tassen werden in einem entsprechenden Topf so angeordnet, daß sie sich nicht berühren. Am besten eignen sich die fest verschließbaren Eierbecher aus Jenaer Glas, die aber ebenso wie die Tassen nur halbvoll sein dürfen. Im Wasserbad (das Wasser soll nicht sprudeln) bei geschlossenem Deckel die Eimasse in etwa 10 Minuten festwerden lassen, dann in die Schmorsalatnester stürzen.

Kirsch-Eierstich

Ohne Kräuter, dafür mit ein oder zwei Kirschen auf dem Tassenboden, kann man im gleichen Verfahren (wie oben beschrieben) im Handumdrehen einen Nachtisch zaubern. Zucker darüber streuen.

Spinat mit Käseklößchen

Der Spinat wird so zubereitet, wie er einem selbst oder der Familie am besten mundet, oder wie er schon lange nicht mehr auf den Tisch gekommen ist: als Blätterberg oder in Butter gedünstet oder durchpassiert und mit Sahne gebunden (Seite 51 oder Seite 61). Zu den Käseklößchen braucht man je Person ein bis zwei hartgekochte Eier (für vier Personen genügen sechs Eier) sowie je Ei 20 g Butter und drei bis fünf Eßlöffel geriebenen Käse (Schweizer, Gouda, Tilsiter, möglichst keine »Käsezubereitung« im Schmelzverfahren). Das Eigelb zerdrücken, das Eiweiß hacken, Butter und geriebenen Käse dazugeben und alles miteinander verarbeiten. Mit dem Löffel Klöße abstechen und in Salzwasser kochen. Ebensogut schmeckt's, wenn die Masse auf der beschichteten Pfanne (ohne Fett) als handtellergroße Flinsen gebacken wird.

Semmelschmarren mit Blattgemüse oder mit Obst

Altbackene Brötchen oder Weißbrotschnitten zerbrechen und mit einer Mischung aus Milch und verquirltem Eigelb, je nach vorgesehener Beilage mit oder ohne Zucker, begießen – heiß, wenn das Brot noch schneller weichen soll. Falls die Masse nach dem Durchziehen sich als zu dünnflüssig erweist, also das Brot nicht alle Flüssigkeit aufgenommen hat, mit geriebener Semmel so weit andicken, daß der Teig zähflüssig ist. In der Zwischenzeit das Eiweiß zu steifem Schnee schlagen. Der Eischnee wird erst unterzogen, wenn das Gemüse bzw. das Obst auf der (beschichteten) Pfanne (ohne Fett) oder in Butter oder Margarine bereits anschmort. Auf dieser Unterlage wird nun die mit Eischnee aufgelockerte Brotmasse in der Pfanne gebacken, alles mit dem Pfannenmesser zerkleinert und in Stücken und Bröseln weitergebacken. Ganz zum Schluß kommt nochmal ein guter Eßlöffel Butter, wirklich Butter, dazu und obendrauf Zukker bei Obst (z. B. Kirschen, Rhabarberstükke, auch Erdbeeren, wenn sie reichlich da sind, Pflaumen, Äpfel oder Birnen im Herbst und Winter). Geriebener Käse wird bei Gemüse (Salat, Spinat, Zwiebeln, Mangold oder auch eine Mischung von allem, ergänzt durch Kräuter) zum Überstreuen und Verfeinern verwendet.

Kirschpfannkuchen

Von einem derben Eierkuchenteig aus vier ganzen Eiern, Mehl, Salz und Wasser (nicht Milch!) wird eine ziemlich dicke Lage in die beschichtete Pfanne ohne Fett (sonst in heißer Butter oder Margarine) gegossen; darauf werden sofort gewaschene, entsteinte Kirschen angeordnet und für 2 bis 3 Minuten ein Deckel darübergelegt. Dann wird gewendet, so daß die Kirschen zuunterst weiterbacken, bis die Ränder des Pfannkuchens sich bräunen. Warmstellen, mit Zucker bestreuen und den zweiten und dritten Kirschpfannkuchen genau so abbacken und wieder mit Zucker bestreut alle zu Tisch bringen.

Hinweis für Diabetiker: Diese Pfannkuchen schmecken auch, wenn sie ganz ohne Zucker bereitet werden.

Kirschauflauf mit Mandeln

Gehackte Mandeln mit Eigelb und Zucker schaumig rühren, mit Semmelbröseln nach und nach zu einem festen Teig verarbeiten, abgeriebene Zitronenschale und zum Schluß Eischnee unterziehen. Den Teig in eine ausgefettete Auflaufform geben. Die entsteinten rohen Kirschen werden mit Mandeln untermischt auf den Teig gelegt. Die Mandeln verhüten das Versinken der Früchte. Restliche Mandeln streuen wir über den Auflauf und backen ihn bei mittlerer Hitze im vorgeheizten Backofen hellbraun. Dieser Auflauf schmeckt warm oder auch kalt mit Zucker bestreut.

Kirschauflauf mit Quark

500 g Quark mit vier Eigelb, 75 g Zucker und 20 g Stärkemehl und einem halben Beutelchen Backpulver glattrühren, den

steifgeschlagenen Eischnee unterziehen und die lockere Masse in eine ausgefettete Auflaufform geben. Etwa ½ kg gewaschene, abgetrocknete, entstielte und entkernte Kirschen locker darüberstreuen. Der Auflauf wird bei 200 °C in etwa 45 Minuten goldgelb gebacken. Die Kirschen verteilen sich in dem steigenden Teig von selbst.

Kirschkuchen

Aus vier Eigelb mit vier Eßlöffeln Zucker, drei Eßlöffeln Wasser und dem Saft von einer Zitrone eine Creme rühren und sie mit acht Eßlöffeln Mehl, einem halben Beutelchen Backpulver und dem untergezogenen Eischnee als Biskuitteig in eine auf dem Boden gefettete Springform füllen. Darauf nicht gar zu wenig entsteinte Kirschen legen, die beim Backen in den aufgehenden Teig einsinken dürfen. Gleich nach dem Backen den aus der Form gelösten Kuchen einzuckern oder glasieren.

Waffeln zu Erdbeeren oder Glaskirschen

Waffelteig ist ein Hefeteig. Mit Trockenhefe geht er schnell und gelingt immer. 300 g Mehl, mit Weizenkeimschrot untermischt, ein halbes Paket Trockenhefe, eine Prise Salz, ein viertel Pfund Butter, 3 Eier, 3 Eßlöffel Honig und soviel Flüssigkeit (Milch oder Wasser oder beides), daß ein dicklicher, tropfender Teig entsteht, der mit dem Rührgerät gut durchgearbeitet sein soll. Der Teig muß dann eine halbe Stunde am warmen Ort aufgehen. Nun wird das Waffeleisen vorgeheizt und mit Öl oder zerlassener Margarine ausgepinselt. Von dem Teig soll mit Hilfe einer Suppenkelle gerade soviel hineinlaufen, daß sich das Eisen noch gut zuklappen läßt. Auf mittlerer Stufe 5 Minuten backen, herausstürzen und die nächste Waffel nach nochmaligem Auspinseln bakken. Bis alle etwa 8 Waffeln fertig sind, werden die ersten ausgedünstet und abgekühlt sein und man kann beginnen, sie mit steifer Schlagsahne oder mit süßer Vanillecreme zu füllen und mit dem Obst, eine Frucht hübsch neben die andere, zu belegen. Die Familie wird Ihnen diese Mühe danken.

Glasuren für Kuchen aus Fruchtsäften

200 g Puderzucker mit vier Eßlöffeln ungesüßtem Erbeer-, Kirschen- oder sonst gerade vorhandenem Saft 10 Minuten im Mixer oder Rührfix durchrühren. Für Zitronenglasur mischt man zwei Eßlöffel Zitronensaft mit zwei Eßlöffeln Wasser und rührt 10 Minuten lang mit 200 g Puderzucker.

Glasur aus Kirschgeist

Aus zwei Eßlöffeln Geist und zwei Eßlöffeln heißem Wasser wird mit 200 g Puderzucker im soeben beschriebenen Verfahren eine besonders aromatische Glasur hergestellt.

Früchte glasieren und kandieren

Will man Erdbeeren oder Kirschen glasieren, um sie haltbar aufzubewahren oder um sie als hausgemachtes, garteneigenes Konfekt anbieten zu können, muß Zuckerlösung zu »Bruch« gekocht sein, ehe man die Früchte einzeln hineintaucht; dann läßt man sie auf einer eiskalten Platte erstarren.

Zucker in Wasser auflösen, aufkochen, abschäumen, klarkochen und lebhaft weiterkochen unter Zugabe von zwei Eßlöffeln Essig auf ½ kg Zucker. Wenn die Zuckerlösung dicklich zu werden beginnt (bei hochgehaltenem Löffel fadenbildend abtropft), pinselt man den Rand des Topfes mit Eiswasser ab, läßt den Topf aber auf dem Herd und taucht jetzt nach und nach die Früchte ein, die nach je 1 Minute sofort in Eiswasser (Wasser, in dem ausreichend und immer erneuerte Eiswürfel schwimmen) gelöscht und zum völligen Auskühlen auf die gekühlte Platte gelegt werden, die man am besten auf den Eiswürfelbehälter stellt.

Rosen, Veilchen und Lavendel glasieren

Rosenblätter, Veilchenblüten, ja sogar Lavendelrispen lassen sich durch nur ganz kurzes Untertauchen in der Bruchglasur zu sehr apartem Konfekt verarbeiten, das sich auch zur Verzierung etwa von Geburtstagstorten verwenden läßt. Die glasierten Blütenblätter, Blüten und Blütenstände sehen sehr hübsch aus und machen überall Eindruck.

Hollerkrapfen

Sie werden aus den Blütendolden des Holunders bereitet und gelten als besondere Delikatesse. Wir tauchen jede Dolde einzeln in einen strammen Eierkuchenteig und werfen sie sogleich in kochendes Butterschmalz (Pflanzenfett). Wenn der Teig hellgelb ist, fischen wir die Dolden heraus und wälzen sie sogleich in grobem Zucker. Die unvermeidlichen kleinen Stiele im Teig dürfen Empfindliche ausspucken.

Hollersekt

Das ist gar kein Sekt. Er heißt nur so, und das, denkt man an das Moussieren, an seine Frische und an sein feines »Bouquet«, nicht ganz zu Unrecht. Das Getränk mit dem anspruchsvollen Namen ist ganz leicht herzustellen: Sieben große Dolden Holunderblüten mit 7 l Wasser, 1 kg Zucker, 30 g Zitronensäure und zwei in Scheiben geschnittenen Zitronen ansetzen und 24 Stunden stehen lassen. Dann kräftig durchrühren und die Flüssigkeit durch ein Sieb in Flaschen füllen, die verkorkt und obendrein mit einem »Apothekerknoten« fest zugebunden werden. Oder einfach Flaschen mit Patentverschluß (Selterswasser- oder Bierflaschen) benutzen. Die Flaschen im Keller aufbewahren, und zwar stehend. Nach 6 Wochen Gärzeit ist der »Sekt« trinkfertig. Er berauscht ein wenig, wie alle Obstweine auch, und so mag man darüber sinnieren: Ist es nicht doch »Sekt«?

Grüne Nüsse einmachen

Jetzt im Juni ist die Zeit, um grüne Walnüsse einzulegen, und zwar soll dies vor Mittsommer geschehen, also vor dem 23. Juni. Die Nüsse sind dann noch weich und lassen sich mit einem Hölzchen durchstechen, was bei jeder Nuß sechsmal zu geschehen hat. Dann werden sie 9 Tage lang in täglich dreimal erneuertes kaltes Wasser gelegt. Werden die Nüsse am 10. Tag in nochmals erneuertem Wasser bis zum Weichwerden gekocht, lassen sie sich leicht mit Gewürznelken und Zimt spicken. Jetzt wird so viel Zucker geläutert (siehe Glasieren von Früchten, Seite 81), daß die Nüsse darin eine Stunde sieden können und der inzwischen sirupdicke Zuckersaft sie nach dem Abkühlen und Einlegen ins Glas dennoch bedeckt. Man rechnet etwa 625 g Zucker auf 500 g grüne Nüsse. Bleibt zu wenig Flüssigkeit, den Saft mit hinzuzugebendem Wasser nachkochen und dann erst auffüllen. Diese Anleitung gehört zu den im »Wegweiser vom Garten zur Küche« erwähnten Großmutter-Rezepten. Es stammt aus dem Jahre 1850.

Rote Grütze

Eigentlich das ganze Jahr über kann Grütze aus allerlei Obstarten bereitet werden. Immer wird das vorbereitete, entkernte bzw. auch geschälte Obst wie zu Kompott mit Zucker abgekocht, oder es wird frisches Obstmark verwendet (oder eingefrorenes oder eingekochtes Mark oder Obst), das mit Grieß, Kartoffelstärke, Tapioka oder Gelatine gedickt wird. Nach dem Erkalten stürzen. Wie lange muß Tapioka kochen? Solange bis die harten weißen Kügelchen durchsichtig sind. Tapioka quillt sehr. 2½ Eßlöffel auf 1 l Saft reichen vollauf.

Erdbeergrütze

Erdbeeren sollten nie mit Mehl in Verbindung gebracht werden. Zu Erdbeergrütze kochen wir von den Beeren die kleineren und unschöneren einmal kurz mit Zucker (Zuckeraustauschstoff bzw. Fruktose) auf, rühren sie durch ein Sieb und fügen den Saft einer halben Zitrone hinzu, rühren die zuvor eingeweichte Gelatine – es darf ein halbes Blatt rote dabei sein – in das noch heiße Püree. In einer Glasschüssel liegen bereits die allerschönsten Erdbeeren, je nach Größe unzerteilt oder halbiert. Darüber schütten wir die heiße Masse, rütteln leicht um, damit alle Früchte eingebettet sind, und stellen zunächst kühl, dann sehr kalt. Vor dem Anrichten die Schüssel einen Moment in warmes Wasser stellen, dann gleitet der gelatinierte Erdbeerberg besser aus der Schüssel auf die zuvor angefeuchtete Platte, deren Rand wir mit Schlagsahne verzieren.

Erdbeergrütze mit Wein

Als Variante kann alles (evtl. sehr verregnete) Obst in kochendem Wein-Zucker-Sud eine halbe Minute mitgekocht werden, ehe die Gelatine hinzukommt. Diese Rote Erdbeergrütze hält sich länger. Gelatine enthält keine Kalorien. Darum arbeiten wir lieber mit ihr als mit Stärkemehlen aller Art, z.B. auch bei der folgenden Nachspeise.

Errötende Jungfrau

½ l Sauermilch mit Zucker und Orangensaft quirlen, bis der Zucker gelöst ist. Dann in einer Tasse heißem Erdbeersaft kalt geweichte Gelatine lösen – sechs Blatt mindestens, wovon eines unbedingt rot sein muß – und mit der Sauermilch zusammen kräftig durchschlagen. Auch während des Abkühlens mehrmals durchschlagen, damit die »Jungfrau« gleichmäßig errötet. Nun die in eine Glasschüssel umgefüllte Speise in den Kühlschrank stellen. Gelatine braucht in Verbindung mit Säure wenigstens 4 bis 5 Stunden, um ganz fest zu werden. Mit einem Erdbeerkranz macht sich die »Jungfrau« besonders lieblich. Man kann die »Jungfrau« auch durch den süßen Saft von sauren Kirschen erröten lassen.

Erdbeerkaltschale mit Wein

Erdbeeren in der Terrine einzuckern und ziehen lassen (große Früchte zerschneiden, überreife zerdrücken). Wein, Wasser, Saft und Zitronenschale aufkochen und damit vor dem Anrichten verdünnen. Wer mag, macht die Kaltschale mit geriebenem Zwieback etwas sämig bzw. kocht Semmelmehl im Weinwasser vorher mit.

Wenn von der Erdbeerkaltschale etwas übrig bleiben sollte, kann der Rest Grundlage zu einer Roten Grütze sein. Die Flüssigkeit kocht man auf, evtl. zusammen mit Rhabarberstückchen, süßt nach und versetzt mit Gelatine zum Steifmachen.

Erdbeerküsse

Drei frische Eiweiß mit 165 g Zucker zu sehr steifem Schnee schlagen. Leere Eierschalenhälften mit der Öffnung nach unten in größeren Abständen auf ein gut gefettetes Blech oder auf Alufolie setzen und den Eischnee darüber und darum verteilen (spritzen). Bei schwacher Hitze werden die »Küsse« im Rohr mehr getrocknet als gebacken, bis sie oben hellgelb werden. Aus den abgekühlten »Küssen« die Eierschalen vorsichtig herauslösen und die Hohlräume mit gezuckerten Erdbeeren, mit Erdbeersahne oder mit Erdbeereis füllen.

Kirschbowle

Zu einer Kirschbowle, die aparter ist als Erdbeerbowle, weil sie nicht jeder anbietet, werden 500 g reife, süße Kirschen mit einer viertel Flasche Arrak und 100 g Zucker angesetzt und zugedeckt eine Stunde lang sich selbst überlassen. Dann den Ansatz durch ein Sieb gießen und die Kirschen beiseite stellen. Die Flüssigkeit später mit zwei Flaschen Weißwein auffüllen und das eiskalte Getränk unmittelbar vor dem Einschenken mit einer Flasche Schaumwein und nach Geschmack (Vorsicht!) mit einem Schnapsglas Cognac ergänzen.

Und was machen wir mit den Kirschen?

Kirschnachspeise

Die nach dem Ansetzen und Abgießen der Bowle übriggebliebenen, in Arrak eingelegten Kirschen werden mit Zuckerwasser und Zitronensaft kurz aufgekocht; dadurch verfliegt der Alkohol mehr oder weniger. In vier Portionsschälchen füllen, das Obst mit dicker süßer Vanillecreme bedecken, und fertig ist ein feiner Nachtisch.

Kirschlikör

½ kg frische, makellose Kirschen mitsamt den Steinen zerkleinern. Einen »Schoppen« Branntwein (¼ bis ⅕ l) zugeben, Zucker nach Geschmack; entsprechend der Qualität der Kirschen und nach Gutdünken Zimt und Nelken. Diesen Ansatz zur Mazeration vierzehn Tage in der Sonne stehenlassen (hoffentlich scheint sie alleweil). Von den Früchten abgegossen, wird der Likör in Flaschen gefüllt (zierliche Fläschchen nehmen, wenn der Likör zu Geschenkzwecken dienen soll). Ein Vorschlag, der Tradition hat.

Kirschen lassen sich gut konservieren; das beweisen die Ergebnisse der beiden folgenden, selbst ausprobierten Anweisungen aus sehr alten Kochbüchern.

Süße Kirschen, roh eingelegt

Vorbedingung ist tadelloses Obst, frisch gewaschen, entstielt und zwischen Tüchern abgetrocknet. Große weite gut gereinigte Gläser lagenweise mit süßen Kirschen (samt Stein) und Zucker im Verhältnis 2:1 füllen, also 1 kg Kirschen:½ kg Zucker. Die Gläser, die nur dreiviertel voll sein dürfen, bedeckt man mit Tellern und breitet über alle locker ein Tuch. Die ganze Batterie stellt man am besten auf ein Tablett, das man der Sonne nachrücken kann. Jeden Tag einmal durchschütteln. Wenn der Zucker sich ganz gelöst hat und der Kirschensaft über den Kirschen steht – nach zwei bis drei Wochen – werden die Gläser fest zugebunden und dunkel und kühl gestellt.

Alkoholkirschen

Süße oder saure Kirschen werden wie oben vorbereitet und lagenweise mit Zucker in ein großes Glas geschichtet, das wiederum

Saure Kirschen, roh genossen, sind nicht jedermanns Sache. So entschließen wir uns, einen Anteil der Ernte zu entstielen, zu waschen, falls es nötig ist, sie dann auf einem Tuch auszubreiten und möglichst trockenzureiben. Ich mache das gerne auf dem Gartentisch im Schatten und fülle auch dort gleich die Gläser mit dem rohen Obst, zwischen das ich in Lagen Zucker streue. Genaue Mengenangaben auf der linken Seite. Kirschen gären mit Zucker zusammen innerhalb von 2 bis 3 Wochen, allerdings nur, wenn eine gewisse Sonnenscheindauer jeden Tag garantiert ist. Schließlich steht viel Saft über den Kirschen, der fast wie Kirschlikör schmeckt und auch im Winter wie dieser verwendet werden kann.

nur dreiviertel voll werden darf. Auf 2,5 kg Kirschen rechnet man aber hier nur reichlich 0,5 kg Zucker. Wenn die Kirschen an einem hellen, sonnigen Ort Saft gezogen haben, füllt man mit einem halben Liter 96%igen Alkohl (aus der Apotheke) auf, bindet das Glas fest zu und stellt es dunkel und kühl. Beide Sorten »Alkoholkirschen« – denn auch bei der ersten Anweisung alkoholisieren die Früchte – lassen sich zu Süßspeisen im Winter verwenden, z.B. mit Quark, zu Eis und in Eisbechern, zu Cocktails oder bei Partys auf Stäbchen, zum Tee anstelle von Torten oder an kalten Tagen anstelle sonstiger Häppchen.

Kirschen-Krankentrunk, auch als Suppe für Genesende

Wenn wir schon in Gedanken beim Winter sind – gedörrte Kirschen, die wir mitsamt den Steinen zermahlen (»im Mörser zerstoßen«, heißt's in der 100 Jahre alten Vorschrift), werden in Wasser gekocht und durchgesiebt. In dem Sud eine Handvoll geriebenes Brot auflösen und Zucker dazu tun. Wein oder Zimt, wer's mag, und ein labender und wohlschmeckender Trank »für Kranke« ist fertig.

Kirsch-Rhabarber-Marmelade

Kirschen, zusammen mit dem nun schon sehr derben Rhabarber zu Marmelade verarbeitet, geben mehr aus und schmecken voller. Rhabarber soll nur bis zur Sonnenwende (21./23. 6.) verwendet werden.

Erdbeer-Rhabarber-Marmelade

Auch Erdbeeren reagieren auf die Rhabarbersäure positiv, indem sie ihre schöne Farbe bewahren. Auch wird die Pfund auf Pfund mit Zucker gekochte Marmelade von Erdbeeren, wenn wir bei den Früchten ein Drittel Rhabarber und zwei Drittel Erdbeeren mischen, nicht so übersüß.

Und da wir schon bei Marmelade sind: Kennen Sie Rosenkonfitüre?

Rosenkonfitüre

250 g Rosenblätter – Centifolien sollen es möglichst sein – werden ohne Stiele und Blütenstände mit 250 g Zucker und fünf Eßlöffeln Zitronensaft so lange mit einem Löffel geknetet, bis das Ganze eine weiche Masse bildet. Weitere 750 g Zucker werden geschmolzen und gekocht, bis der Sud schwer vom Löffel tropft, dann erst wird der Rosenbrei hinzugefügt, ebenfalls aufgekocht und ganz zum Schluß kommt 4 g kristallisierte Zitronensäure hinzu. In sehr kleine Gläser füllen und verschließen.

Rosenbowle mit Centifolien

Mit den Blütenblättern von nur drei taufrischen Rosen wird eine Bowle angesetzt; dazu werden die Blätter leicht zerdrückt und mit 125 g Zucker vermischt. Dann gießt man ½ l Rheinwein darüber und läßt zugedeckt etwa 2 Stunden ziehen. Danach die Rosenblätter entfernen und eine Flasche Moselwein sowie eine Flasche Sekt hinzugießen. Zum Einschenken legt man in jedes Glas ein frisches, rosenrotes Rosenblatt.

Rosenbowle Maréchal Niel

Eine andere Rosenbowle: eine Maréchal Niel, frisch gebrochen, mit Cognac begießen, Weißwein, evtl. Zucker, und Sekt nachgießen.

Rosenlikör

125 g frische Rosenblätter mit handwarmem Wasser eben bedecken, 2 Tage stehen lassen; die »Maische« mit sanftem Druck der Hand über einem mit einem Tuch ausgelegten Sieb ausdrücken. Zu diesem Ansatz ¼ l besten französischen Cognac schütten, auf Flaschen ziehen und fest verschließen. Die Flaschen bleiben an einem warmen Ort einige Tage stehen, wobei sie ab und zu durchgeschüttelt werden sollen. Wenn die Flüssigkeit zu farblos aussieht oder schmeckt, würze man mit Koriander, Macis oder einem Hauch Muskatnuß nach und färbe mit einem Teelöffel Tee-Extrakt.

Englische Suppe

In zwei Eßlöffeln Butter, Margarine oder Olivenöl werden angedünstet: eine Tasse grüne Erbsen oder Zuckerschoten mit den Hülsen, zwei (ausgewachsene) in Streifen geschnittene Salatköpfe, eine Handvoll Spinatblätter, vier bis fünf geputzte und zerteilte Karotten, drei bis vier geschälte rohe Kartoffeln und ein bis zwei junge Zwiebeln mitsamt ihrem Grün. Dann mit etwa 1 l Wasser auffüllen. Erst nach der Garzeit (20 Minuten höchstens) abschmecken mit Salz, Petersilie, Pfefferminzblättern und einem kräftigen Schuß saurer Sahne, die man aber auch erst bei Tisch in die Teller füllen kann. In Ermangelung von saurer Sahne darf es auch ein Löffel Kräuterquark sein, der die Suppe im Teller sämig macht; auch Kefir, mit Tomatenketchup verquirlt, gibt der Suppe »Pfiff«.

Blumenkohlsuppe, weiß

Blumenkohl, zu Suppen verwendet, »rettet unsere Ehre«. Denn nur zu oft können die »Selbstgezogenen« mit der Handelsware nicht wetteifern. Regen, Raupen und durch Parasiten verursachte Wachstumsstörungen verhindern den vollrunden, schneeweißen Aufbau.

Geputzte Röschen, besonders nicht ganz geglückte, in wenig Salzwasser weichkochen und durchs Sieb streichen. Den dicklichen Gemüsebrei mit Milch verdünnen und nach dem Aufkochen abschmecken mit einem Becher Joghurt, dem, wenn nötig, ein Teelöffel Mondamin eingequirlt wird, mit Zitronenschale und Salz.

Blumenkohlsuppe, bräunlich

Die geputzten Röschen nur kurz aufkochen, die schönsten beiseite stellen, die anderen mit einer Gabel zerdrücken und in Gemüsebrühe (Würfel) bzw. Pilzhefebrühe weiterkochen, die, wenn das Gemüse weich ist, gesalzen und mit Weizenkeimschrot, Muskatnuß und einer Messerspitze Curry gebräunt wird. Die »schönen« Röschen lassen wir 2 bis 3 Minuten mitziehen und geben noch ein Stück Butter dazu.

Anstelle von Weizenkeimschrot können auch angeröstete Haferflocken oder Brotbröckelchen die Suppe bräunen und sie kräftig und sämig machen.

Blumenkohlsuppe, grün

Blumenkohl abkochen; eine weiße Einbrenne zuerst mit dem Blumenkohlwasser ablöschen, dann auffüllen mit Milch, verquirlt mit einem Ei und einer Tasse gehackten Kräutern (auch einige Spinat-, Salat- oder Sellerieblätter dürfen darunter sein). Den Blumenkohl in die Suppe einquirlen oder einlegen. Die Suppe mit Salz und einer Prise Zucker abschmecken, vor dem Anrichten mit geriebenem Käse und noch einem Eßlöffel Kräuter, die keinesfalls mitkochen dürfen, verschönen.

Junge Erbsen

Junge Erbsen können selten in ausreichender Menge aus dem eigenen Garten geerntet werden; sättigend sind sie nur in Verbindung mit anderen Gemüsen, z.B. Spargel, Karotten, Kohlrabi oder mit allen dreien als sogenanntes Leipziger Allerlei – zu bekannt, um es hier zu beschreiben.

Risi-Pisi

Der Name kommt aus dem Italienischen, heißt ungekürzt »riso con piselli«, auf deutsch »Reis mit Erbsen«, und ist eine apartere Variante des Leipziger Allerlei. Dazu wird Risotto zubereitet: Eine Tasse trokkenen Reis in erhitztes Olivenöl schütten, dem eine bis zwei junge Zwiebeln mit samt dem Grün in groben Würfeln zugefügt sind, umrühren bis der Reis gelblich wird und mit Würfel-Gemüsebrühe auffüllen. Die jungen, rohen Erbsen (wenigstens drei Tassen voll auf eine Tasse Reis) 15 Minuten leise mitkochen und dann nur noch ziehen lassen, bis der Reis wieder trocken ist und die Erbsen gar sind. Dann erst mit einer Gabel vorsichtig umheben, viel gehackte Petersilie und zuckerstückgroße Käsewürfel (Tilsiter oder Gouda), eine Prise Zucker – aber kein Salz! – hinzufügen. In weiteren 10 Minuten, am besten im Rohr bei 100 °C warmgestellt, entwickelt sich das volle Aroma des Gerichts.

Pilzsoße zu Reis

In sehr heißem Olivenöl erst grob gehackte Zwiebeln, dann sogleich die gewaschenen und zerschnittenen Gartenpilze anbraten. Bei Champignons einige Tropfen Zitronensaft dazugeben. Mit einem Viertel Liter Wasser ablöschen. Nach 15 Minuten sind die Pilze unter dem Deckel gar (Kostprobe machen), dann mit Zitronenmelisse, Liebstock, Basilikum, Majoran und mildem (Rosen)paprika würzen. Mit Salz sollte man sparsam sein. Um die Soße sämig zu machen, wird jetzt in dem Pilzsud Käse geschmolzen. Ist zu wenig Sud geblieben, wird Pilzhefebrühe (aus dem Reformhaus) zum Nachfüllen gewählt, in die etwas Stärkemehl eingequirlt wurde. Wer es recht üppig möchte, opfert einen ganzen Becher Crème fraîche oder quirlt Sahne-Joghurt mit Mondamin an. In jedem Falle die Soße noch 5 Minuten köcheln lassen, ehe sie in die Mitte einer Schüssel mit dem heißen, trockenen Reis geschüttet wird oder in einen vorbereiteten Reisrand.

Dänischer Salat

Benötigt werden Makkaroni, junge grüne Erbsen und junge Karotten in gleichen Mengen, z.B. je eine Tasse. Die gekochten, halbfingerlang geschnittenen Makkaroni mit den kurz abgewällten Erbsen und den gekochten gescheibelten Karotten unter Zugabe einer grünen Mayonnaise mischen. Dieser leckere Sommersalat kann durch gedünstete Champignons, gekochte Spargelstücke oder Kohlrabistifte, auch Blumenkohlröschen variiert und erweitert werden.

Grüne Mayonnaise

Fertige Mayonnaise bekommt eine schöne grüne Farbe durch sehr fein gehackte Kräuter aller Art: Dill, Petersilie, Liebstöckel, Zitronenmelisse, Borretsch, Bohnenkraut, Majoran, Schnittlauch, Zwiebelgrün und Sellerielaub.

Erdbeerpflanzen sind geduldig und gedeihen in lockerem, nährstoffreichen Boden überall. Die köstlichen, vielseitig verwendbaren Früchte jedoch sind empfindlich und bedürfen vor und während der Erntezeit besonderer Fürsorge. Sie faulen so nahe dem Erdboden. Auch reifen sie ungleichmäßig und müssen oftmals durchgepflückt werden. Darum unterlegt der Gartenfreund jede Staude mit Stroh oder auch Holzwolle oder umfaßt die Pflanze mit einer (käuflichen) Manschette, damit die Früchte den Boden nicht mehr berühren. (Diese Maßnahmen empfehlen sich auch für die immertragenden Erdbeersorten, die den ganzen Sommer hindurch geerntet werden können.)

Fettfreie grüne Mayonnaise

Eine Mayonnaise ohne Fett quirlen wir aus Magerquark, Kaffeesahne, Eigelb und Senf, schmecken mit Salz und Zucker ab und geben viel Grünes hinzu, evtl. auch Kapern. Diese Mayonnaise hält sich nicht lange.

Ein Tip für Sellerie und Lauch

Um im Mai, Juni und Juli den Selleriegeschmack an Soßen, Salaten und Suppen nicht entbehren zu müssen, lassen wir im Herbst eine Knolle im Boden, die ab April wieder treibt und erst Ende Juli zum Blühen ansetzt. So lange ernten wir von ihr das feste, grüne Laub aus unserem Garten. Es lohnt auch, eine Reihe Lauch bis in den Sommer stehen zu lassen, solange nicht genug junge Zwiebeln zur Verfügung stehen.

Rohkostaufstrich für Sandwiches

Zwei bis drei Karotten und ein Kohlrabi nach dem Putzen auf der Rohkostreibe zerkleinern, junge Zwiebeln in Ringen mit dem Grün und zarteste grüne Erbsen, evtl. auch einige gehackte Blumenkohlröschen, darunterarbeiten. Den sich bildenden Saft, wenn nötig, mit sehr wenig Sojaschrot oder Hefeflocken aufsaugen, mit Salz und Zukker, Rosenpaprika und einem Hauch Knoblauch würzen. An gehackten Kräutern kann zugefügt werden, was vorhanden ist. Diese Paste wird mit oder ohne Butter auf Grahambrotscheiben gestrichen.

Rohkostaufstrich, überbacken

Wer's ganz roh nicht verträgt, schiebt die fertigen Schnitten für 5 Minuten in das voll vorgeheizte Backrohr – mit Oberhitze – oder füllt die Paste in ein Schraubglas und kocht sie 30 Minuten im Wasserbad.

Tip fürs Wasserbad: Lappen auf den Topfboden legen, sonst klappert's.

Überbackene Kohlrabi mit Parmesan

Die geschälten und quer halbierten Kohlrabi (die Wurzelseite *kann* ungenießbar holzig sein) ohne Laub in wenig Wasser dünsten und nebeneinander in eine flache, feuerfeste Schüssel legen. Aus Milch oder Sahne, Stärkemehl, zwei Eigelb, Salz, einer Prise Zucker, einigen Tropfen Zitronensaft, einem Hauch Curry im Wasserbad eine dicke Soße quirlen und über die Kohlrabi gießen. Mit Parmesan bestreuen, mit rotem Paprikapulver verzieren, im Backrohr kurz und rasch erhitzen.

Überbackene Kohlrabi auf Kartoffelschnee

Aus steifem Kartoffelschnee in der Bratreine (Pfannentopf) flache Nester formen oder sie aus dem Beutel spritzen. Die Nester füllen mit fein gewürfelten, in mildem Salzwasser gegarten Kohlrabi und jedes Nest mit einer Scheibe Schinken zudecken. Im Rohr hellgelb backen. Wir dürfen für jeden Esser zwei bis vier Nester rechnen. Hierzu reichen wir etwas besonders Würziges, nämlich:

Pikante Soße aus jungen Zwiebeln

Wir nehmen junge Zwiebeln, zartestes Kohlrabilaub, Sauerampfer, Petersilie, hakken alles fein, dünsten leicht in Öl an und löschen mit Milch, noch besser mit gequirltem Joghurt. Die Soße wird mit Eigelb gebunden und mit Curry, Tabasco und einigen Tropfen Zitrone, Salz und evtl. Zucker abgeschmeckt.

Gefüllte Kohlrabi

Wir nehmen nur den zarten, oberen Teil der Knolle; dazu höhlen wir von der Wurzelseite her den zum Verholzen neigenden Teil mit einem scharfen Messer aus und kochen die Knollen fast weich. Vom Laub nehmen wir nur die Herzblätter; sie werden zusammen mit Kräutern aller Art, Zwiebeln (auch noch Porree) und eingeweichten Trockenpilzen oder frischen Gartenpilzen gehackt und mit Salz, Pfeffer und geriebenem Brot, Weizenkeimen oder Haferflocken zu einer würzigen Fülle verarbeitet, die wir in und auf die Kohlrabi häufen. Die Kohlrabi setzen wir auf Kartoffelbrei und garen, mit Deckel, im Rohr 20–30 Minuten oder auch länger bei milderer Wärmeeinstellung fertig. – Kohlrabi lassen sich auch mit Kräuterreis, Champignonhack oder Möhrenmus mit Kapern füllen. Immer soll das Laub dabei sein.

Spargel mit Chaudeau

Langen geschälten Spargel in reichlich Salzwasser mit einem Teelöffel Zucker weichkochen (20 Minuten) und auf einer vorgewärmten Platte mit Chaudeau bedecken: ½ l Flüssigkeit aus Weißwein und Wasser halb und halb, vier Eier, Saft einer halben Zitrone, Salz und wenig Zucker werden im Wasserbad so lange erhitzt und gequirlt, bis die Mischung infolge des Gerinnens der Eier cremig dick ist.

Spargel mit harten Eiern

Der abgekochte Spargel wird in fingerlange Stücke zerteilt, gut abgetropft, mit einer Masse aus wenigstens vier noch warmen, zerdrückten harten Eiern untermischt, mit etwas geschmolzener Butter und Salz bestreut und nochmals angewärmt. Vor dem Essen eine halbe Tasse gehackter Kräuter darüberstreuen; Dill und Pfefferminze sollten nicht fehlen, Zwiebeliges aber fortbleiben.

Spargel, kalt in Mayonnaise

Kalte gekochte Spargelenden werden, gut abgetropft, eingelegt – entweder in eine dikke fertige Mayonnaise oder in fertigen »Sandwich-Spread« oder in eine Salatsoße, die wir selbst komponieren aus Mayonnaise, gehackten Kräutern, Zitronensaft, winzig geraspelten Möhren, einigen Erdbeeren und ausgesteinten, geviertelten Kirschen. Diese Komposition kann auch aus saurer Sahne, Curry und einem Eigelb aufgebaut werden. So oder so muß sie aber mitsamt dem Spargel sofort verzehrt werden.

Spargelsuppe

Wasser vom Spargel bekommt nicht immer, denn Spargel wird scharf gedüngt. Aus dem eigenen Garten aber kann das Wasser mit Gemüsebrühwürfeln, mit ein bis zwei Eidottern angequirlt und mit Reisflocken angedickt, sehr wohlschmeckend sein.

Spargelsuppe, braun

In einem halben Eßlöffel Butter einen Eßlöffel Grieß anrösten, bis er hellbraun ist, mit Spargelwasser ablöschen und mit Petersilie, Liebstöckel sowie Dill, Salz und einer Prise Zucker abschmecken.

Creme fraiche vor dem Anrichten in die Suppe gerührt, macht sie lieblicher.

Juli

Favoriten des Monats: Beerenobst, Wachsbohnen, grüne Bohnen, kleine Gurken, junge Karotten, früher Kohl

Rumtopf
Stachelbeerkonfitüre
Erdbeer-, Pfirsich-, Pflaumenkonfitüren, Sauerkirsch- u. Mehrfruchtmarmeladen
Gelee aus schwarzen Johannisbeeren
Gelee aus roten Johannisbeeren, Himbeeren oder Brombeeren
Obstmark einfrieren
Beeren einfrieren
Cumberlandsoße aus roten Stachelbeeren
Salatblattrouladen und Tips für Dips
Sauerkirschtunke
Auflauf mit reifen Stachelbeeren
Kaltschalen aus Kirschen oder Beeren
Bowle aus Wald- oder Monatserdbeeren
Shakes für Kinder
Pfirsich-Roquefort
Aprikosen im Teigmantel
Aprikosenmarmelade
Tips zu Aprikosen und Pfirsichen
Aprikosenschaum
Pfirsichquark
Obstsalat im Juli
Pfirsich-Leckerli
Allerlei »Bibber« und Cremes
Vanillesoße
Früchte im Schnee
Kaltschale oder warme Suppe aus Fruchtsaft
Kalte Puffbohnensuppe
Puffbohnendiät
Grüner-Erbsen-Auflauf
Hirseplätzchen
Weizenschrotfladen
Grünkernbratlinge
Gartenchinesisch
Wachsbohnen und Stangenbohnen, königlich
Verlorenes Ei im Petersiliennest
Wachsbohnensalat
Grüne Bohnen konservieren
Bohnen, sauersüß
Mixed Pickles
Blumenkohl, überbacken
Blumenkohl, totschick
Fritierte Blumenkohlröschen
Auberginen oder Eierfrüchte
Auberginen gekocht
Karotten-Augenschmaus
Glasierte und fritierte Karotten
Möhren im Schnee
Karottensalat
Dressierte Gurken einmal ganz anders
Mayonnaise
Gurkensalat einmachen
Kleine Gewürzgurken zum Schnellverbrauch
Krautsalat
Zuckerzwiebeln
Kräuter trocknen und ribbeln
Kräuter einfrieren

»Nur bei starker Juliglut geraten Birnen und Äpfel gut.«
So weit sind wir noch nicht, wenn es auch für den Rumtopf höchste Zeit ist. Wir wollen doch nicht auf Erdbeeren und Kirschen darin verzichten; auch Johannisbeeren, Himbeeren, Pfirsiche und Aprikosen sollen jetzt in ihm untergebracht werden, ehe die Pflaumen im August dazukommen, während Äpfel und Birnen bis in den September/Oktober warten müssen. Über der Vorfreude auf den Rumtopf mit seinen Früchten sollen in unserem Überblick die Salate und Gemüse des Monats doch nicht völlig übersehen werden.
Zu Salaten bieten sich im Juli grüne Bohnen und Wachsbohnen an, zur Rohkost Gurken, junge Möhren und zarter Früh- oder Weißkohl.
Als Gemüse bringen wir Blumenkohl, grüne Bohnen, Wachsbohnen, Saubohnen, Möhren und Erbsen auf den Tisch, jede Art für sich, wenn genug da ist, oder alle miteinander, was der Phantasie viel Spielraum läßt.

Rumtopf

Etwa ¾ kg Erdbeeren, möglichst trocken, mit ¼ kg Zucker in einen etwa 8 Liter fassenden Steintopf mit Deckel (Westerwälder Krauttopf) einschichten, mit 1 Liter gutem Rum (55%) begießen und zudecken. Reife Kirschen waschen, abstielen, abtrocknen und *nicht* entsteint dazugeben. Später, je nach Reife, auch saure Kirschen (Natten). Zugleich dürfen händeweise Johannisbeeren (ohne Stiel), Himbeeren und Brombeeren – auch mit beiden Händen – eingefüllt werden, dann Pfirsiche in Vierteln oder Achteln ohne Stein, dann Äpfel in Achteln und ganz zum Schluß feste, herbe Birnen, und sogar eine Quitte darf dazu. Es ist nicht notwendig, jedesmal nachzuzuckern; jedoch empfiehlt es sich wegen der Süße, den Rumtopf nicht nur zu beschnuppern, sondern auch mal davon zu kosten, obwohl erst in dem Maße, wie die Farben schwinden, die nun durchweg bräunlichen Früchte ihr Aroma entwickeln werden. Sechs Wochen nach dem letzten Einfüllen darf der inzwischen fest verschlossene, kühl gestellte Topf »eröffnet« werden. Es ist darauf zu achten, daß vor dem Verschließen genügend Flüssigkeit über dem Obst steht – sonst etwas Rum oder abgekochtes Zuckerwasser nachgießen. Es ist ferner darauf zu achten, daß die Früchte nicht steigen. Darum werden sie am besten im Topf mit einem sauberen Porzellanteller beschwert.

Es heißt, daß schwarze Johannisbeeren den Geschmack des Rumtopfes zu einseitig beeinflussen und Stachelbeeren weich werden – lassen wir sie also fort. Und dies ohne Bedauern, denn aus eben diesen schwarzen Johannisbeeren machen wir das allerfeinste Gelee (Seite 94).

Stachelbeerkonfitüre

Reife Stachelbeeren, rote oder gelbe, von Stielen und Blüten befreien, im Kochtopf während des Heißwerdens mit einem Holzquirl zerstampfen. Nach und nach so viel Zucker dazufügen, wie wir Stachelbeeren haben, also beispielsweise auf 1 kg Obst 1 kg Zucker. Diese Mischung lassen wir im offenen Topf unter Rühren so lange kochen, bis der Saft dicklich von der Kelle tropft. Einfache Probe auf die richtige Konsistenz: ein Kleckschen auf einen Teller geben und in den Kühlschrank stellen. Wird dieser

Tropfen – nach wenigen Minuten erkaltet – steif, kann die Konfitüre in die vorbereiteten Gläser gefüllt und (wie beim Gelee unten beschrieben), gesichert und zugebunden werden.

Erdbeer-, Pfirsich-, Pflaumenkonfitüren sowie Sauerkirsch- und Mehrfruchtmarmeladen

werden im Prinzip genauso zubereitet wie Stachelbeerkonfitüre, wenn wir darin gern etwas zum »Beißen« vorfinden möchten. Anders ist es bei glatten Konfitüren. Sie sollen weder Schalen noch Kernchen mehr enthalten, deshalb müssen die Früchte ohne Zucker zuerst aufgekocht und durchpassiert werden. Zu diesem *Fruchtmark* wird dann je Liter 1 kg Zucker hinzugefügt und wie beschrieben gekocht. Fruchtmark läßt sich auch roh im Mixer herstellen und durch ein Sieb von den Kernen und groben Teilchen befreien. Dann wird das Obst nur einmal zusammen mit Zucker erhitzt (siehe Hagebuttenkonfitüre, Seite 142).

Gelee aus schwarzen Johannisbeeren

1 l Saft, durch Dampfentsafter oder mittels Obstzentrifuge gewonnen, wird einmal stark zum Kochen gebracht, dann mit 1 kg Zucker nochmals brausend aufgewällt und sogleich in vorbereitete kleinere Gläser gefüllt. Nach dem Erkalten auf das Gelee ein rund geschnittenes Blatt Klarsichtfolie legen, das zuvor in 96%igen Alkohol, in Cognac, Obstschnaps oder auch Rum getaucht wurde. Dann erst das Glas wie üblich zubinden. Sollte sich Schimmel bilden, was in manchem Klima und in ungeheizten, winterfeuchten Land- oder Wochenendhäusern fast unvermeidlich ist, läßt er sich mit der Alkoholfolie leicht abheben und beeinträchtigt die Qualität des Gelees nicht.

Gelee aus roten Johannisbeeren, Himbeeren oder Brombeeren

Es wird genauso hergestellt wie Gelee aus schwarzen Johannisbeeren. Gemischte Säfte lassen sich auf die gleiche Art und Weise verarbeiten und sind aparte Geschmackskomponenten. Gelierzucker oder »Gelfix« oder »Opekta« bzw. »Holex« mit *Fruktose*, (alle auf der Grundlage von Apfelpektin) schaden nie, vermehren aber die Menge um etwa so viel wie verkocht.

Obstmark einfrieren

Das rohe oder aufgekochte ungesüßte Obstmark aller Früchte aus dem Garten läßt sich in Beuteln, kältefesten Kunststoffdosen oder Bechern einfrieren. Dieses Obstmark wird im Schnellverfahren, evtl. mit weniger Zucker oder mit Zuckeraustauschstoff für Diabetiker, erst dann zu Marmelade (oder auch Roter Grütze) verarbeitet, wenn es im Winter gebraucht wird. Das ist sehr praktisch im Sommer, zumal bei großer Hitze, wenn es wahrhaftig keinen Spaß macht, nach der Gartenarbeit und dem Ernten auch noch einzukochen.

Erdbeeren, Brombeeren, Himbeeren und Kirschen als ganze Früchte einfrieren

erfolgt am schonendsten, wenn sie gartenfrisch, auf einem Kuchenblech mit Alufolie einzeln nebeneinander ausgebreitet, so lange im Tiefkühlfach bleiben, bis sie harten

Kugeln gleichen. Dann erst füllen wir sie mit flinken Fingern in Beutel, die wir dicht an dicht im Tiefkühlschrank oder -fach aufbewahren. So behalten weiche Früchte Form und Farbe auch nach dem tunlichst langsamen Auftauen vor dem Gebrauch. Den Kirschen beläßt man den Stein.

Cumberlandsoße aus roten Stachelbeeren

Für eine Art Cumberlandsoße, die als Dip an Sommerabenden oder als »Barbecue«-Zugabe sehr apart ist, wird rohes Stachelbeermark mit etwas Saft von rohen Johannisbeeren und musig geriebenen, rohen Karotten gemischt. Ein Teelöffel Senf, Zucker und gehackte Kräuter, besonders Zitronenmelisse, Liebstöckel (»Maggikraut«) und Pfefferminze, verfeinern die Soße, die, falls sie sehr dünn gerät, mit ein wenig geriebenem Zwieback angedickt werden kann.

Salatblattrouladen (und Tips für Dips)

Ein Pfirsichachtel oder ein fingerlanges Stück kalter Braten, ein zarter Kohlrabistift oder eine halbe Zwiebel, ein Spalt Zucchini mit einer halben Pflaume und einer Scheibe Schinken, werden mit einem Salatblatt umwickelt und mit einem Cocktailspieß so zusammengesteckt, daß die Roulade mit der Hand eingetunkt – »gedippt« – und in den Mund gesteckt werden kann.

Dips lassen sich sowohl vorbereitend einkochen bzw. im Winter aus Obstmark frisch bereiten unter Zugabe von geriebenem Sellerie, geriebenen Möhren, ebenso von Orangen- und Zitronensaft, geriebenen Äpfeln, geriebenen Gewürzgurken, eingelegten Kürbiswürfeln usw.

Sauerkirschtunke

Auf Vorrat machen wir eine Sauerkirschtunke, die ähnlich wie Preiselbeeren oder Indian Relish (Seite 134) zu Fleischspeisen, Kartoffelpuffern und Salaten angeboten werden kann. Hierzu wird etwa ½ kg entsteinte Sauerkirschen mit der gleichen Menge Zucker, etwa ¼ l Rotwein, der mit drei Teeflöffeln Apfelessig versetzt ist, zum Kochen gebracht. Mit einem 3 cm langen Stück Zimt, einer Prise gestoßenen Nelken und einem Teelöffel Senfkörner wird gewürzt. Nach 15 Minuten Kochzeit wird eine Gelierhilfe eingerührt, allerdings nur die Hälfte der für ein Gelee aus ½ kg Kirschen erforderlichen Menge. Man läßt nochmals kurz aufwallen und füllt in Flaschen. Zum Sofortgebrauch kann auf die Gelierhilfe verzichtet werden, dafür wird mit drei Blatt Gelatine die Soße leicht sämig gemacht.

Auflauf mit reifen Stachelbeeren

Das gibt einen sättigenden Auflauf: Etwa ½ kg reife Beeren mit 125 kg Zucker ohne Wasser langsam im geschlossenen Topf dünsten. In einem zweiten Topf eine Art Brüh- oder Brandteig machen: ¼ l Milch mit 80 bis 90 g Butter, einer Prise Salz und 125 g Mehl unter Rühren zum Kochen bringen und »abbrennen«, bis die Masse vom Topf losläßt. Den Kloß in eine Schüssel schütten, auskühlen lassen, dann vier Eigelb, einen bis zwei Eßlöffel Zucker und einen Teelöffel Backpulver einarbeiten und den steifen Eischnee darunterziehen. Eine ausgefettete, feuerfeste Form füllen wir zuerst mit den gedünsteten Beeren, dann mit dem Teig und backen im Rohr etwa 1 Stunde bei schwacher Hitze. Aus Aluformen in Portionsgröße läßt sich dieser Auflauf stürzen, so daß dann die Beeren obenauf liegen. Vanillesoße schmeckt gut dazu.

Kaltschalen aus süßen oder sauren Kirschen, reifen Stachel- oder anderen Beeren

Zu Kaltschalen soll das Obst reif, es darf auch überreif, aber nicht faulig sein. Die verlesenen Früchte werden in jedem Falle in einer Terrine dick eingezuckert – Stachelbeeren etwas anquetschen, Kirschen entsteinen –, bis sich Saft gebildet hat. Dann erst wird eine Mischung aus abgekochtem Wasser, Wein, Zitronensaft und abgeriebener Zitronenschale darübergegossen. Diese Art Kaltschale wird über einem Zwieback oder mit viel Suppenmakronen angerichtet.

Kaltschalen können auch aus gedünsteten Beeren zubereitet werden, aus Obstmark oder so, daß die Früchte in der Suppe schwimmen. Es wird mit Zucker, Zitronenschale, auch Zimt oder Vanille, abgeschmeckt und mit etwas Kartoffelstärke angedickt. Schneeberge aus mit etwas Zucker steifgeschlagenem Eiweiß werden mit dem nassen Löffel auf die eben noch kochende Suppe gesetzt und eine Minute dann unter geschlossenem Deckel gegart. Die Kaltschale wird zum Erkalten erst kühl, dann kalt gestellt. Sie hält sich ein bis zwei Tage im Kühlschrank.

Bowle aus Wald- oder Monatserdbeeren

Diese aromatischen Früchte, die erst nach den Gartenerdbeeren reifen, eignen sich besonders zur Bowle. Sie werden nach Möglichkeit ungewaschen in der Bowlenterrine eingezuckert im Verhältnis 10:1, also auf 100 g Früchte 10 g Zucker. Zwei bis drei Flaschen Mosel- oder Rheinwein darüberschütten und kurz vor dem Genuß eine Flasche Sekt dazu. Für Kinder wird anstelle von Wein Zitronenwasser und anstelle von Sekt Sprudelwasser zur Bowle verwendet, außerdem etwas mehr Zucker.

Shakes für Kinder

Was Kindern aber noch besser schmeckt als Bowle, ist ein Erdbeer- oder Himbeer-Shake. Die leicht zerquetschten Beeren werden dazu mit Zucker und eiskalter Milch verquirlt, ein wenig zum Durchziehen stehengelassen und nochmals direkt vor dem Einschenken mit nicht zu wenig Sodawasser durchgeschüttelt.

Pfirsich-Roquefort

schmeckt als juligemäße, garteneigene Vorspeise oder als Snack zum Drink in der Laube. 125 g Roquefortkäse mit 125 g Butter, evtl. unter Zugabe von etwas Dosenmilch, verkneten, diese Masse kegelartig auf runde Vollkornbrotscheiben häufen, darüber eine kernlose Pfirsichhälfte stürzen. Eine Petersilienfeder an den »Hut« macht's lustig.

Aprikosen im Teigmantel (Aprikosenknödel)

Aprikosen sind in unseren Breiten oft pelzig und nicht vollreif – in Teig verpackt schmecken sie lecker. Eine Fertigpackung Kartoffelknödelteig wird nach Vorschrift bereitet, dann mit Eigelb und geriebener Semmel so durchgearbeitet, daß es sich zu einer langen Rolle formen läßt, die in Scheibchen geschnitten wird. Zwischen je zwei Scheiben legen wir eine Aprikose, die anstelle des Steines ein Stück Zucker enthält, und drücken die Ränder um die Frucht fest zusammen, legen die Knödel in kochendes Salzwasser und lassen sie ziehen, bis sie schwimmen. Mit dem Schaumlöffel heraus-

Wenn die Glockenblumen im Staudenbeet zu blühen beginnen, reifen an den Waldrändern und im Schutze unserer Gärten die Himbeeren und röten sich die Sauerkirschen. Die süßen Kirschen sind prall reif. Viele wohlschmeckende Fruchtzusammenstellungen bieten sich uns an. Was überreif wird, dämpfen wir ganz kurz oder kochen eine rote Grütze mit Tapioka oder Gelatine. Es ist eine herrliche Zeit, die uns aber nicht vergessen lassen soll, daß der nächste Winter kommt und wir gerne an dunklen Tagen nach eingefrostetem, eingekochtem oder in Alkohol konserviertem Obst greifen. Den Duft dieses Sommertages schmecken wir dann im Gelee und in den Konfitüren.

gehoben und auf einen vorgewärmten Teller gelegt, werden sie mit gebräunter Semmelbutter übergossen und mit grobem Zucker bestreut. (Weitere Knödelanregungen und Rezepte Seite 149, 150 und 189.)

Aprikosenmarmelade

Aprikosenmarmelade wird auf die gleiche Weise wie die Konfitüren aus Beeren (Seite 94) zubereitet.

Tips zu Aprikosen und Pfirsichen

Enthäuten: Mit kochendem Wasser übergießen. Empfiehlt sich besonders, wenn die Früchte zu Kompott in Weckgläsern, zu Salaten oder Süßspeisen verwendet werden sollen.

Einfrieren von Aprikosen am besten als Püree.

Aprikosenschaum

Die enthäuteten Aprikosen im Mixer pürieren – es dürfen also auch nicht einwandfreie, aber sauber ausgeschnittene dabei sein. Quark zugeben und weitermixen; nebenher wird sehr steifer Schnee mit einem Eßlöffel Zucker je Eiweiß geschlagen. Beide Teile werden zusammengerührt unter Zugabe von Branntwein (für Erwachsene). Sehr kalt stellen und bald servieren. Für Kinder kann man den Schaum mit bunten Zuckerperlen, Schokoladebröseln oder Kakaopulver bestreuen.

Pfirsichquark

Pfirsiche vertragen sich geschmacklich besonders gut mit Quark oder Kefir, die mit geriebenem Pumpernickel und Schokoladespänen und natürlich reichlich Zucker (auch Diätzucker oder Fruktose) vermischt werden. Die rohen Pfirsichhälften, -viertel oder -achtel in eine Schale oder auf Glasteller legen, die Quark-, Joghurt- oder Kefirmasse darüberspritzen. Oder umgekehrt: Früchte nach oben (wenn es nur wenige sind).

Obstsalat im Juli

wird aus abgezogenen Pfirsichachteln, abgezogenen Aprikosenhälften, Erdbeeren, schwarzen Johannisbeeren und Himbeeren bereitet, wobei hier die Reihenfolge von Bedeutung ist: das zarteste Obst zuletzt und zuoberst! Schichtweise mit Zucker und Zitronensaft in die Glasschale oder in Portionsschalen füllen.

Pfirsich-Leckerli

Etwas für Leckermäuler: die abgezogenen Pfirsichhälften in bereits dicklich gekochte Zuckerlösung geben, darin höchstens 3 Minuten mitziehen lassen. Die Früchte in Schälchen legen, den Zuckersaft mit Wein verdünnen und dann erst über die Pfirsiche gießen. Mandelkrokant dick darüberstreuen und einen Klecks Schlagsahne obenauf setzen. Eiskalt servieren.

Allerlei »Bibber« und Cremes

»Bibber«, »Wackelpeter« oder nüchtern nach ihrer Farbe benannte Grützen sowie Cremes lassen sich mit Gelatine oder Eischnee im Juli aus allen Fruchtarten für sich oder aus allen verfügbaren Früchten miteinander herstellen. Im Winter kann man auf eingeforene Früchte und auf eingefrorenes Obstmark zurückgreifen. Immer wird zum »Bibber« das Obst verlesen, gezuckert, mit wenig Wasser gedünstet, dann nach Vorschrift mit vorgeweichter, gelöster Gelatine versetzt, abgekühlt und ganz kalt gestellt. Wer's vertragen kann, gießt dicken süßen Rahm darüber; klassisch zu dem sommerlichen »Bibber« ist freilich Vanillesoße.

Vanillesoße

Die Soße wird aus Milch, Zucker, Vanillezucker oder Stangenvanille und mehreren Eigelben gerührt. Eigelb darf keinesfalls mitkochen, sondern nur mitziehen. Das zu der Vanillesoße nicht gebrauchte Eiweiß schlagen wir zu Schnee und wandeln damit das »Bibber«-Programm ab:

Früchte im Schnee

Gelatine in einer Tasse warmem (nicht heißem) Obstsaft lösen, nach und nach den Eischnee einschlagen und die Masse über rohe kalte oder gedünstete abgeseihte Früchte gießen, die vorsichtig mit einer Gabel untergehoben werden; sofort zum Erkalten stellen, damit die Früchte nicht untersinken. Und der restliche Fruchtsaft vom Obst? Der wird natürlich auch verwendet, beispielsweise zu einer Kaltschale oder zu einer warmen Fruchtsuppe.

Kaltschale oder warme Suppe aus Fruchtsaft

Der oben übriggebliebene Fruchtsaft bildet wieder die Grundlage zu einer Kaltschale oder zu einer warmen Frucht-Abendsuppe, die je nach der Beschaffenheit des Saftes und Farbe des verwendeten Obstes mit gekrümeltem Schwarzbrot, mit geriebenem Vanillezwieback oder mit Suppenmakrönchen angereichert wird (s. auch Seite 83).

Kalte Puffbohnensuppe für heiße Arbeitstage

Dazu werden möglichst zarte Kerne der Puff-, Acker-, Pferde-, Schweine-, Sau-, Tekkel- oder Dicken Bohne (oder wie sie noch heißen mag) im Salzwasser weichgekocht, evtl. bereits am Vortag. Aus Gemüsebrühwürfeln eine Bouillon bereiten und mit gehackter Petersilie, Liebstöckel, reichlich Bohnenkrautblättern (ohne Stengel), Majoran und einigen Pfefferminzblättern aromatisieren. Bohnenkerne und Suppe lauwarm oder auch kalt mischen. Vor dem Anrichten abschmecken mit einigen Tropfen Zitronensaft und einer Handvoll Weizenkeimschrot. Anstelle von Salz Hefeflocken oder Hefeextrakt verwenden.

Puffbohnendiät

Puffbohnen gehören mit Speck und Kartoffeln gemacht, heißt es, doch feiner zeigt sich ihre Besonderheit, wenn man die Kerne, die in so wenig Salzwasser wie möglich langsam gegart werden, in Petersilienbutter schwenkt und mit einer halben Tasse Vollmilch befeuchtet auf den Tisch bringt. Hirseplätzchen, Weizenschrotklopse oder Grünkernbratlinge schmecken zu Saubohnen auf diese Art besser als Kartoffeln, die im Juli ohnehin »Mangelware« sind. Einen Ausgleich dafür bietet der folgende Vorschlag.

Grüner-Erbsen-Auflauf

Grüne Erbsen als Auflauf ergeben ein sättigendes Gericht, und das ohne Zugabe von anderer Füllnahrung. Ein wenig magerer Bauchspeck oder roher Schinken wird mit einer Zwiebel und gehackter Petersilie auf der beschichteten Pfanne gedünstet, bis die

Zwiebeln zu duften beginnen. Dann fügen wir die enthülsten Erbsen hinzu und gießen etwas Gemüse- oder Würfelbrühe auf. Von dieser Gemüsemischung streichen wir, nachdem die Erbsen gar sind, etwa ein Viertel durch ein Sieb, arbeiten den Brei mit gerösteter Semmel und Butter durch, fügen verquirlte Eier und geriebenen Käse nach Geschmack hinzu und heben schließlich das restliche, nicht pürierte Gemüse darunter. Den Auflauf garen wir nun eine halbe Stunde in einer feuerfesten Deckelform nach. Hierzu paßt Pfefferminzsoße (Seite 75), Cumberlandsoße (Seite 95), Tomatenketchup oder Indian Relish (Seite 54 und 134). Dieser Vorschlag eignet sich ohne weiteres auch für ein Wintergericht unter Verwendung von ungefähr einem Viertel getrockneter und drei Vierteln gefrorener grüner Erbsen aus dem Vorrat.

Hirseplätzchen

werden aus bereits aufgeschlossenen Hirseflocken bereitet. Die Trockenmasse, die bekanntlich sehr quillt, wird mit warmem Wasser oder mit heißer Milch, etwas Salz oder Hefewürze und mit einem Ei durchgearbeitet, so daß ein Teig entsteht, der sich mit dem Löffel in die heiße beschichtete Pfanne ohne Fett – in die übliche Pfanne mit heißem Bratfett – füllen läßt. Von beiden Seiten handtellergroße Plätzchen abbacken.

Weizenschrotfladen

Weizenschrot wird mit kochendem Wasser überbrüht, mit gehackten Zwiebeln, einem Ei, reichlich Basilikum und anderen Kräutern nach Wahl sowie mit Rosenpaprika und Salz durchgearbeitet. Mit nassen Händen flache Küchlein formen und auf der Pfanne, wie oben beschrieben, abbacken.

Grünkerbratlinge

Mit Grünkernschrot, das zu Saubohnen und vielen anderen Gemüsen gut schmeckt, verfahren wir im Prinzip ebenso, nur ändern wir die Käuterzugaben geschmacklich etwas ab, wobei wir das Zwieblige vermehren.

Gartenchinesisch

kochen – dazu muß man erst einmal an allen Beeten im Gemüsegarten vorbeigehen. Kleine Blumenkohle, Zwiebeln, Möhren, Sellerie, grüne Bohnen, Wachsbohnen, Kohlrabi, Saubohnen, Wirsing, einige Spinat- oder Mangoldblätter und -stiele und was einem sonst noch gerade aus dem Garten in die Hände wächst: waschen, gut abtropfen und, soweit erforderlich, in feine Stäbchen schneiden. Alles in sehr heißem, *gesalzenem* Öl unter ständigem Umheben 3 Minuten anbraten; einen halben Eßlöffel Sojasoße, einen halben Teelöffel Mondamin oder Kartoffelmehl, eine Prise Ingwerpulver und einen Eßlöffel Sherry verquirlen, über das angebratene Gemüse gießen, die Pfanne zudecken und noch weitere 3 Minuten schmurgeln lassen.

Varianten mit Pilzen, Paprikaschoten, Tomaten, mit Hühnerfleisch oder Schinkenwürfeln, mit Nüssen, mit Rosinen, Orangenschalen setzen der Phantasie keine Schranken.

Wachsbohnen, königlich

Die möglichst gleichmäßigen Bohnen zu Portionen bündeln und in Salzwasser abkochen. Auf einer vorgewärmten Platte anrichten und so lange warmstellen, bis große Mengen krauser Petersilie (wenn möglich ungewaschen, sonst tadellos trocken) entstielt – aber ungehackt – in siedend heißer

Die Hauptsaison der Beerenreife fällt meist in die Ferienzeit. Alle können dann pflücken und zupfen helfen, damit von den köstlichen Früchten viele »ins Töpfchen« wandern und ebenso viele als sommerliche Kaltschalen und Süßspeisen »ins Kröpfchen«.

Gemeinsame Freuden sind doppelte Freuden – das gilt fürs Ernten wie fürs Tafeln. Anregungen hierzu finden sich an vielen Stellen in diesem Buch, beispielsweise für Stachelbeerkonfitüre, Gelee aus roten oder schwarzen Johannisbeeren, Kaltschale aus reifen Beeren, allerlei »Bibber« und Krems, Auflauf mit reifen Stachelbeeren, Früchte im Schnee, Shakes für Kinder.

Butter schwimmend während einiger Minuten kroß geröstet werden. Mit diesem grünen Gekräusel die Bohnen bedecken und die Platte sofort auf den Tisch bringen. Für diese Art der Zubereitung eignen sich auch sehr zarte grüne Stangenbohnen, die lang und flach sind.

Verlorenes Ei im Petersiliennest

Mit kroßgebratener Petersilie (wie oben beschrieben) Nester auf vorgewärmten Portionstellern formen, in die Mitte ein pochiertes oder verlorenes Ei legen, das einen Klecks Tomatenketchup verträgt. Das ist ein hübsches Vorgericht. Kurzgeschnittene Bohnen, Champignons oder eine abgezogene gedünstete Tomate können gegen das pochierte Ei ausgetauscht werden.

Eier pochieren: Ein rohes Ei vorsichtig in siedendes Salz-Essig-Wasser gleiten lassen – es wird sofort gerinnen. Sollen mehrere pochierte Eier gemacht werden, das Sieden des Wassers immer wieder abwarten. 5 bis 7 Minuten kochen lassen. Die ersten Eier auch zuerst herausfischen.

Wachsbohnensalat

Aus gekochten Wachsbohnen läßt sich mit Hilfe von Öl, Zitronensaft, Salz und Zucker, feingehackten Bohnenkrautblättern, Zwiebeln, Liebstocklaub und Petersilie ein würziger Salat bereiten, der dem üblichen grünen Bohnensalat an Zartheit überlegen ist.

Grüne Bohnen konservieren

Jetzt ist es an der Zeit, den Wintervorrat an grünen Bohnen anzulegen, sei es im Weck, im Tiefkühlfach oder als sauersüße Beilage zu winterlichen Festessen. Zum Einwecken ist das Aufkochen der Bohnen in reichlich Salzwasser, dem eine Messerspitze Natron zugefügt wird, zu empfehlen. Die in Gläser geschichteten Bohnen werden mit frischem abgekochtem Salzwasser bedeckt und nach Vorschrift sterilisiert.

Zum Einfrieren brauchen Bohnen aus dem eigenen Garten nicht unbedingt blanchiert, also überbrüht zu werden. Am aromatischsten bleiben sie, wenn die Bohnen, sofort nach dem Pflücken von Stielen und Spitzen befreit, in Plastiktüten dicht an dicht geschichtet werden und trocken (ungewaschen) in das Tiefkühlfach kommen. Beim Auftauen die Bohnen waschen und kochen, als wären es frische.

Bohnen, sauersüß

1 kg möglichst kleine, junge Bohnen waschen, abziehen und, leicht gesalzen und durch Brett und Stein beschwert, 24 Stunden stehen lassen. Dann in einem Sieb kräftig mit Wasser überspülen und in scharfem Essig-Salz-Wasser halbweich kochen (5 bis 7 Minuten), abgießen, abtropfen, in kleine Gläser schichten. Nach dem Erkalten dick eingekochtes Zuckerwasser aus 1 kg Zucker auf ½ l Wasser darübergießen, so daß der Zuckersud etwas über den Bohnen steht. Ein nochmaliges Aufkochen der Flüssigkeit nach 2 Tagen empfiehlt sich. Dann werden die Gläser mit Klarsichtfolie wie Geleegläser zugebunden.

Mixed Pickles

Kleine Blumenkohlröschen, junge grüne Bohnen, Karotten im ganzen oder in Scheiben, winzige Gurken, junge Zwiebeln, auch Lauchringe, feste Champignons, Paprikastreifen, Maiskölbchen oder -körner, Rosenköhlchen werden – so, wie sie jahreszeitlich anfallen – jeweils abgewällt, abgegossen und gut abgetrocknet eingelegt in eine vorbereitete Marinade aus Weinessig, der mit viel Zucker und wenig Salz, reichlich Senfkörnern, etlichen Lorbeerblättern, mehreren Dillblüten, einer Stange Zimt und zwei bis drei Gewürznelken durchgekocht ist. Geht die Erntezeit dem Ende entgegen, wird der Essig abgegossen, zwei- bis dreimal sprudelnd aufgekocht und durch ein Sieb wieder über das Gemüse gefüllt. Der Zusatz von Einmachhilfe (Salizyl) ist zu empfehlen. Sollen diese Pickles verschenkt werden, füllt man sie vor dem Aufkochen der Marinade nun in hübsche, kleine, fest verschließbare Gläser und übergießt sie erst dann mit dem heißen Gewürzessig.

Blumenkohl, überbacken

Einen großen, gutgelungenen Kopf oder die Rosen von etlichen Blumenkohlköpfen putzen und eine halbe Stunde in Salzwasser legen, danach in frischem Salzwasser nur halbgar kochen (etwa 7 Minuten). Das Gemüse vorsichtig in eine feuerfeste Form schichten (man kann auch den Kopf gleich darin garen und nur das Wasser abgießen) und mit einer Soße begießen, die aus Milch, viel geriebenem Käse, Paprika und einem bis zwei Eigelb und einem Teelöffel Weizenmehl bis eben ans Kochen zusammengequirlt wurde, und das Ganze fertigköcheln lassen.

Blumenkohl, todschick

Jetzt geben wir über den soeben beschriebenen halbgaren, kochendheißen Blumenkohl eine kalt gemixte und gut abgeschmeckte Mischung aus feinstgeriebenen Möhren und Zwiebeln, allen verfügbaren Kräutern, evtl. einem geriebenen Fallapfel, und schieben ihn mit Tunke für 10 Minuten bei 200 °C ins Rohr. Zum Schluß streuen wir Parmesan über die Form und übergrillen nochmals 2 bis 3 Minuten.

Fritierte Blumenkohlröschen

Den Blumenkohl nach dem Wässern in Salzlösung in Milch halbweich kochen, abgetropft zerpflücken und auskühlen lassen. Die einzelnen Rosen halbieren; zwei Eier mit Salz und Paprika verquirlen, die Blumenkohlstücke zuerst in die Eimasse tauchen und dann in Semmelmehl wenden, sodann in heißem Fett schwimmend abbacken. Gut zu Pellkartofffeln.

Auberginen oder Eierfrüchte

Diese blauvioletten, blanken, länglichen Früchte aus der Familie der Nachtschattengewächse sind selten in unseren Gärten, aber der Anbau ist durchaus möglich. In der Küche bereiten sie wenig Mühe. Sie sind nahrhaft, nicht nur weil sie unendlich viel Öl aufsaugen, wenn wir sie in dicken Querscheiben in der Pfanne braten, bis ihr weißes Fleisch goldbraun ist und die Schale schrumpelt. Ein wenig Kräutersalz und Gartengrün brauchen sie unbedingt, auch Pfeffer oder doch viel Basilikum.

Auberginen, gekocht

Längsgeteilt lassen wir sie sachte in kochendes Wasser gleiten, dem ein Eßlöffel Öl zugefügt wurde. Auf diese Art weniger nahrhaft, dürfen wir sie mit Tomatenrührei oder mit einem Kräuteromelett (verschiedene Zubereitungsarten auf den Seiten 62, 70 und 72) überdecken. In ein Kräuterreisbett (Seite 118) gelegt, ergeben Auberginen – eine je Nase – eine ausreichende Mahlzeit.

Karotten-Augenschmaus

Obwohl sie jetzt so zart sind, erfreuen sich Mohrrüben oder Karotten als Gemüse allein oft nur geringer Beliebtheit. Aber wir essen ja auch mit den Augen! Stecken wir die gekochten Karotten oder Möhren gleich Pflastersteinen mit dem Herz (Blattansatz) nach oben in Kartoffelbrei oder Weizengrütze und beträufeln wir das Gemüse mit brauner Semmelbutter, der eine Zehe Knoblauch, Thymian, eine halbe Zwiebel und Majoranblätter beigegeben wird. So werden die Möhren »interessant«.

Glasierte und fritierte Karotten

Die zarten Wurzeln werden nicht geputzt, sondern nach dem Halbweichkochen abgezogen und zum Trocknen auf ein Tuch gelegt. Dieses Verfahren dauert nur wenige Minuten und schont die Hände. Dann wenden wir die Rübchen einzeln in Eiweiß, werfen sie in heißes Öl, Pflanzenmargarine oder Ghee und lassen sie darin bräunen und schließlich sogar knusprig werden.

Möhren im Schnee

Eine Schaumsoße hebt im wahren Sinne des Wortes die Wurzeln: Wir bereiten im Wasserbad eine Soße aus Vollmilch, einer Prise Zucker, einer Prise Salz und zwei Eidottern; wenn sie anfängt, dicklich zu werden, wird ein Teelöffel geriebener Meerrettich hineingehoben, dazu ein paar Spritzer Hefewürze oder Sojasoße und eine Tasse gehackter Kräuter, bei denen Zwiebelgrün, Sellerielaub und einige Spinat- und Salatblätter nicht fehlen sollten. Fängt die Soße an, nach den Zutaten zu duften, den sehr steif geschlagenen Schnee der Eier darunterziehen. In diese lockere Soße betten wir die zarten Möhrchen – und brauchen weiter nichts dazu. Diese Delikatesse kann auch als Vorgericht anstelle von Suppe gereicht werden.

Karottensalat

Salat aus gelben Rüben – gleichgültig, ob aus rohen geriebenen oder aus gedünsteten gescheibelten Karotten – schmeckt im Juli am besten nur mit Joghurt oder Kefir oder auch saurer Sahne angerichtet. Zucker und ein wenig Salz müssen dabei sein, Kräuter sollten, und ein Apfel darf …

Dressierte Gurken

Gurken wie auch Kraut schmecken als Salat voll und »anders«, wenn gerade sie nicht wie üblich angerichtet werden, also mit Zitrone oder Essig und Öl, Salz, Pfeffer, Zucker und natürlich Dill und allen anderen Salatkräutern, sondern wenn sie mit einer schönen dicken Soße »dresssiert« werden. Gurken in ziemlich dicke Scheiben hobeln und mit einer fertigen Mayonnaise dick beklecksen. Man kann die Mayonnaise natürlich auch selbst bereiten. Hier ist das Rezept:

Mayonnaise

Streng der Reihenfolge nach eine halbe Tasse Olivenöl, drei Eigelb, Saft einer halben Zitrone oder Rhabarber-Rohsaft, Salz und einen reichlichen Teelöffel Senf, evtl. eine Prise Zucker, im Mixer 5 bis 10 Minuten zu einer cremeartigen Masse schlagen.

Gurkensalat einmachen

Von geschälten oder auch ungeschälten Gurken (wenn sie noch sehr zart sind) mit

Sollen Bohnen zum Wintervorrat eingefrostet werden, ist es zweckmäßig, sie zu blanchieren. Auch zum Konservieren in Gläsern sollten die Bohnen einmal aufgekocht werden, eventuell unter Zugabe von einer Messerspitze Natron. Die Bohnen im Glas werden mit frischem Salzwasser begossen und sterilisiert. Zu grünen Bohnen gehört unbedingt Bohnenkraut. Es wächst im Nutzgarten überall, wenn man es in einem Jahr nur hat zum Blühen kommen lassen. Wachsbohnen sind empfindlich gegen Regen. In nassen Sommern bekommen sie gerne Rost. Das rechtzeitige Besprühen mit Ackerschachtelhalmtee bringt Abhilfe. Manchmal ist nicht der Regen schuld am Rost, sondern eine Gartenhecke aus Berberitzen.

der Hand ½ cm dicke Scheiben schneiden, über Nacht leicht gesalzen stehen lassen. Abgetropft werden die Scheiben mit Dill, Zwiebelringen, wenig Meerrettich, Zitronenschale, Lorbeerblättern, Senfkörnern in größere Gläser fest eingeschichtet. Apfelessig mit Zucker nach Geschmack aufkochen und heiß über die Gurken gießen. Das Verfahren zweimal im Abstand von 2 Tagen wiederholen. Dann zubinden.

Kleine Gewürzgurken zum Schnellverbrauch

So viel Gürkchen, wie man gerade hat, einsalzen, über Nacht stehen lassen, am anderen Tag in Essigwasser 10 Minuten kochen. Das Wasser fortgießen und die Gurken fest in kleinere Gläser, in die nicht mehr als zehn bis fünfzehn Gürkchen passen, zusammen mit Zwiebelringen, Dill, Estragon, einem Lorbeerblatt je Glas fest einschichten. Einen Sud aus scharfem Zitronenwasser (wenigstens Saft von zwei Zitronen je Glas) und Zucker mit Senfkörnern, Rosenpaprika und Zitronenschale nach Geschmack heiß über die Gurken gießen und die Gläser gleich fest verschließen (mit Schraubdekkel). Diese Gurkengläser sollen an einem kühlen bis kalten Ort aufbewahrt und nach und nach verbraucht werden. Geöffnete Gläser halten sich nur begrenzt.

Krautsalat, nahrhaft und bekömmlich

So wird Krautsalat bekömmlich gewürzt: Aus Kefir und gehackten Kräutern, zwei Eßlöffeln Senf, einer halben Tasse Johannisbeersaft, Salz, reichlich Zucker und zum Schluß Öl nach Belieben oder Diätvorschrift eine Soße mischen (der auch ein bis zwei Dotter von hartgekochten Eiern nicht schaden) und über das grob geraffelte, einmal kurz überbrühte und abgegossene Kraut schütten. Im übrigen kann Krautsalat ebenso vielfältig hergerichtet werden wie im Mai der grüne Salat.

Zuckerzwiebeln

Kleine, gleichmäßig reife Zwiebeln schälen, salzen und über Nacht stehen lassen, dann auf ein Sieb schütten und abtrocknen. Weinessig (Zitrone), Zucker, Zitronenschale, Dill, Zitronenmelisse, Lorbeerblatt aufkochen und die Zwiebeln nach und nach jeweils 3 bis 5 Minuten mitkochen lassen. Die fertigen Zwiebeln in Gläser füllen; die Flüssigkeit durch Weiterkochen ein wenig eindicken, durch ein Sieb heiß über die Zwiebeln gießen und die Gläser zubinden. Man kann etwas Natron oder Salizyl in die noch heiße Zuckerlösung geben; so werden die Zwiebeln bekömmlicher.

Kräuter trocknen und ribbeln

Die erste Dillaussaat vom Mai geht nun schon kräftig in die Blüte, die zweite ist auch schon derb, die dritte ist reichlich ausgefallen. So beginnen wir mit dem Trocknen – nach alter Sitte die schonendste Art, das Aroma und die Nährstoffe der Kräuter zu bewahren.

Wir bündeln den Dill mit den Wurzeln und hängen ihn mit dem Laub (Blüten) nach unten an einen luftigen, nicht sonnigen Ort. Nach einigen Tagen ribbeln wir die Kleinteile in ein Sieb und schütteln dieses über einen gefalteten und wieder ausgebreiteten Bogen Papier. Aus dem Knick laufen Samen und Blätter leicht in ein trockenes Glas, das fest verschließbar sein muß.

Mit Bohnenkraut, mit Kerbel, mit Petersilie, Borretsch, später mit Majoran, Sellerielaub, Zitronenmelisse und Pfefferminze machen wir es ebenso.

Kräuter einfrieren

Das Einfrieren von Petersilie kann nun portionsweise auch beginnen, doch müssen wir uns darüber im klaren sein, daß bei allen Kräutern durch das Einfrieren zwar Geschmack und Vitamingehalt fast völlig erhalten bleiben, nicht jedoch die spezifischen Heilwirkungen bestimmter Kräuter. Besonders gut läßt sich kleingeschnittener Schnittlauch zum Verbrauch im Winter jetzt einfrieren.

In Salz eingestampfte Kräuter – Petersilie, zusammen mit feingeschnittenen Möhren und Sellerie, Lauch oder Zwiebeln – als Suppengrünvorrat sind zwar praktisch herzunehmen, aber praktisch auch ohne jeden »Nährgehalt«.

August

Favoriten des Monats: Gurken, Zucchini, Pfirsiche, Melonen, frühe Tomaten, Brokkoli

Melonen, gefüllt
Melonenkaltschale
Melonensalat
Möhrensaftkaltschale
Gurkenkaltschale
Buttermilchkaltschale mit Beeren
Gemüsepizza
Gartenpizza
Sternschnuppenspieße
Barbecue-Soße
Meerrettichcreme
Senfbutter
Meerrettich, Knoblauch, Zwiebeln und Kräuter trocknen
Pfirsichmilch »Perle«
Pfirsichmilch »Spalier«
Mandelmilch
Pfirsich-Rotwein-Bowle
Gurken, in Öl gedünstet
Schmorgurken
Gurken in Biersoße
Gartenfest-Raclette mit Zucchini
Zucchini gedünstet
Zucchini gebraten
Zucchinirisotto
Zucchinisalat
Tomatensalat, gelb-rot
Liebesäpfel
Traubentomaten zu Weißkohlsalat
Weißkohlsalat in Joghurt
Gewürzessig
Wirsingschnitze in Öl
Wirsing mit Milch
Schichtkäse im Kohlrock
Frische-Bohnenkern-Consommé
Braune Bohnenkernsuppe
Cardy-Suppe
Cardy gegart zu Salaten
Cardy mit Käse
Marinade
Cardy-Dips
Cardycreme überbacken
Neue Kartoffeln
Junge Kartoffeln, gebacken
Grüne Bohnen »Immergut«
Augustäpfel-Nachspeise
Apfel-Kartoffel-Salat
Gefüllte Gemüse
Brokkoli, fritiert
Brokkoli, in Öl geschmort
Stippmilch
Pflaumen- und Mirabellenkonfitüre
Zwetschgenknödel
Dorotheenknödel
Annenknödel
Pflaumen, Zwetschgen einfrieren
Gefüllte Pfirsiche
Obstsalate des August
Melonen mit Äpfeln oder Pfirsichen
Obstsalat, eingefroren
Salatgurken einfrieren
Salzgurken mit Weinblättern
Senfgurken
Zuckergurken
Biergurken
Pfirsiche in Essig
Melonen in Essig

»Warum spricht der Gärtner so wenig? – Er redet durch seine Hand.«
Diese leicht abgeänderte Bauernweisheit besagt, daß Gartenerzeugnisse aus eigener Hand immer für sich selbst sprechen.
In der Hitze des August reifen neben heimischen Wurzeln, Blattgemüsen und Brokkoli mit Hilfe einiger gärtnerischer Kniffe auch in unseren Gärten am Haus: Tomaten, Melonen, Zucchini und Pfirsiche. Die Gartenarbeit läßt im August etwas nach. Es wird wenig gesät und gejätet, aber um so mehr geerntet. Wir beginnen bei den allmählich kürzer werdenden Tagen schon gezielter an den Wintervorrat zu denken als bisher. Das tägliche Kochen sollte darum in diesen Wochen, die meistens auch noch Ferienzeit sind, recht schnell gehen, und die Gerichte sollen nicht hitzen.

Melonen, gefüllt mit Obst, Gemüse und Quark

Eine ausreichende Sommermahlzeit ergeben Melonen, halbiert oder geviertelt, von den inneren Weichteilen befreit, mit Zitrone beträufelt und gefüllt mit Fleischsalat oder Mischrohkost aus Gemüsen und Obst.

Beispiele für bewährte Zusammenstellungen: Brombeeren, Apfelstückchen, Salatblätter, geraspelte Möhren, eine bis zwei gehackte Zwiebeln, würzen mit Joghurt, Salz und Zucker, einer Prise gestoßenem Ingwer und Liebstöckel, Estragon und Petersilie.

Oder: Sahnequark mit einem bis zwei Eigelb glattrühren, ausgesteinte Mirabellen oder frühe Pflaumen, feingeschnitzelte Paprika, eine geraspelte Petersilienwurzel oder einen geraspelten Rettich, einen Zentimeter geriebenen Meerrettich, Salz und Zucker hineinmischen.

Melonenkaltschale

Die Melone in zwei Hälften teilen. Das Fleisch der einen Hälfte im Mixer pürieren, das der anderen Hälfte sowie einige abgezogene Tomaten würfeln. In heißem Wasser Gemüsebrühwürfel auflösen. Einen Becher Joghurt, einen Eßlöffel Semmelbrösel oder Weizenkeimschrot und das Melonenpüree verquirlen und mit Salz, Pfeffer, Zitronenschale und einer Messerspitze Ingwer kräftig abschmecken, zum Schluß die Melonen- und Tomatenwürfel hineingleiten lassen. Sehr kalt stellen.

Melonensalat

In Stückchen zerteiltes Melonenfleisch ohne Kerne gut mit Zitronensaft beizen. Mit dem Zuckersirup aus dem vorjährigen Rumtopf würzen. Zucker und ein kräftiger Schuß Maraschino oder Portwein erfüllen den gleichen Zweck.

Möhrensaftkaltschale

Aus frisch gepreßtem Möhrensaft, Zitronensaft oder einem Teelöffel Estragonessig, feingeriebenen Falläpfeln (Augustäpfel) und einer feinstgeriebenen Zwiebel eine Mischung zusammenpürieren, die kalt über zuckerstückgroßen Schweizer-Käse-Würfeln serviert wird. Gehacktes Sellerielaub darüberstreuen und evtl. etwas nachsüßen.

Gurkenkaltschale

Eine Salatgurke schälen, von dem weichen Inneren befreien, die Gurke und eine Zwiebel grob raffeln und mit soviel wie einem Zentimeter geriebenem Meerrettich mischen. Salatblätter, Spinat oder zartestes Mangoldlaub zusammen mit Dill, Petersilie und Zitronenmelisse hacken. Buttermilch (Schwedenmilch, saure Milch, Kefir) mit Hefewürze kräftig durchmixen und frische kalte Milch nach Bedarf dazugeben, ebenso zwei Eßlöffel Weizenkeimschrot. Diese Flüssigkeit über das vorbereitete Gemüsegemenge schütten und alles durcheinanderheben. Sehr kühl anrichten.

Buttermilchkaltschale mit Beeren

Buttermilch im Mixer mit Honig, einer Prise Salz und zwei bis drei Eidottern verquirlen und mit Zwiebackbröseln oder altbackenen Keksen oder Kuchenresten andicken. Diese sämige Suppe, der abgeriebene Zitronen- oder Orangenschale, Zimt oder Muskat noch »Pfiff« geben, über eingezuckerte Brombeeren oder Gartenheidelbeeren gießen und in Tassen anrichten.

Gemüsepizza

geht rasch, wenn wir einen eingefrorenen Fertigteig verwenden. Er wird nach dem Auftauen in die gewünschte Größe ausgerollt und belegt mit Tomatenscheiben, Champignons, Melonenstücken und einigen Blumenkohlrosen. Darüber gießen wir eine schnell gekochte mit Stärkemehl angedickte Soße aus geschmolzenem Käse, ein wenig Milch, Paprika, Salbei, Thymian, Liebstock, Rosmarin und Kümmel und überbacken die Pizza 20 Minuten.

Gartenpizza

Ein anderer Belag besteht aus vorgekochten, gut abgetropften Stangen- oder Wachsbohnen (Rest), überbrühtem und gut ausgedrücktem Mangoldlaub sowie Paprikastükken. Semmelbrösel in Fett rösten, den Teig damit bestreuen und jetzt das Gemüse darauf verteilen. Obenauf Käsescheibletten oder Reibkäse legen, mit einigen Tomatenscheiben verzieren. 20 Minuten im vorgeheizten Rohr backen.

Sternschnuppenspieße (fleischlos)

Für ein Barbecue (aus Anlaß der Sternschnuppenschwärme oder sonstigem Grund) bestücken wir jeden Spieß für sich mit folgender Zusammenstellung: Zwei fingerdicke Gurkenscheiben, zwei halbe Zwiebeln, zwei rohe Champignons, zwei fingerlange Krautwickel, zwei Paprikaringe, ein Stück Mohrrübe, ein Stück Sellerie.

Oder: Zwei rohe Kartöffelchen von Taubeneigröße, zwei zuckerstückgroße Käsewürfel, zwei Apfelachtel, zwei Paprikaringe, zwei Zwiebeln, zwei bis vier Champignons. Jeweils dazwischen stecken wir ein Spinatblatt, das »es in sich hat«: eingewickelt darin sind Kräuter, scharf gewürzt!

Das aufgespießte Gemüse wird zuerst in kochendes Öl gehalten, dann in einer Michung aus Salz, Rosenpaprika und sehr wenig Zucker gewälzt und jetzt erst über der milden Glut der Holzkohlen gedreht. Dazu reichen wir natürlich eine Barbecue-Soße.

Barbecue-Soße

Diese Soße kann am Tag zuvor gekocht werden. Zuerst Kräuter hacken (reichlich Petersilie, Sellerielaub, Basilikum, wenig

Estragon, Thymian, Zitronenmelisse, Dill, Pfefferminze, Bohnenkraut ohne Stiele, Borretsch, grüner Majoran, Spinatblätter), drei Viertel der Menge in Butter andünsten und mit dem Kochwasser von Salzkartoffeln auffüllen. Erkalten lassen. In die nun sämig werdende Soße die restlichen Kräuter und einen Schuß Weißwein einrühren. Falls mit Wasser oder Gemüsebouillon aufgefüllt wird: einen Teelöffel Kartoffelmehl hineinquirlen. In jedem Fall mit Salz, Zucker und Pfeffer abschmecken; Tabasco als Anregung.

Meerrettichcreme

schmeckt ebenfalls zum Barbecue-Spieß wie auch zur Pizza. Äpfel oder Birnen fein musig reiben, ebenso eine Zwiebel, eine halbe Knoblauchzehe und ein Stück Meerrettich. Vorsicht! Denn frischer Meerrettich ist jetzt im August, so direkt aus der Gartenerde, zum Weinen scharf, und er wird noch schärfer, wenn er erst sein Aroma entwikkelt. Also erst im letzten Moment zur Soße hinzufügen, die zuvor mit Salz, Zitronensäure (ungesüßtem Johannisbeersaft, Rhabarber-Rohsaft) und etwas Zucker oder Honig abgeschmeckt sein soll. Ist die Säure dennoch zu mild oder soll die Soße dickflüssiger sein, darf süßer oder saurer Rahm oder Sahnequark und auch ein Eßlöffel süßer Senf (Weißwurstsenf) hinzugefügt werden.

Senfbutter

Senfbutter mit Kräutern und Käse ist gleichfalls geeignet, einer sommerlichen Abendgesellschaft zum kulinarischen Erfolg zu verhelfen: So viel Butter mit so viel Senf durchkneten, daß eine Masse von der Konsistenz einer Mayonnaise entsteht. Kräuter, quer durch den Garten, kommen fein gehackt darunter; eine geraspelte Paprikaschote oder eine fein geraspelte rohe Mohrrübe streckt, mildert die Schärfe und gibt eine appetitliche Farbe. Diese Senfbutter läßt sich auch mitsamt den Kräutern einfrieren. Sie braucht eine Nacht oder einen Tag, um – langsam! – aufzutauen.

Meerrettich, Knoblauch, Zwiebeln und Kräuter trocknen

Meerrettich, Knoblauch, Zwiebeln, Rosmarin und Thymian sollen jetzt im August, frisch geerntet, entweder an luftigen Orten aufgehängt werden, um dann in Tüllsäcken (bzw. abgeschnittenen und auf einer Seite zugebundenen Nylonstrümpfen) oder fest verschlossenen Gläsern ihrer weiteren Verwendung entgegenzuduften. Nur Meerrettich darf nie, gar nie austrocknen, weder in der Erde noch im Haushalt. Ihn stampfen wir für den Vorrat geraspelt mit Salz und Zucker ein und verschließen ihn fest in kleinen Gläsern.

Pfirsichmilch »Perle«

An Sommerabenden ein hochgeschätztes Getränk! Hierzu werden 1 l Milch und das Fleisch von drei bis vier reifen Pfirsichen mit dem Saft einer Zitrone (oder entsprechend Rhabarber-Rohsaft), einem Eßlöffel Honig und einem Eßlöffel Zucker im Mixer verquirlt. Mit Selterswasser versetzen und sofort über Eiswürfeln einschenken.

Pfirsichmilch »Spalier«

Eine Handvoll frisch gepflückte Pfirsichblätter und einen Eßlöffel Honig oder Zukker in 1 l Milch vorsichtig erhitzen, nicht kochen. Die aromatisierte Milch abseihen, kaltstellen und kühl servieren.

Mandelmilch

Aromatisierte Milch läßt sich in gleicher Weise wie mit Pfirsichblättern auch über gehäuteten Mandeln herstellen. Wenn man ein Eigelb vorsichtig in der Milch verquirlt, das aber nicht gerinnen darf, wird der Geschmack noch voller.

Pfirsich-Rotwein-Bowle

Vollreife Pfirsiche entsteinen und achteln, auf den Boden der Bowlenkanne mit 20 Stück Würfelzucker schichten und eine halbe Stunde zugedeckt ziehen lassen. Dann erst zwei Flaschen leichten deutschen Rotwein – beispielsweise aus der Wormser Gegend – darübergießen. Vor dem Ausschenken mit einer halben Flasche gut gekühltem Sekt oder auch einer Flasche Selterswasser »spritzen«.

Gurken, in Öl gedünstet

Gemüsegurken werden geschält, von den Kernteilen befreit und nicht zu klein gewürfelt. In stark erhitztes Olivenöl gibt man nacheinander Zwiebelringe, Gurkenwürfel und reichlich Dill, Petersilie, Liebstock und Bohnenkrautblätter, alles nur grob geschnitten. Darüber Salz und, nicht zu sparsam, Rosenpaprika streuen; das Gemüse bei kleinster Hitze und fest geschlossenem Deckel 10 Minuten schmurgeln lassen. Für gewöhnlich bildet sich ausreichend Saft. Der Duft verrät, wenn es an der Zeit sein könnte, den Deckel zu lüften und evtl. zwei Eßlöffel Wasser nachzugießen. Bereiten wir dieses Gurkengemüse in feuerfestem Glas, können wir es beobachten. Variante: Paprikaschoten hineinmengen und obendrauf einige abgezogene Tomaten setzen. Zugabe von Wasser ist dann nicht nötig, Tomaten ziehen viel Saft.

Schmorgurken nach Großmutterart

Die Gurken schälen, der Länge nach halbieren, Kerne entfernen, jede Hälfte quer in zweifingerbreite Streifen schneiden, die Stücke in kochendes Essig-Salz-Wasser gleiten lassen, wo sie in 3 Minuten halbweich kochen. Die Gurken auf ein Sieb gießen, das Kochwasser auffangen. Aus Fett (Speck), Zucker und Mehl eine tiefbraune Einbrenne bereiten, mit dem Gurkenkochwasser ablöschen. Gleich kosten, damit die Soße, die zwar kräftig und säuerlich schmecken soll, nicht zu scharf schmeckt! Zucker und Sahne machen sie milder. Sie muß sehr dick sein, denn die abgetropften Gurkenstücke geben immer noch reichlich Saft ab. Die Gurkenstücke in der Soße 15 Minuten sanft köcheln lassen.

Gurken in Biersoße

Dazu werden die Gurken vorbereitet wie im Rezept zuvor, allerdings mit dem Unterschied: Sie werden lediglich in Salzwasser halbweich gekocht, und die abgegossenen Gurkenstücke werden in eine Soße eingelegt, deren Grundbestandteil braunes Bier ist, das durch Kochen mit Zitronensaft, Zitronenschale, geriebenem Schwarzbrot und einer Prise Zucker einen bekömmlichen Wohlgeschmack erhält. Die Gurken in der Soße garwerden lassen, dann auf Salz abschmecken.

Gartenfest-Raclette mit Zucchini

In kleinen Portionspfannen wird ein würziger Käse geschmolzen. Die gewaschenen und in dicke Scheiben geschnittenen Zucchini werden darein gebettet, mit viel gehacktem Schnittlauch bestreut und im Grill kurz überbacken. Soll diese Spezialität mehr sein als ein »Vorgericht«, dann legen wir zu unterst in das Pfännchen geräucherten, durchwachsenen Speck. Über diesen, nachdem er angebraten ist, ordnen wir einige Scheiben Kartoffeln (Pellkartoffeln vom Vortag), legen hierauf eine Scheibe Roastbeef-Aufschnitt, darauf eine Lage Zucchinischeiben und obendrauf eine dicke Scheibe Käse. Im vorgeheizten Backrohr bei 200 °C Oberhitze backen, bis der Käse richtig braun ist. Die Schichtung kann auch mit mehr Zucchini und ohne Kartoffeln, mit mehr Käse und ohne Fleisch sehr gut schmecken.

Zucchini, gedünstet

Die dünnen und fast kernlosen Zucchini in fingerdicke Scheiben schneiden, mit Zwiebeln, einem Hauch Knoblauch, Estragon, Dill und etwas zerriebenem Macis in Öl dünsten, Kräutersalz erst zum Schluß.

Zucchini, gebraten

Zucchini der Länge nach aufschneiden, in Butter auf der Pfanne braten, und zwar zuerst auf der Schnittseite. Zucchini saugen viel Fett auf. Wem das nicht bekommt, der röstet sie langsam »ohne« auf der beschichteten Pfanne (evtl. für 5 Minuten den Deckel auf die Pfanne legen, um der Gare sicher zu sein) und gibt – in einem Tiegel daneben – geschmolzene, mit Weizenkeimen angereicherte und leicht gesalzene Butter darüber.

Zucchinirisotto

Zucchini eignen sich auch zur Einlage in Risotto (siehe Seite 53), da sie kaum Saft abgeben und nicht zerkochen. Sie verlangen stets nach vielfältiger Kräuterzugabe.

Zucchini-Salat

Die gewaschenen Zucchini mit dem Allesschneider in sehr feine Scheiben schneiden und mit Zitronensaft beträufeln. Jetzt ein Gemenge von Gartenkräutern mit viel Dill hacken und mit Meersalz und wenig Zucker mischen. Über die Zucchini geben. Öl kann aber muß nicht den Salat abrunden. Magerjoghurt gequirlt und als letztes darüber gegossen, tut es auch – womöglich schmeckt dies sogar noch besser.

Tomaten? – Tomaten!

Daß es außer den handelsüblichen roten Tomaten auch leuchtend gelbe, außer runden auch eiförmige, dünnschaligere und daneben auch sehr kleine, fast zuckersüße Traubentomaten gibt, ist fast vergessen. Ja, mancher fragt sich bei ihrem Anblick zweifelnd, ob dies wirklich Tomaten seien. Es sind Tomaten! Einige Rezepte sollen sie wieder in Erinnerung bringen. Sie verdienen es.

Tomatensalat, gelb-rot

Ein Salat aus roten und gelben Früchten, mariniert mit viel Öl und wenig Salz, Zwiebelchen und sehr viel Würzkräutern, wobei auch Estragon und Thymian außer Petersilie, Basilikum und Borretsch dabeisein dürfen, sieht bezaubernd aus und schmeckt auch so. Die gelben Tomaten sind mehliger, und der Salat bleibt trockener.

Liebesäpfel

Auf eine andere Art noch läßt es sich vermeiden, daß Tomatensalat das Beste an die Soße abgibt, die häufig auf dem Teller bleibt, statt daß sie die Tomaten nahrhaft beeinflußt. Wir lassen die Früchte unzerschnitten oder halbieren sie nur, ziehen lediglich die Schale ab und marinieren mit Öl, Apfelessig, Knoblauch, Dill, Petersilie, Thymian und Estragon (evtl. Estragonessig oder Kräuteressig verwenden). Diese Marinade löffeln wir während einer bis zwei Stunden immer wieder einmal über die Tomaten, ohne die Früchte dabei zu verletzen oder zu berühren. Schließlich setzen wir die Liebesäpfel vorsichtig in ein Bett aus Sahnequark, der mit rohen Äpfeln und Meerrettich unterzogen und sehr milde mit Zucker und Salz gewürzt ist.

Traubentomaten zu Weißkohlsalat in Remoulade

Traubentomaten sind zu jeder Art Rohkost eine das Auge (und die Zunge) erfreuende Zugabe, so auch zu Weißkohlsalat mit Remoulade. Wenn wir eine fertige Remoulade verwenden, was den Salat sehr nahrhaft und schwer macht, sollte es dazu nur Knäckebrot oder trockene Pellkartoffeln geben.

»Vorbehandelt« wird der Weißkohl wie folgt: Den Kopf teilen, Strunk entfernen, das Blattwerk in nudelbreite Streifen schneiden oder grob raspeln. Den geschnittenen Weißkohl überbrühen oder einmal aufkochen lassen, abgetropft und mit Zwiebelringen sowie ein wenig Salz vermischt eine Stunde lang zusammenfallen lassen.

Weißkohlsalat in Joghurt

Wir mixen einen Becher Magerjoghurt mit einem bis zwei Eßlöffel Zucker (Fruktose), einem Eßlöffel Senf und einer Prise Salz und geben so viel Kräuter, quer durch den Garten, dazu, wie die Soße nur aufnehmen will. Die gießen wir dann über den gebrühten und fest ausgedrückten Weißkohl.

Gewürzessig

Estragonessig vor allem und Kräuteressig überhaupt vereinfacht das Würzen von Salaten, Sülzen und Soßen im Herbst und Winter. Die Kräuterblätter – Estragon, Dill, Petersilie, Zitronenmelisse usw. – werden frisch aus dem Garten ungewaschen, ohne Stiele, Stengelchen und Blüten in kleine Flaschen gestopft. Darüber gießen wir guten, nicht zu scharfen Wein- oder Apfelessig oder Essigessenz, die mit Wasser, besser mit Weißwein, verdünnt ist. Fest verschlossen in die Sonne stellen, etwa 10 Tage lang, wobei jede Flasche täglich durchgeschüttelt wird, und dann kühl und dunkel bis zur weiteren Verwendung aufbewahren. Jeder Gewürzessig, welches Kraut oder welche Kräuter er auch enthält, kann zudem noch mit Nelken, Piment, Wacholderbeeren, Senfkörnern oder dem jetzt noch weichen Samen der Kapuzinerkresse geschmacklich angereichert werden.

Wirsingschnitze in Öl

Wirsing ist jetzt das zarteste Gemüse der Saison, besonders wenn wir es uns leisten, nur die Blätter des fest geschlossenen Kopfes zu verwenden und die anderen den Karnickeln zu »opfern«. Wir brühen ihn dennoch im ganzen und teilen den Kopf in vier bis acht Segmente, je nach Größe. Diese Schnitze legen wir kreuzweise in einen Topf mit gut schließendem Deckel, reiben Muskatnuß darüber, verteilen gehackte Zwiebeln dazwischen und übergießen alles mit Olivenöl. Jetzt verschließen wir den Topf und garen langsam. Erst nach dem Öffnen auf Salz abschmecken und die vorbereiteten, grob gehackten Kräuter dazutun, evtl. auch Hefewürze, Fleischextrakt oder Sojasoße, und diese unter nochmaligem Verschluß ihr Aroma entwickeln lassen. Es eignen sich dazu, gerade bei Wirsing, vor allem Liebstöckel, Basilikum, Majoran und Sellerielaub.

Wirsing mit Milch

Dazu wird das Kraut recht fein zerschnitten und 5 Minuten ohne Salz in Wasser angekocht, abgegossen und abgetropft, und sodann in kochender Milch gegart, in der Zwiebeln, eine Hand voll Mohrrübenscheiben, Scheiben von einer Petersilienwurzel, eine Handvoll Selleriewürfel und, falls vorhanden, ein paar Pilze (Pilzgewürz, getrocknete Steinpilze) mitdünsten. Erst vor dem Anrichten wird mit Salz, etwas Zucker und Petersilie abgeschmeckt. Ein guter Löffel Butter, die nicht mehr mitkochen soll, verfeinert außerordentlich. Dieses Gericht gelingt am besten im Drucktopf.

Schichtkäse im Kohlrock

250 g Schichtkäse in Würfelform vorsichtig von allen Seiten mit einer Mischung aus Semmelbröseln, Paprika, Salz, Basilikum, Petersilie und feingehackten Zwiebeln bestreuen und eine Knoblauchzehe darin versenken. Große abgebrühte Kohlblätter, die weich und nachgiebig geworden sind, schuppig dicht übereinandergreifend auf dem Tisch ausbreiten, so daß sich der Schichtkäse wie ein Paket darin einwickeln läßt. Fäden kreuzweise darüber binden. In einer Auflaufform, auf deren Boden Öl und Wasser etwa zwei Finger hoch stehen, im Rohr erst geschlossen, gegen Ende der Garzeit nach 50 Minuten offen bei guter Hitze brutzeln. Einfacher zu handhaben ist die Sache, wenn wir mit den Kohlblättern eine Alufolie auslegen, die wir vor dem Anrichten abziehen. Auch dann muß in die Form Wasser oder Brühe, die sich mit dem, was aus Käse und Kohl heraussaftelt, mischt.

Frische-Bohnenkern-Consommé

Bohnenkerne von Stangenbohnen, deren Schoten schon grob sind, oder von überständigen, aber noch nicht trockenen Buschbohnen ohne Salz in Wasser schön weichkochen (Dampftopf 4 bis 5 Minuten), abgießen und in eine Consommé (oder simple Kraftbrühe) aus Gemüse- oder Fleischbrühwürfeln einlegen. Wer die Suppe interessanter und bunter haben will, läßt »Goldfische« aus weichgekochten, halbierten Möhrenscheiben darin schwimmen und setzt eine abgezogene, rohe, leicht gepfefferte Tomate in die Mitte einer jeden Suppentasse. Zuletzt sollte man Petersilie und Bohnenkraut nicht vergessen!

Braune Bohnenkernsuppe

Zu einer anderen, ebenfalls leichten und schnellen Bohnenkernsuppe machen wir eine braune Einbrenne: Mehl und Zucker in Olivenöl oder Pflanzenmargarine kräftig braun durchrösten und mit Gemüsebrühe ablöschen. Die vorbereiteten, nur halbweich gekochten, abgetropften Bohnenkerne und eine gehackte Zwiebel oder entsprechend Porreeringe werden in der Suppe fertig gegart. Zwei Handvoll sehr klein geschnittenes grünes Bohnenkraut, Liebstökkel, Thymian, Majoran und Petersilie geben die rechte Würze. Ein tüchtiger Schuß Portwein (Südwein) vor dem Abschmecken auf Salz tut der Suppe gut, gibt ihr eine besondere Note und macht sie leichter verdaulich.

Kennen Sie Cardy?

Aber von Artischocken haben Sie sicher schon gehört, sie schon genossen. Artischocken gelten als Delikatesse, aber sie wachsen nicht hier. Deswegen holen wir uns jetzt Cardy in unsere Gärten. Sie werden aus Samen gezogen, die Mitte bis Ende Mai, wenn kein Frost mehr zu erwarten ist, an Ort und Stelle in die Erde gelegt werden. Die Pflanzen werden sehr groß, blühen schön blau und können auch das Staudenbeet zieren. Verwendet werden die Blattstiele, und zwar von Juli bis September. Behandelt werden die Stiele wie Bleichsellerie.

Cardy-Suppe

Die in 2 cm lange Stücke geschnittenen, sauber gewaschenen Stiele werden in wenig Salzwasser weich gekocht und auf ein Sieb gegossen. Das Wasser wird aufgefangen, mit 2 Eigelben und ein wenig Stärkemehl angedickt und durch verquirlte Sahne verfeinert. Die Cardystücke sollen hierin nochmal ziehen. Mit Buttertoast servieren oder in Butter geröstete Weißbrotwürfel kurz vor dem Anrichten hineingleiten lassen.

Cardy – gegart zu Salaten

(siehe auch nächste Seite)

Cardy, gegart, gereicht jedem Salat aus gekochtem Gemüse zur Ehre, z. B. Karottensalat (Seite 104), Schwarzwurzelsalat (Seite 56), Wachsbohnensalat (Seite 102). Mit grüner Gartenkresse oder mit feingeschnittenen Endivien lassen sich marinierte Cardystiele allein zu hübschen Portionstellern anrichten, zumal wenn eine Sardine oder ein Stückchen Thunfisch oder einige Muscheln die durchaus nicht gewagte Ergänzung bilden.

Cardy mit Käse

Wir bereiten die Cardystiele vor wie oben beschrieben. Sie dürfen aber hier bis zu 6 cm lang sein. Haben wir sie beim Heranwachsen mit Alufolie oder Wellpappe umwickelt, sind sie nun nicht grün, sondern hellgelb und zart. Diese Stücke überbrühen wir einmal kurz oder wässern sie 2 bis 3 Minuten und umwickeln dann jedes Stück mit einer Scheibe Käse, legen sie nebeneinander auf eine feuerfeste Platte und überbacken das Gericht, bis der Käse zerlaufen ist. Rosenpaprika und grüne Petersilie darüber sehen hübsch aus.

Marinade

Wein mit Apfelessig 2:1 ansetzen, mit 1 Lorbeerblatt, Zwiebeln nach Geschmack, Zitronenschale, Senfkörnern, 2–3 Wacholderbeeren, Salz, einer Prise Zucker und Pfefferkörnern gut durchschütteln und über gekochtes Gemüse (zum Salat) oder über rohes Fleisch (zum Sauerbraten) füllen. Die Marinade soll kräftig schmecken. Gekochtes, kaltes Gemüse darf nicht länger als höchstens eine Stunde in der Marinade liegen, dann erst werden die rohen Kräuter, die wir vorbereitet haben, zu den durchgesäuerten Vegetabilien getan. Fleisch darf bis zu 12 Stunden, also über Nacht in der Marinade liegen, möglichst ganz bedeckt und mit einem Deckel zugedeckt. Wenn der Wein edel ist und die Marinade nicht zu sauer, kann sie beim Schmoren dem Bratensaft nach und nach zugesetzt werden.

Cardy-Dips

Solange die Stiele sehr zart sind, eignen sie sich roh als schmackhafte »Träger« für Dips (verschiedene Beispiele auf den Seiten 125, 129 und 188). Mit Landwein oder einem kühlen Pilsner sind solche Dips neben Schinken, Würstchen und anderen Snacks eine willkommene Erweiterung des üblichen Party-Programms.

Cardycreme überbacken

Cardy-Stiele, die schon stärker herangewachsen sind, können nach dem Weichkochen (in Salzwasser) püriert werden und mit Eiern und steifem Eischnee sowie Salz und verschiedenen grünen Würzkräutern und/oder Kräuterkäse zu einem lockeren Brei geschlagen werden, der in kleine, feuerfeste Steinguttöpfchen über einem frisch gebratenen Hackfleischsteak angerichtet wird. Regenwurmkartoffeln (Seite 61) sind hierzu vorzüglich.

Das Hackfleischsteak kann ersetzt werden durch einen Sojaklops oder durch eine der schmackhaften Füllungen (Seite 118), die jedes Fleisch erübrigen.

Neue Kartoffeln, bekömmlich

Bekannt ist, daß Kümmel die Verdaulichkeit z.B. von Kohl und Hülsenfrüchten erhöht. Pfefferminze hat die gleiche Wirkung beim Abkochen von neuen Kartoffeln, die besonders, wenn sie noch nicht ganz reif sind, leicht blähen. Ins Kochwasser ein Bündelchen Pfefferminze werfen und nach dem Garen mit abgießen.

Junge Kartoffeln, gebacken

Sollen frische Kartoffeln mit der Schale im Rohr, in der Asche oder in Alufolie gebakken werden, schlitzt man sie ein- bis zweimal ein und schiebt mit der Messerspitze einen Blattstengel Pfefferminze in den Spalt. Damit will ich nicht etwa vorschlagen, im Hausgarten nun auch noch Frühkartoffeln anzubauen – aber sie finden sich bisweilen auf dem Komposthaufen »von alleine« ein, vermehrt aus den fortgeworfenen des vorjährigen Abfalls. Nach diesem »Seitensprung« zurück zu den grünen Bohnen.

Grüne Bohnen »Immergut«

Bohnen sind immer so gut, daß Varianten oder besondere Bemühungen eigentlich sinnlos erscheinen. Kombiniert mit Möhren, mit Champignons, mit Steinpilzen oder Pfifferlingen, mit Paprikaschoten, mit dikken Zwiebelringen – immer bleiben Bohnen eben Bohnen, ob warm als Gemüse mit Öl, Speck, Mehlschwitzensoße oder brauner Butter, oder kalt als Salat mit Öl und Zitrone, mit Öl und Apfelessig oder mit Joghurtkräuterkrem. Wichtig ist nur: Das Bohnenkraut ins Kochwasser zu tun, nicht vergessen! Besonders dann nicht, wenn die Bohnen tiefgefroren waren.

Augustäpfel-Nachspeise

Der Jacobi- oder Weiße Klarapfel ist der früheste, und das Apfelmus davon schmeckt so schaumig wie der frische Apfel selbst. Reiben wir ihn roh, so darf die Schale dranbleiben, und wir süßen mit Honig. Haferflokken, in Butter geröstet und zum Schluß auf der Pfanne mit Zucker bestreut, ergeben mit Apfelmus eine ausreichende Abendmahlzeit.

Apfel-Kartoffel-Salat

Absichtlich stehen die Äpfel an erster Stelle, den es werden Äpfel und Kartoffeln wenigstens zu gleichen Teilen gemischt. Die Kartoffeln sollten frisch gekocht und noch warm, die Äpfel gescheibelt, gewürfelt oder grob geraspelt sein. Reichlich Öl, Saft einer Zitrone, eine Prise Salz und ein Teelöffel Zucker zusammen mit viel Kräutern daruntermischen. Eine halbe Stunde zum Durchziehen geben. Einen Becher Joghurt, mit Kräutern, Salz und Zucker verquirlt, darunterziehen, das macht den Salat weniger schwer und weniger sauer. So ist er besser für Empfindliche geeignet. Darum lassen wir auch sonstige Zutaten zu Apfel-Kartoffel-Salat weg, wie etwa Zwiebeln, saure Gurken, Radieschen usw.

Gefüllte Gemüse auf neunerlei Art

Sehr wirtschaftlich gehen wir mit unseren bisweilen nicht sehr reichlich heranwachsenden Gartenselbsterzeugnissen wie etwa Tomaten, Paprikaschoten, Gurken, Kohlrabi und Frühkohlköpfen um, wenn wir sie füllen. Nur Kohl und Kohlrabi müssen zum Füllen zuvor 10 bzw. 5 Minuten abgewällt werden. Die anderen Gemüse füllen wir roh und setzen sie gefüllt in heißes Fett bzw. in Wasser mit Fett oder schieben sie in der Bratreine ins Rohr. Die zur Aufnahme der Fülle ausgeschnittenen Gemüseteile verarbeiten wir zu einer Gemüsesuppe am nächsten Tag.

Füllung zur Auswahl: von herzhaft bis delikat

Kräuterreis. Gekochter Reis wird mit allem feingehackten Blattwerk des Gartens (auch Sellerielaub, Kohlrabiblättern, Spinat und Mangold), mit Zwiebeln, Salz, Paprikapulver und Currymehl untermischt. Dem gekochten Reis einen Eßlöffel Olivenöl untermischen; das macht die Füllung geschmeidiger.

Gekochte Möhren zerdrücken, mit rohen Haferflocken binden, wenn nötig mit Gemüsebrühe anfeuchten und mit viel Petersilie, Salz und wenig Zucker abschmecken.

Rohe Pilze, fein gehackt, mit Semmelbröseln, einem Eigelb, Salz, Kümmel, Beifuß und einer feingeschnittenen Zwiebel vermengen.

Gemahlene Nüsse mit eingeweichtem Weißbrot, Zwiebeln, Salz, Pfeffer und Kräutern, mit einigen Spritzern Tabasco und einem Schuß Malaga verkneten.

Grüne Erbsen (getrocknete) kochen, pürieren und mit saurer Sahne, Eigelb, Kräutern und Kapern, zum Schluß mit dem geschlagenen Eiweiß vermischen.

Käse, gerieben oder kleingeschnitten, in Butter und Milch schmelzen. In diese Masse so viel geriebenes Schwarzbrot (Pumpernikkel) einstreuen, wie sie aufnimmt. Mit Nelken, Koriander, Muskat oder mit Apfel- bzw. Birnenstückchen, mit Salz und Pfeffer und Rosenpaprika nach Geschmack würzen.

Hirseflocken eine halbe Stunde in warmer Milch mit etwas Butter aufquellen, mit zwei Eiern untermischen und nach Gutdünken mit Zwiebeln, Kräutern, Porreeringen, Käsewürfeln, Rosenpaprika – und anderen Einfällen – schmackhaft machen.

Eier hartkochen, zerdrücken und mit Öl schmiegsam machen, Petersilie, Schnittlauch dazutun. Kartoffelpüree mit Hefewürze abschmecken und unterziehen.

Mangoldlaub, gehackt, mit zerdrückten kalten Kartoffeln vom Vortag, Muskat, Knoblauch, Curry, Salz und einer Prise Zucker verarbeiten.

Brokkoli, fritiert

Am schnellsten bereitet ist er im Fritiertopf, worin die einzelnen Röschen in sehr heißem Fett kroß geröstet werden und dann, wenig gesalzen, am besten in einem Bett aus Kartoffelbrei auf den Tisch kommen.

Brokkoli, in Öl geschmort

Gewaschene, zerteilte und auf einem Tuch getrocknete Brokkoli in zwei Eßlöffeln heißem Öl anschmoren, mit wenig Wasser ablöschen und mit Salz und Zucker zu gleichen Teilen 3 Minuten bei geschlossenem Deckel garen. Bei nunmehr offener Pfanne das Gemüse wiederholt vorsichtig umheben, bis nach etwa 5 Minuten alle Flüssigkeit verdampft ist.

Stippmilch

Quark wird mit süßer Milch, zwei rohen Eidottern, Zucker und Vanillezucker und zwei Eischnee zu einer leichten, sättigenden, aber nicht belastenden Creme geschlagen. Sie paßt zu allen Früchten, ob Kern- oder Steinobst, zu Beeren, roh oder geschmort. Wir können Stippmilch so dick anrühren, daß das Obst darauf ruht, oder so flüssig, daß die Früchte einen »Bodensatz« bilden. In diesem Monat werden wir Monatserdbeeren, Brombeeren, Gartenheidelbeeren, Mirabellen, Bühler Frühzwetschgen, Pflaumen oder Pfirsiche mit Stippmilch reichen.

Stippmilch dürfte eine Vorläuferin der »Dips« sein, also können wir auch z.B. bei Kinderfesten die verschiedenen Früchte auf Cocktailspieße stecken und das Geklecker mit Stippmilch dann ausnahmsweise hinnehmen – am Gartentisch.

Pflaumen- und Mirabellenkonfitüre

Aus Pflaumen und Zucker, Pfund auf Pfund, wird Konfitüre hergestellt wie auf Seite 93 beschrieben. Bei Mirabellen nehmen wir nur 350 g Zucker je Pfund Obst und säuern mit Rhabarberrohsaft oder Zitronensaft nach.

Derart süße Konfitüren eignen sich zum Füllen einer Biskuitrolle oder von Omeletts und Pfannkuchen.

Zwetschgenknödel

Sie sind mehr als ein Nachtisch. 300 bis 350 g Mehl in eine Schüssel schütten und mit ¼ l kochendem Salzwasser, worin ein reichlicher Eßlöffel Margarine aufgelöst ist, übergießen. 10 Minuten quellen lassen. Ein bis zwei Eier in den Teig arbeiten, der formbar fest sein soll. Ist er zu weich und klebt er, dann besser geriebene Semmel anstatt Mehl hinzugeben. Zwischen den nassen Händen, die immer wieder eingetaucht werden müssen, aus dem Teig Klöße drehen und in jeden Kloß eine entsteinte Zwetschge drücken, so daß nichts mehr von ihr zu sehen ist. Je dünner der Teig um die Frucht liegt, um so geschickter die Köchin und um so größer das Lob der Esser. Die Klöße nach und nach in kochendes Salzwasser einlegen und so lange darin lassen, bis sie schwimmen. Herausheben, abtropfen und warmstellen. In einem Tiegel bereiten wir braune Butter – wer will, mit geriebener Semmel- oder Zwiebackeinlage – und stellen den Tiegel neben die Streuzuckerdose auf den Tisch. Nachdem sich jeder seine Knödel aufgebrochen hat, zuckert er sie nach Belieben und träufelt die kochendheiße Butter darüber (weitere Rezepte für Zwetschgenknödel Seite 150).

Dorotheenknödel

Diese sind eine Abänderung der Zwetschgenknödel. Die 15jährige Dorothea nahm statt Weizenmehl Vollkornmehl mit Weizenkeimen gemischt, und sie füllte die Knödel mit einer Mischung aus gehackten Nüssen, Honig und Rosinen. Die Familie war begeistert.

Annenknödel

werden (im Winter) anstelle von frischen Zwetschgen mit einem Eßlöffel Pflaumenkreide (Seite 152) – steifgekochtem Zwetschgenmus – gefüllt, dem ein Quentchen Ingwerpulver zugesetzt ist.

Pflaumen und Zwetschgen einfrieren

Pflaumen und Zwetschgen (auch Aprikosen) für Knödel, die wir im Winter essen wollen, frieren wir entsteint ein. Anstelle des Kernes füllen wir jede Frucht mit einem Stück Würfelzucker und packen jeweils nur zehn bis zwölf in ein Foliensäckchen. Unaufgetaut werden sie in den Teig gefüllt und dafür etwas länger im kochenden Wasser zum »Ziehen« gelassen.

Gefüllte Pfirsiche

Sechs große, reife Pfirsiche mit kochendem Wasser überbrühen, kalt abschrecken und dann die Haut abziehen, halbieren, entsteinen; die Höhlung noch etwas vergrößern. Aus dem ausgeschnittenen Fruchtfleisch mit gemahlenen Mandeln, Puderzucker und einigen zerbröselten Löffelbiskuits eine formbare Masse kneten, zu Kugeln drehen und in die Pfirsichhälften eindrücken. Die Pfirsiche auf eine feuerfeste Platte legen, mit Weißwein übergießen, mit Zucker bestreuen und so lange bei gelinder Hitze backen, bis die Kugeln in den Fruchthälften platzen.

Obstsalate des August

Sie erhalten einen Unterbau aus geschälten Klaräpfeln in Achteln; dazu kommen abgezogene Pfirsiche in Spalten, gehäutete Pflaumenhälften, entsteinte Mirabellen und, zum Färben, einige Brombeeren, Zucker gehört dazu und, falls Säure erforderlich, Rhabarberrohsaft.

Melonen mit Äpfeln oder mit Pfirsichen

Dieser Obstsalat kann durch Alkoholkirschen (Seite 84) interessant gemacht und mit Zitrone und Zucker abgeschmeckt werden. Macht noch weniger Arbeit.

Obstsalat, eingefroren

Verschiedene reife Früchte der Jahreszeit entsprechend vorbereiten, also schälen, entkernen, zerschneiden. Mit Zucker und Zitronensaft in eine verschließbare Gefrierdose fest einschichten, etwas Kirschgeist oder Maraschino darüber träufeln und die Dose fest zumachen. Nach einer Stunde, die das Obst zum Saftziehen braucht, versenkt man die Dose, ohne sie nochmals zu öffnen, in die Tiefkühltruhe.

Vor dem Gebrauch einen Moment in heißes Wasser tauchen, dann die Obstbombe herausstürzen, mit Sahne, Schlagsahne oder auch heißer Vanillesoße reichen. Evtl. verbleibende Reste am nächsten Tag servieren, dann als Obstsalat. Man kann das Obst auch in kleinen Portionsdosen (Joghurtbecher) einfrieren, die mit Alufolie luftdicht verschlossen werden.

Salatgurken einfrieren

Auch Gurken lassen sich zu Salat einfrieren, nur sollen die Scheiben wenigstens ½ cm stark und die Portionen groß bemessen sein, denn beim Auftauen sind die Gurken wäßrig und fallen zusammen. Das Aroma aber bleibt erhalten. Die klassische Art, Gurken für den Winter zu konservieren, ist, sie einzusalzen oder mit einem Essigsud zu Senf- oder milder zu Zuckergurken einzulegen (nächste Seite).

Salzgurken mit Weinblättern

Mittelgroße, schlanke, möglichst gleichmäßige Salatgurken waschen und einzeln in frische, saubere Rebenblätter einwickeln. In einen irdenen Topf so schichten, daß sich die Blätter nicht lösen können. Auf jede Lage Gurken tüchtig Pfefferkörner, Nelken, Lorbeerblätter, Dillblüten und jeweils eine Messerspitze »Gurkendoktor« oder Einmachhilfe streuen. Dann abgekochtes, erkaltetes Salzwasser (auf 1 l Wasser etwa eine Tasse Salz) darübergießen. Die Gurken sollen gut bedeckt sein und müssen, da sie nicht schwimmen dürfen, mit einem Teller und einem Stein darauf beschwert werden. Die weißliche Haut, die sich im Topf bildet, muß vor Entnahme der Gurken gelöst und entfernt werden.

Senfgurken

2,5 kg dicke Gemüsegurken schälen, der Länge nach teilen, entkernen und in etwa 4 cm breite Stücke schneiden, leicht einsalzen und einen Tag mit einem sauberen Tuch bedeckt stehen lassen. Abgetropft, werden sie nach und nach in kochendem, scharfsaurem Essigwasser einmal aufgekocht, herausgefischt und, gut abgetropft, schichtweise mit rohen Zwiebelringen in vorbereitete 1½-Liter- oder 2-Liter-Gläser gelegt.

Den Essig nun 10 Minuten weiterkochen unter Zugabe von zwei Eßlöffeln Zucker, zwei Eßlöffeln Senfkörner, einem Teelöffel Pfefferkörner (oder weniger), einem Eßlöffel Meerrettichwürfel, einem Sträußchen Estragon und Lorbeerblättern; außerdem wird der in den Gläsern zusammenlaufende Gurkensaft noch dazugeschüttet und mitgekocht. Den Sud abkühlen lassen und über die Gurken gießen, am nächsten Tag abschütten, nochmals aufkochen und wieder kalt über die Gurken geben. Am dritten Tag wird das gleiche wiederholt, wobei »Gurkendoktor«, Einmachhilfe, Sorbinsäure oder dergl. hinzugefügt wird. Das verhindert, daß die Gurken weich werden.

Zuckergurken

werden wie Senfgurken vorbereitet, gesalzen, einmal in Essigwasser aufgekocht und noch halbroh mit Estragon, Rebenblättern, Dillblüten, Zitronenmelisse und Zwiebeln in Gläser geschichtet. Dem Essigwasser werden zwei Tassen Zucker, Senfkörner, eine Zimtstange, fünf Lorbeerblätter und drei Nelken hinzugefügt und 15 Minuten mitgekocht. Den Sud kochend über die Gurken in die Gläser gießen, an drei aufeinanderfolgenden Tagen wieder abgießen und aufkochen. Dabei dickt er jedesmal ein wenig mehr ein, so daß er schließlich dickflüssig und bräunlich über den Gurken steht. Die Gläser wie Geleegläser verschließen.

Biergurken

Auf gleiche Weise wie für Zuckergurken vorbereitete Gurkenstücke in einem Malzbiersud (anstelle von Wasser) ankochen; nach Belieben kann ein Schuß Essig mit hinein. Die Gurken an drei aufeinanderfolgenden Tagen mit dem wiederaufgekochten – und noch heißen! – Sud übergießen.

Pfirsiche in Essig

Nicht ganz reif gewordene Pfirsiche in kochendem Wasser einmal aufwällen und gut abtrocknen. Essigwasser, nach Geschmack gewürzt mit Macis, gestoßenem Ingwer, Pfefferkörnern und einer Prise Salz, zum Kochen bringen. Die Pfirsiche mit Lorbeer, Rosmarin und Estragon in ein Glas schich-

Auf den Hausstufen liegt ein Weißkohlkopf, schämen sich einige Möhren ihrer Unvollkommenheit, langweilen sich Zwiebeln. Eine Handvoll Wachsbohnen dazu und alles zusammen ist ausreichend für ein Stew. Auch Krautsalat oder dressierter Gurkensalat schmecken gut an heißen Tagen. Die ersten Klaräpfel, die frühesten des August, locken zum Herrichten einer sättigenden Apfelrahmspeise. Aus den großen frühen Pflaumen werden wir, da sie reichlich Saft hergeben, eine Kaltschale vorbereiten. Die grünen Tomaten, beim Ausgeizen versehentlich abgebrochen, legen wir in die Sonne zum Nachreifen. Sie werden in wenigen Tagen sich röten.

ten und mit dem Essigwasser übergießen, sobald es erkaltet ist. Am dritten Tag soll das Abkochen des Essigsaftes wiederholt werden, ehe das Glas zugebunden und an einem dunklen Platz aufbewahrt wird.

Melonen in Essig

Die Früchte zerteilen, dabei alle weichen Innenteile sorgfältig entfernen. Die mundgerechten Stücke mit Nelken und Stangenzimt spicken, mit Zitronensaft besprengen und einige Stunden zum Saftziehen beiseite stellen. Dann die Melonen auf ein Sieb schütten. Den abgelaufenen Saft mit etwa 375 g Zucker kochen; wenn er dicklich geworden ist, nach und nach die Melonenstücke darin mitkochen. Alles in Gläser füllen und in den nächsten Tagen prüfen, wieweit sich der Zuckersaft wieder verdünnt (durch austretenden Melonensaft). Falls erforderlich, wird der Saft aus den Gläsern ein- bis zweimal abgegossen und wieder dicklich eingekocht; dann erst wird zugebunden und verwahrt.

September

Favoriten des Monats: Tomaten, Pflaumen, Fallobst, Paprika, Zwiebelkuchen.

Fünferleiroh auf dreierlei Art
Fünf Einzelgänger – fünf »Charaktere« von Salaten
Paprikaboote
Fünf Dips
Jugoslawien-Salat und andere Spätsommersalate
Grün-weiß-roter Salat
Römerkohl als Salat und als Gemüse
Pfefferminzkartoffeln
Römerkohl und Mangoldstiele, eingestampft
Schmorgurken, altdeutsch
Goldtalerböhnchen
Schnippelbohnen
Italienische Tomatensoße
Andalusische Tomatensoße
Kalt gerührte Tomatensoße
Tomatensuppe des Jahres
Tomatensuppe mit Obst
Tomatensuppe mit Rotwein
Tomatensuppe mit Nüssen
Spanische Omeletts
Knoblauchtomaten
Tomaten-Käse-Toast
Tomatensalat mit Hüttenkäse
Schmortomaten
Tomatengemüse mit Kohl
Tomaten einfrieren
Garteneigenes Tomatenpüree
Grüne Tomatensoße, sauersüß
Grüne Tomatensoße mit herbem Honig
Tomatenjam
Grüne Essigtomaten
Essig-Pflaumen
Senffrüchte
Kapern
Indian Relish
Apfelgelee
Apfelbowle
Kompott kochen und einkochen
Traubengelee
Selleriebowle
Obstsalat im September
Apfelquark
Westfälische Pflaumennachspeise
Pflaumengelee
Pflaumen-Rote-Grütze
Mandelsoße
Afrika-Birnen
Vanillecreme
Apfelmus, überbacken
Apfelmus, schön locker
Apfelsuppen
Backobst herstellen
Apfelschalen trocknen zu Tee
Schwäbischer Zwiebelkuchen

»Durch des Septembers heiteren Blick schaut noch einmal der Mai zurück.« Übersetzt auf unsere Hausgartengemüsebeete bedeutet dieser Spruch, daß, was im Mai überzart und sparsam heranwuchs, jetzt noch einmal kräftig und reichlich vorhanden ist. Darum gelten denn auch die Vorschläge für die Verwertung zuerst den Salaten.

Fünferleiroh auf dreierlei Art

Vier Farben und ein Vielerlei an Geschmack sind die Grundlagen für diesen Augen- und Gaumenschmaus: In Scheiben geschnittene rote Radieschen, Gurken ohne Kerninneres, in fingerlange Streifen geschnitten, Sellerie, der grob, und Möhren, die fein geraspelt werden. Wir können diese Farben und »Geschmäcker« zu einem bunten Allerlei mischen, auch noch einen Apfel und als nie überflüssige Zutat eine Zwiebel hineinschnipseln. Den Salat mit einer Joghurtmayonnaise sämig und weich anrichten (Seite 173).

Anders sieht die Salatmischung aus, wenn wir jedes Gemüse einzeln anrichten, entweder auf einer großen, mit schönen grünen Salatblättern belegten Platte oder in gleichartigen Schälchen, die wir nebeneinander auf ein Tablett setzen – zum Anreiz und zur Auswahl. Hier können wir Soßen und Blattsalatunterlagen variieren.

Eine dritte Möglichkeit ist es, den oder die Salate in Portionsschälchen anzurichten und diese neben das Hauptgericht zu setzen, z. B. Pellkartoffeln und Quark oder Schichtkäse im Kohlrock (Seite 115).

Fünf Einzelgänger – fünf »Charaktere« von Salaten

Dafür schlage ich vor: Radieschen lediglich in Öl, Salz und Zucker baden, Gurken in Zitrone, Dill, Salz und Rosenpaprika wälzen, Sellerie in Kefir, mit Sanddornmark und Zitrone sauersüß abgeschmeckt, tauchen und Möhren mit feingehackten Zwiebeln oder Schnittlauch, Estragon, Essig und viel grünen Kräutern würzig machen. Die Äpfel, die entweder den Sellerie begleiten oder auch für sich auftreten können, mit Quark, Zitronensaft, Curry und Zucker vermischen. Zwiebeln, wenn sie zum Salat »an sich« hergerichtet werden, sollte man überbrühen, besser eine Minute sprudelnd kochen und dann erst in Ringe schneiden, die zuerst mit Zucker, dann mit Salz, Apfelessig und Kerbelgrün, Liebstöckel, Petersilie und Schnittlauch veredelt werden. Anschließen können sich noch Paprikasalat sowie rote und gelbe Tomaten, zerteilt oder als ganze, abgezogene Früchte (Seite 113).

Paprikaboote

Eine Paprikaschote, längs geteilt, vom Kerngehäuse und den weißen Rippen befreit und dann einmal überbrüht, ergibt zwei grüne oder rote Schiffchen für eine weiß-grüne Quarkfracht. Den steifen Quark gut mit Kräutern, Schlagsahne, Salz und einer Prise Zucker abschmecken. Eine große Tomatenscheibe, als Segel hineingesteckt, macht diese einfachen Abend»bötchen« festlich.

Fünf Dips

1. Zugleich eine Quark-Variante: Den Quark mit einem rohen Apfel, mit Salz, Zucker und Meerrettich unterziehen.

2. Festlich sind auch den Salatsoßen nahe verwandte Dips, z. B.: Eine Birne und eine Zwiebel zusammen reiben, mit den Kräutern, die wir haben, und einem Schuß Madeira, Portwein oder Sherry würzen.

3. Frisch gepreßten Möhrensaft versetzen mit pürierten rohen, sauren Äpfeln, einigen gemahlenen Nüssen, Zucker und Salz, Currypulver und viel Schnittlauch, (für Erwachsene) auch mit einem Eßlöffel Kognak.

4. Eine gekochte rote Rübe, ganz fein püriert, mit einem rohen geriebenen Apfel und einem Teelöffel geriebenem Meerrettich, Salz und einer Prise Zucker verquirlen und durch eine halbe Tasse Weißwein ergänzen.

5. Grüne Gurken, sehr fein geraspelt, einsalzen und nach 10 Minuten fest ausdrücken, pfeffern, zuckern, mit sehr viel Dill, Petersilie, sehr fein geschnittenem Schnittlauch, Estragon, Zitronenmelisse durchmengen und schließlich mit dicker saurer Sahne oder mit Sahnequark sorgfältig verquirlen.

Jugoslawien-Salat und andere Spätsommersalate

Endivien- und Eissalat, beide leicht bitterlich im Geschmack, werden von den Salatherzen ausgehend bis zum Grünen der Blätter in fingerbreite Streifen geschnitten und mehrmals tüchtig gewaschen. Die derben grünen Blatteile können wie Spinat oder Mangold ein andermal gekocht werden.

Dieser widerstandsfähige Blattsalat verträgt das Untermischen von Thunfisch (aus Dosen) samt dem Öl. Dann wird lediglich mit Salz, wenig Zucker und Zitrone gewürzt. Er verträgt aber auch Muscheln, Krabben, hartgekochte Eier, Schinkenstreifen, Tomatenviertel, Paprikastreifen, Melonen- oder Kürbiswürfel, Oliven. Ja, sogar Schweizer Käse in derben Stücken wird von Endivie und den anderen Herbstblattsalaten aufgenommen, ohne daß das Grün von seinem besonderen Geschmack einbüßt oder zusammenfällt.

Grün-weiß-roter Salat

Weißkohlsalat wird feiner, wenn das abgebrühte, fingerbreit geschnittene zarte Kraut mit grünem Paprika, roten Tomaten und in Zitronensaft gebeizten Äpfeln zu gleichen Teilen untermischt und mit einer auf Öl, Salz, Zucker, Zitrone, Zwiebel und Kümmel aufgebauten Kräutersoße mariniert ist.

Römerkohl als Salat und als Gemüse

Römerkohl wird zum Salat in gleicher Weise wie Endivie verwendet, ergibt aber auch ein besonders feines Gemüse, ganz ohne den anrüchigen Kohldunst und ohne blähende Wirkung.

Den Römerkohl einmal längs teilen, gut waschen, auschütteln, in handbreite Streifen schneiden und sofort in sehr heißes Öl einlegen, in dem bereits Zwiebeln und eine halbe Knoblauchzehe schmurgeln; umheben, leicht salzen und zugedeckt in weniger als 7 Minuten garen. Kräuter obenauf sind wie stets an der Tagesordnung.

Pfefferminzkartoffeln

Rohe Kartoffeln schälen oder schrappen und klein würfeln, auf der beschichteten Pfanne, möglichst ganz ohne Fett, durch häufiges Rütteln und Wenden allmählich gar und dann bräunlich werden lassen. Erst vor dem Anrichten leicht übersalzen und einen Eßlöffel frische Butter, die mit reichlich Pfefferminzblättern verknetet wurde, vor-

Ein Kranz von Monatserdbeeren – den „echten“ Walderdbeeren in Duft und Geschmack am ähnlichsten – tarnt ein notwendiges Übel – einen Schacht, der aber nur selten geöffnet zu werden braucht. Monatserdbeeren tragen noch weit in den Herbst hinein, auch wenn das Laub schon zu gilben beginnt und die Spätsommerblumen am Verblühen sind. Monatserdbeeren, diese treuen Begleiter des Gartensommers, zeigen Blüten und Früchte zugleich und schenken vielen kleinen Desserts, Eisbechern und Getränken ihr unvergleichliches Aroma. Natürlich müssen wir auch an ihre Ernährung durch organischen Dünger in geringen Mengen – am besten im frühen Frühling – denken.

sichtig mit dem Pfannenmesser unter die Kartoffeln gleiten lassen.

Römerkohl und Mangoldstiele, eingestampft

Römerkohl und Mangold gibt es in der Überfülle des September vielleicht zu reichlich, um sogleich verwendet zu werden, aber wir können sie ja konservieren. Die Rispen bzw. die Stiele ohne Grün tüchtig waschen und in 3 cm langen Stücken in Salzwasser dreimal aufwällen, abgießen. Abgekühlt recht fest in einen Steintopf oder in ein Glas schichten, abwechselnd mit Salz, als unterste und oberste Schicht Salz.

Vor dem Verbrauch empfiehlt es sich unbedingt, das Gemüse unter fließendem Wasser zu waschen, evtl. in mehrmals gewechseltem Wasser eine halbe Stunde zu wässern. In Öl ohne Salz, aber mit gehackten Zwiebeln angerichtet und vor dem Auftragen mit süßer Sahne unterzogen oder in einer ungesalzenen Bechamelsoße schmekken diese Gemüse im Winter gut.

Schmorgurken, altdeutsch

Gurken müssen nicht nur ein Sommer-Saison-Gericht sein, wenn wir vom Überfluß im September einige große reife, bereits gelbe abzweigen und sie wie zum Gemüse (Seite 112) vorbereiten, sie dann jedoch über Nacht einsalzen, abgießen und in Essigwasser im Verhältnis 1:3 knapp halbweich kochen, abtropfen und in Gläser füllen. Frischen Wein- oder Apfelessig mit Wasser im Verhältnis 1:5, etwas Zucker und Zitronenschale abkochen und kalt über die kalten Gurken gießen. Zweimal wiederholen wie bei Senf- und Zuckergurken (Seite 121). Falls die Gurken vor dem Verbrauch zu sauer sein sollten, schadet ihnen das Wässern oder Abspülen nichts. Sie werden in die fertige braune Soße der Schmorgurken nach Großmutterart (Seite 112) gelegt und dann nur gewärmt.

Goldtaler-Böhnchen

Sehr zarte grüne Bohnen, die im Juli noch in die Erde gelegt wurden, sind jetzt erntefrisch in 15 Minuten gekocht. Ebensolange brauchen Möhrchen, die, geputzt in Scheiben geschnitten, als Goldtaler das grüne Gemüse geschmacklich und hinsichtlich der Menge aufrunden. Beide Gemüse wollen in Butter oder in Olivenöl mit ein wenig Knoblauch geschwenkt werden und wünschen sich reichlich gehackte Petersilie.

Manfred schreibt auf einer Ansichtspostkarte aus Berlin: Was heißt, um Himmelswillen, Gemüse »schwenken«? Luise will das unbedingt wissen!

Öl (oder Butter) mit Knoblauch und/ oder einem Teil der gehackten Kräuter erwärmen, nicht erhitzen, und das noch warme, abgekochte und abgegossene Gemüse hineingleiten lassen. Unter dem festzuhaltenden Deckel (mit den Daumen von den Griffen aus) das Gemüse leicht durchrütteln und schwenken. Butter oder Öl kann auch samt den Zutaten in einem Extra-Tiegel heißgemacht und erst vor dem Anrichten über das Gemüse gegeben werden. Mit einem Holzspachtel lassen sich Blattgemüse und Bohnen auch vorsichtig umheben, aber nichts darf dabei zerrührt werden, aber Öl oder Butter soll alle Teile umgeben. Das restliche gehackte Grün kommt erst ganz zum Schluß oben auf und wird nicht mitgeschwenkt.

Schnippelbohnen

Von jetzt ziemlich derben Stangenbohnen sauber die Fäden abziehen (zuerst von der

Spitze aus in die Richtung, wohin die Spitze zeigt, dann andersherum die lange Schote entlang). Die Bohnen nach dem Waschen in sehr kurze (1 cm) schräge Stückchen schneiden, manche Leute können das in der Luft über dem Zeigefinger. Die Bohnen einmal aufwällen lassen in reichlich Wasser, dem außer Bohnenkraut kurz vor dem Kochen eine Messerspitze doppelkohlensaures Natron zugefügt wurde. Über einem Sieb dieses Kochwasser fortgießen und die Bohnen in wenig frischem Salzwasser wieder mit Bohnenkraut weiterkochen. Beißprobe! Eine braune Einbrenne bereiten aus Fett (Margarine, Schmalz, Speck oder Öl) und Mehl, die mit Milch oder Gemüsebrühe (Würfel) gelöscht, mit Bohnenkraut, Zwiebelchen, Majoran, Basilikum und Salz gewürzt wird. Die garen Bohnen ziehen in der Soße noch wenigstens 10 Minuten, ehe das Gericht mit Petersilie geschmacklich noch verbessert wird. Macht man reichlich Soße, können gekochte Pellkartoffeln mit erwärmt werden. Bratenreste oder Wiener Würstchen in Scheiben lassen sich in diesem »Eintopf« einarbeiten.

Italienische Tomatensoße

Das Gemüse des September ist die so vielseitig verwendbare Tomate. Italienische Tomatensoße ist gut zu Makkaroni, Reis und Flinsen aus Weizenschrot, Hirseflocken oder Hafermus. Große reife Tomaten, je Esser etwa zwei, überbrühen, dann häuten und jetzt erst zerteilen. Das weiße, von der »Blüte« ausgehende Herz entfernen. Es gilt als »giftig«. Tomaten sind ja Nachtschattengewächse. Die Tomaten in wenig Wasser dämpfen, bis sie sich leicht zerdrücken lassen. Öl oder Butter und geriebenen Käse – es muß nicht unbedingt echter Parmesan sein – zu den Tomaten geben, außerdem, sobald diese Zutaten zu duften beginnen, noch grünen Majoran, grüne Petersilie, grünen Schnittlauch.

Andalusische Tomatensoße

Reife Tomaten waschen und zerschneiden, in wenig Wasser kochen und durch ein Sieb passieren, Suppengrün aus Selleriespänen, Porreeringen, geraffelten Möhren und einer Petersilienwurzel in Öl andünsten und mit dem Tomatenbrei ablöschen; langsam weichköcheln, wobei die Hälfte der für die Soße vorgesehenen Kräutermenge, insbesondere Maggikraut oder Liebstöckel, Estragon und Thymian, schon mitköcheln soll. Das restliche Grün kommt erst vor dem Anrichten dazu.

Kalt gerührte Tomatensoße, auch als Dip zu verwenden

Vier bis sechs reife Tomaten brühen, häuten, zuerst im Mixer pürieren. Dann durchquirlen mit drei Eßlöffeln saurer Sahne oder Sahnequark, ein wenig kaltgeschlagenem Olivenöl, Kapern, Knoblauch, gehackten Zwiebeln und feinstgeschnittenen Kräutern, zum Schluß durch ein Sieb treiben, der Kerne wegen. Über gekochtes, kaltes Gemüse gefüllt – z. B. Sellerie, Blumenkohl oder Kohlrabi – oder zu Fenchel, Chicoree oder Zucchini ein erhebender Beitrag.

Tomatensuppe des Jahres

Reife Tomaten in Wasser aufkochen und samt dem Kochwasser durch ein Sieb drükken. Diese Flüssigkeit wieder ans Sieden bringen, einen Gemüsebouillonwürfel darin auflösen, eine kleine Zwiebel und eine Zehe Knoblauch hineinschnipseln, mit Zitronenschale, wenig Salz und noch weniger Zukker abschmecken und entweder eine Handvoll Semmelbrösel hineinstreuen, die vollkommen vergehen, nur sämig machen, oder eine Handvoll Weizenkeime, die die Suppe körnen. Nicht mehr kochen lassen. Diese Suppe macht nicht dick!

Tomatensuppe mit Obst

Reife Tomaten kochen und mit dem Kochwasser durch ein Sieb treiben. Zwei bis drei reife Äpfel oder Birnen mit einer großen gehackten Zwiebel und zwei bis drei geraffelten Möhren in Öl dünsten, gleichfalls durch das Sieb drücken zu den Tomaten. Wieder erhitzt, wird die Suppe evtl. mit Wasser oder einer Wasser-Weißwein-Mischung auf die entsprechende Menge gebracht und mit Curry, Salz, Zucker und Kräutern gewürzt. Leicht durchkochen lassen.

Tomatensuppe mit Rotwein

Ein Püree aus reifen, frisch gekochten Tomaten mit Rotwein verdünnen und mit grünen Erbsen oder Bohnenkernen, die bereits gekocht sind, vermischen, mit zwei Zwiebacken etwas andicken, salzen. Porree oder Zwiebelringe einmal eben mit aufkochen lassen. Oder Zwiebelringe, einige Spinat- oder Salatblätter roh auf die Suppe legen und diese mit geriebenem Käse bestreuen.

Tomatensuppe mit Nüssen

Tomaten und Zwiebeln im Verhältnis 3:1 zusammen in Wasser kochen und durchpassieren. Selleriespäne, grob gemahlene Nüsse und eine nudelig geschnittene Paprikaschote hineingeben und mitkochen, bis der Sellerie weich ist (4–5 Minuten). Würzen mit Koriander, Curry, Thymian, Rosmarin, zum Schluß mit Petersilie und Schnittlauch. Ein Schuß Madeira gibt den »Pfiff«.

Alle Tomatensuppen und -soßen lassen sich im Winter mit eingefrorenem Tomatenmark oder mit sterilisiertem Tomatenpüree in Gläsern oder Dosen bereiten.

Spanische Omeletts

Aus Eierkuchenteig kleine, nur handgroße Omeletts (zwei bis drei Eier, Wasser, Salz, Mehl) eben hellgelb backen und jeweils ein halbes Omelett belegen mit einem Gemenge aus Tomatenstückchen, Zwiebelschnitzen, Paprikastreifen, Petersilie und Estragon. Die nicht belegte Hälfte wird übergeklappt. Alle Omeletts dann im Rohr, mit Reibekäse bestreut, schnell und heiß überbacken.

Knoblauchtomaten

Aus Butter (Öl), geriebener Semmel, gehacktem Knoblauch, Kräutern und wenig Salz eine Mischung zusammenkneten, quer halbierte Tomaten damit dick gehäuft belegen und dicht an dicht auf Kartoffelschnee in eine flache Auflaufform setzen. Im Rohr bei Oberhitze schnell und heiß überbacken, bis der Tomatenbelag knusprig braun ist. Vorsicht beim Essen: bleibt lange sehr heiß!

Tomaten-Käse-Toast

Beidseitig gebutterten Toast mit dicken Scheiben enthäuteter Tomaten belegen, mit Rosmarin, Knoblauchsalz und einer Mischung sus fein gehackten Kräuterblättchen – Dill, Bohnenkraut, Petersilie, Liebstock, Sellerie – bestreuen. Eine Scheibe Käse darauf, und das Ganze im Rohr überbacken, bis der Käse fließt. Umgekehrt kann das beidseitig gebutterte Weißbrot zuerst mit einer

Da liegen Falläpfel, Tomaten, Pflaumen und Zwiebeln zusammen auf der Brüstung der Mauer, die dem Nutzgarten das Kleinklima garantiert, das alle Früchte besser gedeihen läßt. Einfriedigungen wie Hecken, Zäune, Pergolen und Mäuerchen speichern Wärme, was im allgemeinen in unserem Klima von Vorteil ist. Der sanfte Wind, der Blüten bestäubt und ein Zuviel an Feuchtigkeit schnell auftrocknet, kann dennoch hinzutreten. Was Regenböen oder Gewittergüsse vor der Vollreife abreißen, trocknet auf der Mauerkrone oder reift dort nach. Fallobst, wenn es überhaupt noch von Nutzen sein soll, muß gleich verwertet werden. Damit wir es nicht vergessen, legen wir es auf die Mauer.

Scheibe Käse, auch Streichkäse, belegt werden, darauf mit Tomatenscheiben, darüber wieder eine Scheibe Käse. Dann aber verzichten wir besser auf andere Gewürze.

Tomatensalat mit Hüttenkäse

Die Tomaten brühen, häuten und teilen, evtl. vierteln. Den Hüttenkäse mit etwas Ölivenöl, Zwiebeln, Knoblauch, Zucker und Salz, Gewürzgurkenstückchen oder Kapern, auch streichholzfein geraspeltem grünem Paprika so vorsichtig anreichern, daß seine krümelige Struktur dabei nicht zerrührt wird. Den Käse breit auf einen Teller streichen, die Tomaten rosenartig hineinstecken und mit einem Kranz aus grüner Petersilie umlegen.

Schmortomaten

Tomatengemüse ist unergiebig. In Öl angesottene Tomaten aber, die mit Gurkenwürfeln oder Zucchinischeiben, mit Paprikastreifen und Zwiebeln, mit Liebstöckel und Dill gargeschmort werden, sind eine sättigende Delikatesse.

Tomatengemüse mit Kohl

Auch mit Weißkohl vertragen sich Tomaten gut. Den Kohlkopf nur sehr grob zerteilen, überbrühen, abtropfen und dann in sehr heißem Öl oder Pflanzenfett zusammen mit Zwiebeln anbraten. Anstatt Wasser zuzugeben, werden die in kleine Stücke geteilten, sehr reifen Tomaten mitgedünstet; bei fest geschlossenem Deckel und sehr milder Hitze sollten sie genügend Saft abgeben, um das Gericht zu garen. Ist dies nicht der Fall, dann eben doch etwas Wasser oder Brühe hinzugießen. An Gewürzen sollte Basilikum und Thymian der Vorzug gegeben werden; Petersilie und Schnittlauch erst vor dem Anrichten darüberstreuen. Salz kann bei salzarmer Diät hier fortgelassen werden.

Tomaten sollten wir das ganze Jahr über haben – so sehr eignen sie sich zum Schmackhaftmachen und Verändern von altbekannten Gerichten.

Tomaten einfrieren

Tomaten lassen sich herrlich einfrieren. Sie werden hart wie Tennisbälle und füllen in der Gefriertruhe oder in den Körben und Fächern alle Ecken und Hohlräume aus. Allerdings wie frisch schmecken sie nicht nach dem Auftauen, aber zum Dünsten, z. B. mit winterlichem Wirsing, Sauerkraut, Bohnengemüse und für Soßen und Suppen eignen sie sich ausgezeichnet.

Garteneigenes Tomatenpüree

Tomatenpüree im Vorrat zu haben, ist fast eine Bürgschaft für einen anregenden, vielseitigen Speisezettel im Winter. Wir nehmen einen Waschkorb voller Früchte, waschen sie nur, wenn es unbedingt notwendig ist, zerschneiden und pürieren sie entweder roh im Mixer oder indem wir sie bei milder Hitze im eigenen Saft zerfallen lassen. Das Püree durch ein Sieb schlagen, mit einem Eßlöffel Salz und zwei Eßlöffeln Zucker je Liter Fruchtmasse aufs Feuer setzen und den wässerigen Saft so lange schonend nahe am Kochen verdampfen, bis die Masse mindestens so dick wie Apfelmus ist. Das dauert Stunden, muß beobachtet und umgerührt werden. Beim Erkalten wird das Tomatenmark etwas steifer, aber nicht viel. Wir füllen es in kleine vorbereitete Gläser, sichern und verschließen, wie bei Konfitüren (Seite 93) angegeben. Beim Hernehmen im Winter setzen wir die verdampfte Flüssigkeitsmenge in Form von Wasser, Brühe oder auch Milch wieder zu.

Grüne Tomatensoße, sauersüß

Eine Tomatensoße aus grünen Tomaten können wir, in verschiedenen Geschmacksvarianten, auch auf Vorrat kochen für den Winter: Grüne Tomaten fein schneiden, grüne Äpfel fein raspeln, grüne Paprika nudelig schnipseln, Zwiebeln hacken. Alles zusammen mit viel Zucker, Essig, Salz, Ingwerpulver, Zimt, Zitronenschale und einem zerriebenen Lorbeerblatt kochen, bis die Masse dicklich wird. In Gläser füllen, sichern und verschließen.

Grüne Tomatensoße mit herbem Honig

Pürierte grüne Tomaten mit dem Saft und den abgeriebenen Schalen von sechs Zitronen je kg Tomaten, einer Prise Salz, 250 g Zucker und wenigstens 100 g gutem Honig, dazu reichlich Muskat und nicht zu zaghaft Senfkörner, dicklich einkochen, in weithalsige Flaschen oder Schraubgläser füllen.

Tomatenjam

Grüne Tomaten mit Äpfeln zu gleichen Teilen vermischt, ergeben ein köstliches Jam. Die Tomaten und Äpfel entweder roh pürieren und durch das Sieb schlagen oder die geschälten, entkernten Äpfel mit den lediglich zerschnittenen Tomaten zusammen kochen und dann pürieren. Auf 1 l Püree 1 kg Zucker. Während des Kochens nach etwa 10 Minuten die erste Gelierprobe machen. Wenn ein Tropfen im Kühlschrank steif wird, kann der Saft von zwei Zitronen je kg Zucker hinzugefügt werden; der Zitronensaft soll nur einmal mit aufkochen. Ein Teelöffel Zimt je kg Zucker verändert die Farbe und den Geschmack.

Grüne Essigtomaten

Gleichmäßig große grüne Tomaten werden, jede einzeln, mehrmals angestochen und in sachte kochendes Salzwasser gelegt, bis die Schale platzt, vorsichtig herausgefischt und, abgetropft, in ein großes Glas (5 l) geschichtet. Mit Wein- oder Apfel-Essigwasser im Verhältnis 1:1 übergießen. Am nächsten Tag das Essigwasser abgießen und darin reichlich Zucker bis zu 1 kg auf 1 l klarkochen, würzen mit Stangenzimt, Pfefferkörnern und Nelken. In dem Sud die Tomaten 10 Minuten ziehen lassen, ehe sie wieder ins Glas kommen; den Sud, evtl. mit Einmachhilfe versetzt, durch das Sieb heiß darübergeben und das Glas verschließen.

Essig-Pflaumen

Rezept in der Bildlegende Seite 135.

Senffrüchte

Aus 1 l Wasser, 1 l Weinessig, 750 g Zucker und einem Eßlöffel englischem Senfmehl (Mustard Powder) kochen wir einen Sud, in dem wir zuerst geschälte Birnenviertel, danach ganze Pflaumen und zuletzt kleine grüne Tomaten, ebenfalls unzerteilt, kochen. Wir legen zuerst die Birnen in ein Glas, darüber die nur sehr kurz abgewällten, zuvor durchstochenen Pflaumen und als letzte die Tomaten, deren Schalen eben geplatzt sind. Den Sud kochen wir noch kräftig ein, unter Zugabe von Macis und fünf Nelken, gießen ihn über die Früchte und verschließen das Glas. Anstelle von Senfmehl können auch Senfkörner verwendet werden , die, wenn es geht, leicht zerklopft werden oder in einem Mörser zermahlen.

Kapern

Für den Hausgebrauch ernten wir Samen von der Kapuzinerkresse, die wir jetzt ein wenig im Auge behalten müssen; manche Arten beginnen bereits im August, ihre Samen in reicher Zahl abzuwerfen. So weit sollten wir es jedoch nicht kommen lassen. Unmittelbar nach dem Verblühen werden die Fruchtstände weich und grün gepflückt, gewaschen, 1 bis 2 Minuten mit dem Sieb in kochendes Salzwasser gehalten und abgekühlt in scharfes Essigwasser eingelegt. Immer wieder nachgelegt, vermehren sie unseren Vorrat an garteneigenen Pikanterien. Kapern, die wir kaufen, stammen vom tropischen Kapernstrauch.

Indian Relish

Kleine grüne Tomaten zerkleinern und mit wenig Wasser, Zucker und Essig oder Zitronensäure nach Geschmack kochen, bis sie breiig werden. Dann rohe Äpfel, Zwiebeln, Möhren, Sellerie und grüne Paprika, alles fein gehäckselt, hinzufügen und weiterkochen, würzen mit einigen Nelken, Ingwerwurzelstücken, Currypulver, Senfkörnern, Paprikapulver und Orangenschale; nach nochmaligem Abschmecken auf Säure und Süße grobgehackte Gartenkräuter nach Gutdünken dazugeben. Diese sehr scharfwürzige Delikateßtunke ist in diesem Rezept nach indischem Vorbild mit europäischen Zutaten abgewandelt.

Indian Relish wird kalt zu kaltem Fleisch oder zu Fleisch-Fondue gereicht. Sie hält sich in Flaschen wie jede Marmelade.

Apfelgelee

Dazu sind alle Falläpfel recht, die noch unreif und grün sind. Wir schneiden sie in Stücke mitsamt Schalen und Kernhaus, aber ohne Faulstellen und Maden, und treiben sie durch die Saftzentrifuge oder entsaften sie mit Dampf. Wer weder Dampfentsafter noch Saftzentrifuge hat, kocht das Obst mit Wasser und läßt durch eine Windel, die an den Beinen eines umgedrehten Hockers befestigt ist, den Saft in eine daruntergestellte Schüssel laufen. Jedenfalls wird der so oder so gewonnene Saft mit der gleichen Menge Zucker, Liter auf Kilogramm, zum Kochen gebracht und eingedickt. Gelierprobe erst nach 15 Minuten machen.

Apfelbowle

Sechs gute, feste, reife und aromatische Äpfel derselben Sorte fein geschnitten mit 100 g Zucker und einem Weinglas Rum ansetzen und wenigstens 8–10 Stunden an einem kühlen Ort zugedeckt ziehen lassen. Mit zwei Flaschen Rheinwein verdünnt, kommt der Ansatz für ein paar Stunden in den Kühlschrank. Dann erst die Äpfel herausfischen und die Bowle mit Sekt (oder auch Sprudel) spritzen. Die Äpfel ergeben, mit Zitronensaft, Zitronenschale und Sultaninen zusammen in wenig Wasser aufgekocht, ein überaus gutes Kompott.

Kompott kochen und einkochen

Kompotte aller Art – wenn wir schon dabei sind – gelingen stets am besten, wenn wir zuerst den Zucker lösen, dann aufkochen, dann die Früchte darin ziehen lassen und zum Schluß Zitronensaft oder Gewürze oder beides zugeben. Aroma, Farbe und Nährwerte bleiben so weitgehend erhalten.

Reife Pflaumen, Zucker, Obstessig, Gewürze, eine dicke Stopfnadel, ein sauberes Einmachglas, stehen bereit. Wir wollen Essigpflaumen herstellen. Jede gewaschene Frucht einige Male anstechen und mit Zimt und Nelken ins Glas schichten. Obstessig und Zucker mit Wasser kräftig sauer-süß mischen und 10 Minuten sprudelnd kochen. Heiß über die Pflaumen gießen. Nach 2–3 Tagen die Früchte abgießen, Saft aufkochen, nochmals abschmecken. Wieder heiß über das Obst im Glas gießen. Wiederholen nach nochmals zwei Tagen. Beim letzten Aufkochen 1 Messerspitze Einmachhilfe einmischen. Glas fest verschließen. Das rechte Aroma entwickelt sich erst nach Wochen!

Birnen kochen wir zu Kompott mit Zitrone, Zimt und Zucker, Pflaumen mit Nelken und Zucker, und am feinsten ohne Schalen, die oft sauer sind, und wenn wir es fein machen wollen, ohne Steine.

Sollen Früchte – ob Beeren-, Stein- oder Kernobst – eingeweckt werden, legen wir sie roh, ohne Wasser, lagenweise mit Zucker in die Gläser und kochen nach Vorschrift ab. Lediglich Birnen und Quitten entwickeln nicht genügend Saft. Sie werden mit Zukker-, Zitronen- oder Zucker-Essig-Wasser bedeckt. Ratsam ist es, eingeweckten Kompotten mit ein wenig abgekochtem Wasser vor dem Genuß zu mehr Saft zu verhelfen.

Traubengelee

In manchen Gegenden gehören Trauben zu den Gartenfrüchten. Traubengelee, aus möglichst dunkelblauen Muskatellertrauben, wird bereitet wie Johannisbeer- bzw. Apfelgelee und schmeckt vorzüglich, wenn wir die Übersüße (nach heißen Sommern) durch Zitronensaft oder die Säure von Rhabarberrohsaft etwas ausgleichen.

Selleriebowle

Selleriebowle ist septemberbedingt: Noch ist es warm genug für Bowle und ist der Sellerie weiß, zart und hocharomatisch. 2 kg gartenfrische Sellerieknollen schälen und in dünnste Scheiben schneiden; mit 150–200 g Zucker, einer Handvoll Zitronenmelisse, einem Teelöffel frischen Pfefferminzblättern und Pfirsichblättern überstreuen und mit ⅛ l Rum oder Arrak übergießen. Der Ansatz braucht einen ganzen Tag zum Durchziehen. Dann den Ansatz durchseihen, den Abguß mit zwei Flaschen Weißwein und – erst vor dem Ausschenken – mit Sekt auffüllen.

Obstsalat im September

September-Obstsalat besteht aus Äpfeln und Birnen, denen Pfirsiche, Waldbrombeeren, abgezogene Pflaumen und Renekloden sowie frische Nüsse, auch Weinbeeren, zugefügt werden können. In etwas ausgehöhlte Melonenhälften gefüllt, ist er besonders festlich und geschmacklich vollendet. Ein Eßlöffel Cassis, schwarzer Johannisbeer-Likör macht ihn »Super«.

Apfelquark

Äpfel geraspelt, mit Zitronensaft und Zukker (Fruktose) vermischt und mit Joghurt oder, massiver, mit Quark untermischt, ergeben allein einen guten Nachtisch. Ein bis zwei sehr steif geschlagene Eiweiß darunter gezogen, lassen den Geschmack besser über die Zunge gleiten.

Westfälische Pflaumennachspeise

Rohe Pflaumen durch Abbrühen enthäuten, entsteinen und in einer Schale oder in entsprechenden Portionsnäpfchen mit einer Mischung aus Pumpernickelbröseln, Zukker und Cognac, Maraschino oder Branntwein (Obstler) bedecken, etwa eine halbe Stunde durchziehen lassen. Oben drauf dann einen Klecks Schlagsahne.

Pflaumengelee

Aus dem Saft von großen roten oder gelben Pflaumen, der im Dampfentsafter gewonnen wurde, läßt sich mit Gelierzucker 1:1 (1 l Saft, 1 kg Gelierzucker) ein sehr wohlschmeckendes Gelee zum Brotaufstrich bereiten.

Pflaumen-Rote-Grütze

Pflaumensaft (ebenfalls aus dem Dampfentsafter) wird mit Apfel-, Birnen-, Melonenstückchen und Weinbeeren unter Zugabe von Zucker bis ans Kochen gebracht. Zu einer feinen »Roten Grütze« machen ihn acht Blatt Gelatine auf 1 l Flüssigkeit – nach Vorschrift eingeweicht und gelöst. Eine Mandelsoße dazu erhöht den Genuß.

Mandelsoße

Frische, abgezogene Mandeln grob hacken, in Milch aufkochen, ein bis zwei Eigelb, Zucker und einen Teelöffel Mondamin (Maizena) einquirlen.

Afrika-Birnen

Halbierte reife Birnen vom Kernhaus befreien, mit Zitrone beträufeln, mit Ingwerzukker bestreuen. Mit Kakao und Zucker durchgerührter Sahnequark oder, als Variante, Vanillecreme wird darüber verteilt.

Vanillecreme

Zwei Eigelb, eine Tasse Milch, einen Teelöffel Mondamin, ein Päckchen Vanillezucker zusammenquirlend aufkochen und dann den Eischnee unterziehen.

Apfelmus, überbacken

Apfelmus schmeckt »anders«, wenn es in eine ausgebutterte Auflaufform gefüllt, mit Zitronat und Orangeat in Würfeln vermischt, mit sehr viel gehackten Nüssen oder Mandeln und mit Butterflocken obendrauf im Rohr übergrillt wird.

Apfelmus, schön locker

Es rutscht besser, wenn das Mus nach dem Pürieren nochmals mit Zitronensaft und einer Spur Muskat bis zum Kochen gebracht und dann mit dem steifen Schnee mehrerer Eier aufgelockert wird.

Apfelsuppen

Aus Äpfeln gibt's sogar Suppen für die ersten frostigen Abende. Hierzu bereiten wir entweder ein dünnes Apfelmus mit mehr Wasser als gewöhnlich, oder wir nehmen Apfelrohsaft aus der Presse, oder wir verdünnen einen Apfelmusrest mit Bier. Ja, Bier! In jedem Falle geben wir Zucker, Zitronen- bzw. Orangenschale, gehackte Nüsse oder abgezogene, gehackte Mandeln hinein und reichern das Ganze mit Semmelmehl oder geröstetem, geriebenem Vollkornbrot an. Rosinen darin zu finden ist auch nicht schlecht.

Backobst herstellen

Apfelringe werden aus gesunden Äpfeln gemacht; diese werden vom Stiel aus durchstoßen, so daß das Kernhaus herausfällt. Die Äpfel rundherum schälen, in nicht zu dünne Scheiben schneiden und sie auf Schnüre ziehen und zum Trocknen möglichst im Freien aufhängen. Wir können die Ringe auch auf Alufolie bei kleinster Wärmeeinstellung im Rohr trocknen, müssen aber über Nacht ein Hölzchen oder einen Kochlöffel in die Tür klemmen, damit ein Spalt zum Entlüften offen bleibt. Mit Birnen, die wir besser in Achtel teilen, verfahren wir entsprechend. Pflaumen werden ebenso gedörrt, solange wir sie nicht entsteinen. Tun wir das sehr vor- und umsichtig, dann stecken wir, damit kein Saft ausläuft,

Zwiebeln werden als erster Ernteschritt das grüne, röhrenförmige Laub abgeknickt, damit die Kraft der Wurzeln allein der Zwiebelausbildung zugute kommt. Im zweiten Schritt mit der Grabgabel ausheben und in Reih und Glied nebeneinander auf ihrem Beet vortrocknen. Dann werden sie gebündelt und – Zwiebel nach unten – luftig aufgehängt oder wir breiten sie in einer Kiste oder in einem Korb locker aus und stellen diese in die Sonne. Sind Zwiebeln im Verbund beispielsweise mit Karotten angebaut worden, kann das Vortrocknen meist nicht auf dem Beet erfolgen. Auf einem Gartentisch liegen sie warm und sauber und trocknen bald.

eine gehäutete Mandel hinein und packen jede einzelne Frucht in Alufolie, die wir oben offen lassen oder mehrmals durchstechen.

Apfelschalen trocknen zu Tee

Die Apfelschalen, die beim Ringeschneiden abfallen, trocknen wir auf einem Tablett in der Sonne oder bereits auf dem Heizkörper langsam und vorsichtig. Apfelschalentee ist sehr gesund (angeblich krebsvorbeugend – ohne Gewähr sei dies weitergegeben).

Schwäbischer Zwiebelkuchen und neuer süßer Wein

Ende September bis Ende Oktober in schwäbischen Weinbaugebieten »hoch im Schwange« – ein letzter deftiger Genuß aus frischer Ernte, auch für den Garten-Schlemmer. Vorausgesetzt, er hat erstens heurigen, noch unvergorenen Wein und zweitens das Rezept für den dazugehörigen schwäbischen Zwiebelkuchen. Hier ist es:

Von 250 g Mehl einen gesalzenen Hefe- oder Mürbeteig herstellen. 1 kg Zwiebeln in ganz kleine Würfel schneiden und in 60 g Fett – wer's ganz handfest mag, nimmt Schweineschmalz – glasig dämpfen, etwas abkühlen lassen. Dann 40 g Mehl, drei Eier, ¼ l Sauerrahm unterrühren, sowie Salz und Kümmel nach Gutdünken. Diese Fülle auf dem in einem gefetteten Blech ausgelegten Teig verteilen, evtl. Butterflöckchen darauf geben und bei guter Hitze (200 °C) backen. Zu neuem Wein muß der Zwiebelkuchen warm gegessen werden. (Ein weiteres Rezept für Zwiebelkuchen steht auf Seite 182.)

Oktober

Favoriten des Monats: Wildfrüchte, Äpfel, Birnen, Zwetschen, Sauerkraut, Wirsing

Schlehenkonfitüre
Schlehensaft
Oporto
Sanddornmark
Vogelbeer- und Berberitzengelee und Jam
Vogelbeerlikör
Hagebuttenkonfitüre
Hägemark
Hagebuttencreme
Hagebuttensuppe
Hagebuttentee
Holundermark, Hollersaft
Holundersuppe
Grießklößchen
Grießschnitten
Punsch mit Holundersaft
Holder-Tee-Punsch
Schlesische Mohnpielen
Mohnknödel
Mohnstriezel
Nußstriezel
Äpfel, Birnen, Nüsse lagern
Apfel»kraut« und Birnen»latwerge«

Apfelmus einfrieren
Apfelküchlein
Apfelbettelmann
Apfelkuchen
Hefeblechkuchen
Hefeblechkuchen mit Quark
Eierquark
Eierquarkspeise mit Nüssen
Quark-Grießauflauf mit Äpfeln, Pflaumen oder Birnen
Apfelrahm
Apfelstrudel
Strudel mit Obst oder Gemüse
Apfel im Schlafrock
Apfelkartoffeln
Birnenkartoffeln
Birnenklöße
Zwetschenknödel
Birnenkrokant
Mandel-Birnen-Auflauf
Birnennachspeise
Birnenvorspeise
Birnensalat
Pflaumen, kaschiert
Zwetschenkreide

Apfelpfannkuchen
Zwetschenpfannkuchen
Nußquark
Zimt- oder Kakaomandeln
Salzmandeln
Kohlallerlei
Sauerkraut im Steintopf
Wirsing mit gepfefferter Soße
Weißweinsoße
Wirsingkoteletts
Rotkohlkompott
Lauch wie Spargel
Bechamelsoße
Holländische Soße
Lauchauflauf
Lauchsoufflé
Reformationssalat
Allerheiligensalat
Soja-Kohlsuppe
Laubfrösche aus Römerkohl
Römerkohl und Endivie einlegen
Nußsalat in Äpfeln
Nußsalat mit Äpfeln

»Ist der Oktober schon recht kalt, gebietet er dem Raupenfraß Halt.«

In den Oktober fällt das Erntedankfest. Darum folgen hier Anregungen für das Ernten und Verwerten derjenigen Früchte, die der Garten um diese Zeit »verschenkt«. Für sie scheint mir besonders Dank am Platze. Es sind die sogenannten Wildfrüchte, von denen sich viele »umsonst« anbieten: Schlehen, Sanddorn, Hagebutten, Berberitzen, Holunder, Vogelbeeren, Wacholderbeeren, Kapern und sogar Mohn.

Hagebutten sind, ebenso wie Holunderbeeren, Schlehenfrüchte, Sanddorn- und Ebereschenbeeren Geschenke des Himmels an die Gärten.

Wir nehmen die Rezeptanregungen auf den folgenden Seiten auf. Aber wir können noch weiter gehen und heilende Haustränke aus Wildfrüchten bereiten, z. B. einen Blasen-Nierentee aus Ebereschenbeeren. Diese Beeren sind keineswegs giftig, sondern blutreinigend und entschlackend. Die Beeren werden mit kochendem Wasser überbrüht, ein Teelöffel Beeren auf eine Tasse Wasser, und dann nochmals aufgekocht. Umschläge mit frischen Rosenblättern machen die Augen klar, schreibt Hildegard von Bingen. Tatsächlich haben sie kühlende Wirkung bei Schwellungen von Stichen und auf Brandwunden. Hagebutten sind ein altbekanntes Heilmittel z. B. bei Leber- und Gallenleiden. Rosensirup stärkt Herz und Nerven. Zur Heilung von Rheuma, Gicht, Neuralgien und Ischias sollen zwei Wochen lang zweimal täglich nur 20 g des frisch gepreßten Rohsaftes der Holunderbeeren getrunken werden. Vermischt mit Portwein schmeckt er nicht so streng. Schlehenblütentee ist ein mildes Abführmittel für Kinder. Schlehenbonbons aus den Früchten machen beim Autofahren frisch und aufmerksam.

Schlehenkonfitüre

Über Schlehen sollte eine Frostnacht hinweggezogen sein – sie nimmt den blauen Beeren ihre allzu herbe Säure. Dann lassen sie sich gut zerdrücken (im Mixer), durchpassieren (durch die »Flotte Lotte«) und mit Zucker im Verhältnis 1:1 zu einer Konfitüre bereiten (Seite 94), deren Aroma zwischen Sauerkirsch- und Pflaumengelee liegt.

Schlehensaft

Wenn der gesüßte Schlehensaft aus der Saftpresse nur einmal aufgekocht und sogleich in zu verstöpselnde Flaschen gefüllt wird, hält er sich gut. Er ist eine wohlschmeckende »Medizin« bei Erkältungen und ein hoher Vitaminträger. Vor der »Einnahme« muß er nochmals gesüßt werden!

Oporto

Für Oporto vermischt Madeleine 1 l Schlehensaftkonzentrat mit 500 g Zucker, kocht dieses zusammen 5 Minuten brausend durch. Nun mischt sie das herbsüße Schlehenkonzentrat mit Apfelmost 3:2 und gibt 1 Teil Branntwein hinzu. Diese Mischung ist in sorgsam verstöpselten Flaschen gut haltbar, wirkt aber stark berauschend. Weil Oporto so wohlschmeckend ist, soll er – warnt sie – nur mit Vorsicht und in kleinen Mengen genossen werden.

Sanddornmark

Es wird auf die gleiche Weise gewonnen, wie bei Schlehen beschrieben. Wenig oder gar nicht gesüßt, ist es die kräftigste und kräftigendste Zugabe zu Joghurt und Kefir, gleich, ob wir diese Milchprodukte roh essen oder zu Soßen, Marinaden und Süßspeisen verarbeiten. Die schöne Farbe sowie der herbe Geschmack passen auch zum Quark, den wir dafür mit Honig oder Fruktose süßen. Natürlich läßt sich das Mark auch konservieren: ohne Zucker in Flaschen 20 Minuten sterilisieren bei 90 °C, mit Zucker wie Saft oder Marmelade zubereiten oder einfach einfrieren.

Vogelbeer- und Berberitzengelee

Zum einen wie zum anderen Gelee sollen die Beeren möglichst noch nicht mehlig sein, also noch keinen Frost bekommen haben. Wir kochen die roten bzw. blauen Beeren in Wasser, das eben über den Früchten stehen soll, und lassen sie über Nacht abtropfen. Dazu legen wir zuvor ein grobes Sieb mit einem dünnen Tuch aus, z. B. doppelt gefalteten Verbandmull, eine Windel oder dgl. (Den Dampfentsafter hierzu in Bewegung zu setzen, dürfte kaum lohnen). Den auf diese Weise gewonnenen Saft kochen wir mit Zucker 1:1 in der üblichen Art zu Gelee; bei kleinen Mengen und herben Früchten sollte man unbedingt Gelierhilfen verwenden – sie strecken und mildern zugleich den Geschmack. Manchmal ist Zitronensaft eine Bereicherung.

Vogelbeer- und Berberitzenkonfitüre

Sollten die Vogelbeeren (Ebereschenbeeren) oder die Berberitzen doch schon mehlig geworden sein, machen wir auf die übliche Art aus dem durchpassierten Fruchtmark apart schmeckende Konfitüren

Vogelbeerlikör

Mit Alkohol angesetzt (wie bei Kirschen, Seite 84, beschrieben), gibt es einen feinen aromatischen Likör aus Vogelbeeren.

Hagebuttenkonfitüre

Wer Hagebuttenkonfitüre zu kochen gedenkt, überhaupt die Früchte der Rosen verarbeiten will, versichere sich zunächst durch ausgesetzte Prämien der Mithilfe einiger Familienmitglieder und bestelle einen Vorleser mit einem spannenden Buch, – denn es gehört viel Geduld und Geschick zum Entfernen der widerhakigen Samen und Samenträger in den ja nicht eben großen Früchten, die so wertvoll sind wegen ihres Vitamin- und Heilgehaltes. Ist dies geschehen, waschen wir die Hagebutten unter kräftig fließendem Strahl und werfen sie in kochendes Wasser, lassen sie einige Minuten ziehen und tropfen sie dann ab. In ¼ l Wasser (auf 1 kg vorbereitete Hagebutten) läutern wir 1 kg Zucker, (Kandieren Seite 81) gießen diesen Sirup kalt über die Früchte und lassen diese bis zum anderen Tag stehen. Dann kochen wir den Sirup allein nochmals auf und etwas ein und gießen ihn wiederum kühl über die Hagebutten. Desgleichen am dritten Tag. Am vierten Tag jedoch kochen wir den Sirup auf, legen die Hagebutten kurz in den brodelnden Sud,

Aus und mit Birnen lassen sich unendlich viele Speisen zubereiten. Birnen lassen sich zu Süßmost pressen, zu Schnaps brennen und zu Kletzen dörren. Kletzenbrot ist vor Weihnachten eine sparsame und wohlschmeckende Zukost. Die Kletzen werden mitsamt Kernhaus klein geschnitten oder durch den Fleischwolf gedreht, über Nacht eingeweicht und mit Zimt, Nelken, Zitronen- und Orangenschalen, Vollkornmehl oder Weizenschrot zu einem festen Teig geknetet, der mit Hefe aufgehen soll. Die gebackenen Brote werden im Steintopf aufbewahrt. Der Topf soll offen, aber mit einem stets feuchten Tuch bedeckt bleiben. Dick mit Butter bestrichen ist Kletzenbrot sättigend und kräftig im Geschmack.

schäumen ab und füllen in Gläser. Nach dem Erkalten sichern und verschließen.

Hägemark

Zu Hägemark werden die entkernten Hagebutten gewaschen, aber unzerkleinert mit Rotwein bedeckt und unter täglich mehrmaligem Rütteln eine Woche an einem kühlen Ort stehen gelassen. Dann sind die Beeren so mürbe, daß man sie durch ein Sieb streichen und wie üblich, mit Zucker 1:1, zu Mus kochen kann. Dieses Mus ist besonders gut zur Krapfenfüllung und für alles, was im Ausbackverfahren (in kochendem Fett schwimmend) hergestellt wird.

Hagebuttencreme

500 g Mark mit ¼ l Wasser, ⅛ l Weißwein und reichlich abgeriebener Zitronenschale vermischen, vier Eigelb und 175 bis 200 g Zucker darunterziehen. Der Schnee der Eier wird, wenn er steif ist, mit nach Vorschrift gelöster Gelatine (vier Blatt oder ein halbes Päckchen Gelatine) etwa 1 Minute weiter geschlagen, mit einer Gabel unter die Creme gehoben und sofort kalt gestellt.

Hagebuttensuppe

schmeckt am besten aus frischen Früchten, die entkernt, gewaschen und im Mixer soweit wie möglich zerkleinert werden. Wasser mit Weiß- oder Rotwein vermischen, Zucker und abgeriebene Zitronenschale zugeben und darin die Hagebutten erhitzen, allerdings nur denkbar kurz. Strecken können wir diese Suppe mit zwei rohen geriebenen Äpfeln; sämig wird sie durch eingestreute Zwiebackbrösel. Mit Suppenmakronen oder Eierschneebällen oder beidem darauf kann die Suppe heiß oder auch kalt angerichtet werden.

Hagebuttentee

Die Hagebutten von Stielen und Blütenkronen befreien und langsam an einem warmen Ort, z. B. auf einem Tablett auf dem Heizkörper, trocknen, bis sie rascheln. Zur Teebereitung mit kaltem Wasser aufsetzen und 10 Minuten kochen lassen. Gekaufter Tee – falls der Leser hier etwas einzuwenden hat – besteht meist lediglich aus Kernen und ist nicht so wertvoll. Im Baden-Württembergischen heißt Hagebuttentee deshalb auch Kernlestee.

Holundermark und Hollersaft

Nach den Blüten, die wir als Aromaträger für Krapfen und Sekt bereits kennengelernt haben (Seite 82), sind nun die übervoll behangenen Fruchtdolden nicht nur für unsere Singvögel »ein gefundenes Fressen«: Für unsere Vorratsflaschen bereiten wir »Mark« durch Aufkochen und Durchpassieren der Beeren; Saft gewinnen wir im Dampfentsafter. Evtl. verarbeiten wir die Holunderbeeren gleich zusammen mit großen roten Eierpflaumen, die etwa zur gleichen Zeit reifen, den Geschmack verfeinern und eine ähnlich hitzende Wirkung haben. Im Winter ist heißer Holundersaft gut gesüßt für ausgefroren Heimkehrende und sonstige Erkältungsgefährdete ein wahres Labsal.

Holundersuppe

Holundersuppe ist vor allem etwas für feuchtkalte Tage, sie hitzt. Wir kochen frische Beeren oder eingekochten Saft oder eingefrorenes Mark mit Wasser, Zucker

(Fruktose), Zitronenschale und Stärkemehl und legen Grießklößchen hinein.

Grießklößchen

¼ l Milch mit einem Eßlöffel Butter zum Kochen bringen, darin 100 g groben Grieß so lange ausquellen, bis die Masse sich vom Topf löst. Ausgekühlt, zwei Eier, einen Eßlöffel Zucker, abgeriebene Zitronenschale einarbeiten. Mit nassen Händen Klöße formen und sie leise in siedendem Wasser kochen lassen, bis sie schwimmen. Dann legt man sie in die Suppe.

Grießschnitten

Den gleichen Teig wie für Grießklößchen auf eine nasse, kalte Platte streichen und, steif geworden, in passenden Stücken auf der Pfanne in Butter schön hellbraun braten.

Punsch mit Holundersaft

Punsch bereiten wir unter Zugabe von Rotwein, Zitronensaft und -schale sowie Honig und trinken ihn sehr heiß.

Holder-Tee-Punsch

Holundersaft wird zusammen mit kochendem Zucker-Zitronen-Tee angesetzt, dem wir Nelken, Zimt und Anis beifügen. Einen Eßlöffel klaren Obstschnaps vor dem Trinken ins Glas hineinschütten.

Schlesische Mohnpielen

Der aus den reifen Kapseln herausgeschüttete Mohnsamen (Pielen) – vielleicht bringen wir eine Handvoll zusammen – wird in reichlich Wasser aufgekocht, und durch ein Kaffeesieb abgegossen, 10 Minuten in frischem, kaltem Wasser gewässert und nochmals abgetropft. Mandeln, deren Menge etwa einem Drittel der Mohnernte entspricht, abziehen, hacken, mit Eigelb, Zucker, einem Gläschen Rosenlikör (Seite 87) aus dem Vorrat und etwas Stärkemehl zum Mohn einrühren, eingeweichte Korinthen, abgeriebene Zitronenschale und Eischnee darunterheben. Mit der Masse ein gut verschließbares Glas nur halb füllen, im Wasserbad wenigstens eine Stunde garen, bis der Mohn weich ist. Kostprobe machen. Auf den Topfboden einen Lappen legen, damit es nicht klappert oder das Glas womöglich entzweigeht. Noch warm in kleinste Schälchen füllen und erkaltet mit kandierten Früchten (Seite 81) garnieren. In Oberschlesien war diese Speise zu Silvester einfach »Pflicht« (mit tieferer Bedeutung: Pielen vermehren Glück und Geld).

Mohnknödel

Dazu wird als Fülle die oben beschriebene Masse anstelle einer Frucht in den Knödelteig gedrückt (s. Zwetschenknödel, Seite 119 und 150).

Mohnstriezel

Auf einem lockeren, bereits aufgegangenen und ausgerollten Hefeteig die (nach den Angaben unter »Mohnpielen«) vorbereitete, aber noch rohe Mohnmasse dünn aufstreichen, den Teig übereinanderklappen. Eine Bratpfanne mit viel Butter auslegen und mit einem Finger hoch Milch füllen; darin den Striezel im Rohr unter öfterem Zugeben von in Milch geschmolzener Butter so lange backen, bis keine Flüssigkeit mehr vorhanden und der Striezel goldgelb ist. Gleich nach dem Herausnehmen dick mit Puderzucker bestreuen. Auch hierfür reicht die eine Handvoll Mohn.

Nußstriezel

Nußstriezel wird auf die gleiche Art wie Mohnstriezel zubereitet. Die Füllung besteht aus einer Tasse gemahlener Nußkerne, gleich welcher Art, einer Tasse Zucker, einer halben Tasse Eigelb (etwa drei Stück) und einer halben Tasse Eiweiß ungeschlagen, sowie aus abgeriebener Zitronenschale, dem Saft einer Zitrone, einer halben Messerspitze Zimt. Die Zutaten miteinander vermischen, zuerst Zucker und Eigelb, Nüsse und Gewürze, dann die Masse mit dem inzwischen geschlagenen Eischnee weich und streichbar machen.

Äpfel, Birnen, Nüsse lagern

Nüsse, die kalorienreichen Früchte des Oktobers, sind ohne besondere Vorkehrungen das ganze Jahr hindurch haltbar und zur Verwendung bereit. Die grüne Schale der Walnüsse muß allerdings abgepellt werden, wovon man sehr braune Finger bekommt. Frische Nüsse sollen vor dem Einsacken locker im Korbe trocknen. Äpfel und Birnen dagegen »fallen« im Oktober, sie müssen sofort verarbeitet oder zweckentsprechend gelagert werden, in kleinen »Gebinden« und an einem kühlen, dunklen Ort. Für den Hausgebrauch empfiehlt es sich, von dem ausgekühlten, nicht mehr sonnenwarmen Obst immer nur so viel in Plastikbeutel, in Körbe oder kleine Kisten zusammenzufassen, wie etwa wochenweise verbraucht werden kann. Auch die Körbe und Kisten sollten mit Folie, die mehrmals gelocht wird, abgedeckt sein, um das Eintrocknen oder Schrumpeln der Schale und den Aromaverlust zu vermeiden und ein einigermaßen gleichmäßiges Kleinklima am Obst zu halten.

Apfel»kraut« und Birnen»latwerge«

Reifes Fallobst – Äpfel oder Birnen – in der Zentrifuge entsaften (auch zusammen, wenn von einer Frucht nicht genügend anfällt). Den Saft ohne Zucker kochen und kochen, zum Schluß auf kleinster Wärmeeinstellung, bis er dunkelbraunrot und dickflüssig ist. Apfelkraut und Birnenlatwerge sind ohne weitere Zugaben haltbar, ein gesunder Brotaufstrich, dem Rübensirup entsprechend, und obendrein lassen sie sich, ganz besonders Birnenlatwerge, zusammen mit Honig sehr gut zu Weihnachtsgebäck verarbeiten, zu Lebkuchen, Ingwerhörnchen, braunen Plätzchen, die »mal anders« und fruchtiger schmecken. Wird einem »Kraut« oder »Latwerge« im Laufe des Winters zu dick, kann mit schwarzem Tee oder Bohnenkaffee verdünnt werden.

Apfelmus einfrieren – und schonend wieder auftauen

Zum Einfrieren füllt man Apfelmus am besten ungesüßt in Beutel, Becher oder Gefrierdosen. Zum Verbrauch legt man den Behälter kurz in kaltes Wasser und bringt den Musblock in einer Schüssel mit kochendheißem Zuckerwasser zum Auftauen. Frischer Zitronensaft oder Rhabarberrohsaft reichern das Mus an.

Apfelküchlein

Gleichmäßig große, reife Äpfel werden vom Stiel aus mit dem Entkerner durchstochen und so vom Kerngehäuse befreit. Dies läßt sich auch mit dem Kartoffelschälmesser bewerkstelligen. Die Äpfel werden quer in Scheiben geteilt, so daß fingerdicke Ringe entstehen. Diese werden entweder in dicken Pfannkuchenteig getaucht und auf der Pfanne von beiden Seiten goldgelb gebacken – bei beschichteter Pfanne ganz ohne Fett – und heiß, mit Zucker bestreut, mit Zitrone beträufelt, auf den Tisch gebracht.

Oder die Apfelringe werden in sogenannten Ausbackteig getunkt, der aus Mehl, Öl, einem Ei, einer Tasse Wasser und einer Prise Salz zu einer zähflüssigen Masse zusammengerührt wird, die man am besten schon früh herrichtet und ruhen läßt, wenn die Küchlein mittags im Fettbad (Palmin, Butterschmalz, Margarine oder eine Mischung) ausgebacken werden sollen, bis sie schwimmen. Sie werden vor dem Anrichten auf einem Sieb gut abgetropft und dann mit Zucker und Zimt bestreut.

Apfelbettelmann

Altbackenes Vollkornbrot kurz im Backrohr ganz knusprig hart trocknen, dann zerreiben (Rohkostreibe oder Fleischwolf) und mit einem Eßlöffel geschmolzener Butter (Margarine), zwei Eßlöffeln Zucker, Zimt und fein geschnipselter Zitronenschale vermischen. Die Äpfel schälen, entkernen und in dicken Stücken abwechselnd mit den gewürzten Brotkrümeln in eine ausgefettete Auflaufform schichten. Mit Butterflöckchen obenauf etwa 20 Minuten bei Mittelhitze überbacken; mit gut gesüßter Vanillesoße servieren.

Apfelkuchen

Aus etwa vier Eßlöffeln Butter, abgeriebener Zitronenschale, vier Eßlöffeln Zucker und Vanillezucker mit vier Eiern eine Creme rühren, nach und nach 250 g Magerquark und noch so viel Mehl untermischen, daß der Teig sich auf einem Backblech ausstreichen läßt. Geschälte und entkernte Äpfel in Achtel schneiden, wie Dachziegel dicht an dicht auf den Teig legen, ein wenig Zimt überstreuen und bei 200 °C etwa 30 Minuten backen. Sofort beim Herausnehmen den Kuchen dick mit Zucker bestreuen.

Hefeblechkuchen mit Obst (Äpfel, Zwetschen, Aprikosen, Kirschen und anderem)

10 g Hefe zerbröseln, in einer Tasse mit einem Teelöffel Zucker so lange mischen und rühren, bis die Hefe flüssig ist, dann erst mit handwarmer Milch zur Hälfte auffüllen. 300 g Mehl in eine Schüssel geben, in die Mitte eine Vertiefung machen, die gelöste Hefe hineinschütten und mit Mehl von den Seiten her überdecken. Warm stellen. Tritt die Hefe (nach etwa 10 Minuten) über das Deckmehl hinaus, von der Mitte her das Hefestück in das Mehl einarbeiten unter Zugabe von ⅛ l warmer Milch, in der zwei Eßlöffel Fett und drei Eßlöffel Zucker gelöst wurden, und von ein bis zwei Eiern. Ist der Teig gut durchgeschlagen, wieder warm stellen (auf einen Topf mit warmem, nicht kochendem Wasser oder auf dem Heizkörper) und aufgehen lassen auf wenigstens den doppelten Umfang. Mit einem nassen Löffel den Teig aus der Schüssel aufs gefettete Blech schütten und mit nassen Händen (oder einem nassen Teigroller) über die Fläche verteilen. Wieder warm stellen.

Das vorbereitete bzw. in Achtel geschnittene Obst auf den Teig verteilen, evtl. Rosinen und gehackte Nüsse darauf- und dazwischenstreuen und abbacken. Dann erst das Obst zuckern – sonst läuft gern der Saft vom Blech.

Hefeblechkuchen mit Quark und Obst

Auf den Hefeteig eine Schicht süßen Eierquark streichen und in diesen das Obst legen. Sehr zu empfehlen bei weniger edlen Apfelsorten. *Oder anders:* Süßen Eierquark, verrührt mit einem Eßlöffel Mondamin, über das Obst gießen und so sein Aroma erhalten.

Eierquark

250 g Magerquark mit Zucker, Vanillezukker, Milch und Eigelb verrühren und sehr steif geschlagenen Schnee unterziehen.

Eierquarkspeise mit Nüssen

Diesen Eierquark kann man auch als Nachspeise geben. Er ist besonders gut und nahrhaft mit viel gehackten Nüssen darunter. Jede Art von Gelee zum Garnieren erhöht auch den Feingeschmack. Ein wenig Eier-Nuß-Quark auf jedes Schüsselchen Kompott geben – gleich, ob Zwetschen, Äpfel, Birnen oder Quitten –, ergibt einen schnellen Nachtisch.

Quark-Grießauflauf mit Äpfeln, Pflaumen oder Birnen

Das Gelbe von vier bis sechs Eiern mit einer Tasse Zucker im Mixer rühren, nach und nach ½ kg Magerquark, abgeriebene Zitronenschale und Vanillezucker dazugeben, bis eine kremige Masse entsteht. Eine Tasse Grieß, ein halbes Päckchen Backpulver und zum Schluß den mit einer Prise Salz und Zitronensaft sehr steif geschlagenen Eischnee unterziehen. Je Person ein bis eineinhalb geschälte, entkernte und in feinste Spalten geschnittene Äpfel (bzw. zehn bis zwölf entsteinte Zwetschen oder ein bis zwei nicht zu saftige, geschälte und entkernte Birnen) unter den Teig heben, das Ganze in einer ausgefetteten Auflaufform im vorgeheizten Rohr etwa 35 Minuten bei 200°C backen.

Fein gehackte Hasel- oder Walnüsse unterzogen, verändern Geschmack und Beschaffenheit dieses Auflaufs. Er schmeckt mit Vanille- oder Fruchtsoße und auch kalt gut. Als Rest nochmals auf der Pfanne in Butter aufgebraten, ist er delikat.

Apfelrahm

Eine Steigerung aller Apfelquarkgerichte! Den Apfel roh reiben, sofort mit Zitrone und Zucker vermischen (um das Bräunen zu verhüten) und mit steifer Schlagsahne unterziehen. Mit Kakao- oder Schokoladebröseln überstreut, sieht der Nachtisch hübsch aus und schmeckt *noch* besser.

Apfelstrudel

Zum Teig 200 g Mehl mit einer Messerspitze Salz, einem Eßlöffel Butter (Schmalz, Margarine oder Öl), einem Ei und drei bis vier Eßlöffeln lauwarmem Wasser verkneten. Gut durcharbeiten, ausrollen, übereinanderschlagen, wieder ausrollen; dies mehrmals wiederholen, bis der Teig, zart und zäh zugleich, jetzt auf einem sauberen, gut mit Mehl bestreuten Tuch erst ausgerollt und dann mit den Händen so lange auseinandergezogen wird, bis er »spinnweb«-dünn ist, aber keinesfalls Löcher bekommen darf. Auf den so vorbereiteten Teig streichen wir einen Eßlöffel geschmolzene Butter, streuen geriebene Semmel darauf (auch gehackte Nüsse) und darüber die in feine Scheiben geschnittenen rohen Äpfel. Jetzt heben wir das Tuch an einer Kante an und rollen den

Teig vom Tuch ab und zusammen, schlagen die Enden um und legen den Strudel auf ein tiefes, reichlich gefettetes Backblech (Blech mit Rand), bestreichen den Strudel mit Milch und backen unter gelegentlich erneutem Bepinseln mit Milch in etwa 40 Minuten bei 200 °C hellbraun. Anfänglich gelingt es besser, wenn man aus der gleichen Menge Teig mehrere Strudel zieht und rollt. Man bäckt sie dann nebeneinander in der beschriebenen Weise ab, oder man gart sie in der reichlich gefetteten, fingerhoch mit Milch gefüllten Bratrein im Rohr goldgelb. Als Portionsstrudel schmecken sie warm besser und sind ein recht »habhafter« Nachtisch (z. B. nach einer »nur« Gemüsesuppe).

Vom Backblech wird der Strudel kuchenartig und läßt sich erkaltet in Portionsstücke zerteilen, die mit Schlagsahne oder warmer Vanillesoße aufgetischt werden.

Noch mehr Strudel, mit Obst oder Gemüse

Pflaumen-, Aprikosen- und Kirschenstrudel werden entsprechend hergestellt, ebenso Nuß- und Eierquarkstrudel und alle mit Gemüsemischungen gefüllten Strudel (S. 148).

Apfel im Schlafrock

Um Äpfel in einen »Schlafrock« zu hüllen, stellen wir einen Mürbeteig her aus zwei Eßlöffeln Butter, zwei Eßlöffeln Wasser, einem Ei, einem Eßlöffel Zucker und so viel Mehl, daß der Teig geschmeidig ausrollbar ist. Die Äpfel (je Esser einer) werden rundherum geschält, das Kernhaus wird vom Stiel zur Blüte hin ausgestochen. In die entstandene Röhre werden Jam oder gesüßter Quark, Rosinen oder mit Puderzucker verknetete gemahlene Nüsse gestopft. Jeder Apfel wird dann mit einem dünnen Teigmantel umhüllt, den wir zipfelig über dem Apfel zusammenschlagen und mit ein wenig Eiweiß zukleben. Die »Mäntel« werden mit Eigelb bepinselt, ehe wir die umhüllten Äpfel auf einem flachen Blech im Backofen bei 200 °C etwa 30 Minuten backen.

Apfelkartoffeln

Äpfel schälen, entkernen, würfeln; Kartoffeln schälen und ebensogroß würfeln wie die Äpfel. Eine Zwiebel schälen und würfeln. Bauchspeck würfeln und als erstes in eine nicht zu flache Pfanne geben, dazu die Zwiebeln und die rohen Kartoffelwürfel. Diese Mischung 10 Minuten lang braten und dabei des öfteren umheben und leicht salzen. Dann erst die Äpfel dazu tun und mit umheben. Wer's mag, streut noch ein wenig Kümmel über das Gericht, ehe es bei nun geschlossenem Deckel weiter geschmort wird, bis die Kartoffeln und die Äpfel gar sind. Je nach Beschaffenheit der Äpfel muß oder kann 1 Eßlöffel Wasser oder auch mehr nachgefüllt werden.

Birnenkartoffeln

Dieses Apfelkartoffel-Rezept kann mit Kochbirnen abgewandelt werden. Anstelle von Zwiebeln und Kümmel wird mit Majoran und Thymian gewürzt, und anstelle von Speck kann mit Leberwurst angebraten werden. Das schmeckt anders, aber auch sehr gut.

Birnenklöße

Etwa acht würfelig geschnittene oder grob geraffelte Birnen mit acht Eßlöffeln Semmelbrösel, drei Eiern und einer Prise Salz vermengen und mit nur so viel Milch durchfeuchten, daß sich aus der Masse mit einem nassen Löffel Klöße (Nockerln) abstechen lassen, die in siedendem Salzwasser bei offenem Topf etwa 10 Minuten ziehen sollen. Abtropfen, mit Zimt und Zucker bestreuen und mit brauner Butter beträufeln.

Zwetschenknödel – österreichisch, böhmisch und bayerisch

Diese Knödel gleich »Klöße« werden in Österreich mit Kartoffelteig, in Böhmen mit Nudelteig, in Bayern mit Hefeteig gemacht, und dann heißen sie »Nudeln«.

Zwetschenknödel Österreichische Art

Gekochte kalte Kartoffeln (vom Vortag) mit ein bis drei Eiern, ein bis zwei Eßlöffeln Grieß und so viel Mehl verarbeiten, daß ein geschmeidiger, glatter Teig die entsteinten Zwetschen aufnehmen kann, deren Kern durch ein Stück Würfelzucker ersetzt wird. Zwischen mehligen Handflächen Knödel durch Rollen wieder fest schließen. Dann die Knödel, einen nach dem anderen, in andauernd und gleichmäßig leise siedendes Salzwasser gleiten lassen; immer diejenigen herausfischen, die schwimmen. Abtropfen und warm stellen. Sind alle Knödel fertig, gießen wir braune Butter darüber und zukkern oben drauf. Man kann sie auch in geschmälzter Semmel wälzen und mit Zucker und Zimt bestreuen.

Zwetschenknödel böhmische Art

125 g Topfen (trockener Quark) mit 375 g Mehl und einer Prise Salz »verbröseln«, mit wenigstens zwei Eßlöffeln geschmolzener Margarine in einer Schüssel vermischen. Ein Ei darüber schlagen und die Masse zu einem glatten Teig verarbeiten, der sich mit nassen Händen formen läßt. Fortsetzung (Obst hineindrücken, abkochen usw.) wie oben beschrieben. In die entsteinte Zwetsche eine abgezogene Mandel schieben.

Zwetschenknödel bayerische Art

Beim Hefeteig verfahren wie beim Hefekuchen beschrieben (Seite 147). Aus dem aufgegangenen Teig eigroße Klöße formen – die Hände dabei immer wieder in lauwarmes Wasser tauchen – und die entsteinten, mit einem Zuckerstück gefüllten Zwetschen hineindrücken. Die »Nudeln« dann dicht an dicht in eine Bratenpfanne mit geschmolzener Butter und lauwarmer Milch (»Pegelstand« 1 cm) setzen. Die Pfanne eine knappe halbe Stunde zum Backen ins Rohr schieben, wobei die gefüllten »Rohrnudeln« dreimal so hoch werden. Wir können die »Nudeln« aber auch in Schmalz (Butterschmalz mit Pflanzenfett gemischt) ausbacken. Dann heißen sie »Schmalznudeln«. Besonders gut werden die »Nudeln« in einem fest verschließbaren Topf in eine etwa zwei Finger hohe Milch-Butter-Zucker-Lösung dicht gebettet; auch darin gehen sie um ein Mehrfaches auf, werden locker und sehr weich. Dann heißen sie Dampfnudeln. Je fester der Topf geschlossen bleibt – und das erreicht man auf einfachste Weise, indem man ihn mit einem Tuch zwischen Topf und Deckel abdichtet –, um so besser werden die »Nudeln«. Die Flüssigkeit soll ganz aufgesogen werden, darf sogar leicht anbräunen. Geübte Nudelköche »riechen«, wenn es soweit ist, oder sie hören es am Zischeln. Für noch nicht so Perfekte empfehle ich, den »Timer« auf 20 zu stellen, aber vor dem Läuten bestimmt nicht nachzusehen.

Birnenkrokant

Für vier Personen vier Birnen schälen, vom Kernhaus befreien, noch etwas aushöhlen und in kochendem Zuckersirup (nur eben so viel Wasser nehmen, daß der Zucker sich lösen kann) 1 bis 2 Minuten dünsten, abtropfen und, mit Portwein oder Sherry begossen, in vier Schälchen abkühlen lassen. Zucker und Butter hellgelb schmelzen, gehackte Nüsse mitrösten und diese klebrige Bröselei gerecht in die Höhlen der Birnenhälften verteilen. Kalt stellen und mit Schlagsahne überspritzt zu Tisch geben.

Mandel-Birnen-Auflauf

Fünf Eidotter mit 100 g Zucker, abgeriebener Zitronenschale sowie 125 g gemahlenen Mandeln verrühren und den steif geschlagenen Eischnee darunterziehen. Sechs bis acht geschälte halbreife, entkernte und in sehr wenig Zitronen-Zucker-Wasser gedünstete reife Birnen mit Rum, Arrak oder Armagnac beträufeln, in eine gefettete, mit Semmelmehl ausgestreute Auflaufform schichten und mit der Ei-Mandel-Masse bedecken, sodann im mäßig warmen Rohr etwa 4 bis 5 Minuten überbacken und sofort »zum Verzehr freigeben«.

Birnennachspeise

Birnen, halbiert, entkernt und in ein wenig Zitronen-Zucker-Wasser eben weich gekocht, zum Abkühlen in eine flache Schüssel oder je eine Hälfte in ein Portionsschälchen legen. Vor dem Anrichten die Birnenhälften mit Johannisbeergelee oder Nußeis füllen. Je nach Lust und Laune mit heißer Schokoladensoße (am besten aus Kuvertüre zubereitet), Vanillecreme (aus Eiern, Zukker, Milch, Mondamin und Vanillezucker), warmer oder kalter Himbeermarmelade übergießen, so daß Schüssel oder Schälchen voll werden. Die Birnenhälften können auch auf Löffelbiskuits, die in Kirschwasser getränkt sind, gebettet und dann erst entsprechend gefüllt werden.

Birnenvorspeise

Je Esser rechnet man eine halbe rohe Tafelbirne. Aus Roquefort oder Boursin mit etwas Butter oder Kondensmilch eine Kugel formen und in die vom Kernhaus befreite Birne drücken, auf ein schönes Salatblatt setzen und mit Tomatenketchup beträufeln. – Variante: Eine Mischung aus Magerquark, geriebenen Zwiebeln, abgeriebener Zitronenschale, Senf, Salz und Zucker mit frischen Kräutern, solange es diese noch gibt, als Füllung, erzielt den gleichen Effekt und hat weit weniger Kalorien.

Birnensalat

Rohe Birnen schälen, zerteilen, mit Zitronensaft beträufeln, damit sie nicht anlaufen. Aus Magerquark, Sanddornmark, einer Prise Salz, einer Prise gestoßener Nelken, einem Teelöffel Zucker, ein bis zwei Eßlöffeln geriebener Nüsse unter Zugabe von sehr wenig Distelöl eine Tunke mixen, die etwa eine halbe Stunde mit den Birnen durchziehen soll. Streifen von grünen oder roten Paprikaschoten machen den Salat lustig und noch pikanter.

Pflaumen, kaschiert

Milch mit Zucker und Zimt untermischen und mit einem Eßlöffel Butter aufkochen. Dann vier verquirlte Eidotter und abgeriebene Zitronenschale darunterrühren und bei schwacher Hitze dicklich schlagen. Dann – wenn sich die Masse wieder dem Siedepunkt nähert – ein Gläschen Sherry, der aber ebenso wie die Eidotter nicht mehr mitkochen darf. Diese nun cremige, wohlduftende Soße wird über ausgesteinte, ohne Zugabe von Wasser mit ein wenig Zucker und Zitronensaft gedünstete reife Pflaumen gegossen und zum Erstarren kalt gestellt.

Zwetschenkreide

So wird das Pflaumenmus genannt, zu dem man nur Zeit braucht – und eine Ärmelschürze. Die ausgesteinten, recht reifen Zwetschen durch den Fleischwolf drehen und in einem großen, möglichst flachen Topf – klassisch wäre ein Kupferkessel – unter Rühren zum Kochen bringen. Da Pflaumen gern ansetzen, ist das erst häufige und bei fortschreitendem Eindicken unentwegte Rühren notwendig. Und weil das steifer werdende Mus Blasen treibt und spritzt, ist erstens die Schürze und zweitens Abstand notwendig. Kocht man große Mengen, lohnt es sich, den hölzernen Rührlöffel rechtwinklig an einer Latte zu befestigen und so die eigene Reichweite und damit den Sicherheitsabstand zu vergrößern.
Das steife Mus hält sich jahrelang in Steintöpfen. Um ganz sicher zu gehen, kann man kochendes Butterschmalz oder Palmin darübergießen, das nach dem Erkalten luftdicht abschließt.
Dieses Mus können sich auch Diabetiker dick aufs Brot streichen. Es fördert zudem die Verdauung.
Mit Zwetschenkreide gefüllte Pfannkuchen sind eine besondere Delikatesse, vor allem wenn man den fertigen, gefüllten, aufgerollten Omeletts, mit Zucker bestreut und je einem Klecks Butter belegt, 10 Minuten bei 100 °C im Rohr Gelegenheit zum Durchziehen gibt.

Apfelpfannkuchen

Zu einem guten Apfelpfannkuchen werden die geschälten Apfelspalten in heißem Fett auf der Pfanne angebraten, mit Eierkuchenteig bedeckt und gewendet. Nach dem Wenden den Pfannkuchen gleich mit Zucker bestreuen; dann auf einem Teller im mäßig warmen Rohr (zwischen 50 °C und 100 °C) die (rund aufeinanderliegenden) Pfannkuchen warm halten, bis alle fertig sind.

Zwetschenpfannkuchen

Anstelle von Äpfeln kann man entsteinte, mehlig reife Hauszwetschen in sprudelnd heißer Butter auf der Pfanne andünsten und mit Eierkuchenteig zu leckeren Pfannkuchen abbacken, die von der beschichteten Pfanne leicht abgleiten. Auf einer emaillierten oder stählernen Pfanne bäckt man zweckmäßig drei handtellergroße Pfannkuchen zugleich über zuvor zurechtgerückten drei mal drei Zwetschen. Sie lassen sich leichter wenden.

Nußquark

Eine Tasse geriebene Nüsse mit 250 g Magerquark und Zucker nach Geschmack verrühren – ohne Zugabe von Flüssigkeit, weil Nüsse »ölen«. Der zum Schluß untergehobene Schnee von zwei Eiern macht den Quark leicht und in der Regel ausreichend geschmeidig. Aromatisieren mit einem Gläschen Madeira oder Himbeersirup.

Zimt- oder Kakaomandeln zum Knabbern

Ein Eiweiß mit einem Eßlöffel Rosenwasser (aus der Drogerie) vermischen – es darf auch Obstschnaps, Cognac oder Rum sein. Die geschälten, tadellosen, angerösteten Mandeln darin umdrehen und sie dann in einer Schachtel mit Streuzucker recht gut hin und her schütteln, damit sich der Zukker an die Mandeln hängt. Dann gibt man die Mandeln in eine Schachtel oder Dose mit Zimt bzw. Kakao und schüttelt wieder. Schließlich breitet man die Mandeln zum Trocknen auf eine Folie.

Salzmandeln

Einen Hauch Olivenöl in der Pfanne erhitzen und darin die abgezogenen Mandeln unter Rühren eben hellgelb rösten. In einer Schachtel mit Salz durchrütteln, auf einer Folie auskühlen lassen.

Kohlallerlei

Kohlgerichte sind für viele problematisch. Wird Weißkraut oder Wirsing abgebrüht und in Öl gesotten, bekommt's oft besser. Vermischt mit Möhren in Scheiben, Zwiebeln in großen Ringen, streifigem grünen Paprika und den letzten grünen Bohnen der Juli-Aussaat, wird dem Kohl die Vorherrschaft genommen. Viele Kräuter sollten auch dazu: Liebstöckel, das aber gern beim ersten Frost umfällt, Selleriekraut, Petersilie, auch Kümmel geben dem »Allerlei« Akzente.
Anstatt Kohlblätter zu Rouladen zu wickeln oder einen Kohlkopf zu füllen, wozu er von tadelloser Beschaffenheit sein müßte und wozu auch etwas mehr an Vorbereitungszeit erforderlich ist, kann eine Füllung (Seite 118) auch auf den Boden einer ausgefetteten Auflaufform gelegt werden. Die abgebrühten Kohlsegmente werden darübergeschichtet, gesalzen und vor dem Anrichten mit Käse oder gehackten Kräutern bestreut. Die »Einmal-Formen« aus Alufolie eignen sich besonders, um (gefettet) mit großen Kohlblättern ausgelegt zu werden, die ganz unterschiedliche Füllungen aufnehmen können: Champignons und Käsestückchen. Oder Sellerie mit roten Rüben und einem Apfel, fein geraspelt, mit Zwiebeln abgeschmeckt. Oder Maronenbrei. Oder Möhren mit Tomatenpüree, Zucker und Salz und Pfeffer. Die Füllung wiederum mit Kohlblättern abdecken. Langsam im Rohr garen, zuerst mit Folie bedeckt, zum Schluß offen.
Mit ungegartem, nur vorbereitetem Inhalt können diese Formen eingefroren und später ohne vorheriges Auftauen im Rohr gegart werden.

Sauerkraut im Steintopf

Weißkohlköpfe teilen, vom Strunk und etwa welken Blättern befreien und hobeln, wobei Fingerspitzen geschont werden sollten! Kleine Kohlmengen – bis zu drei Köpfen – kann man leicht mit dem Brotmesser in genügend feine Streifen schneiden. Teilt man die Köpfe in Viertel oder Achtel, lassen sie sich auch mit der Rohkost-»Mouli« bewältigen. Von dem Berg lockerer Streifchen füllt man nun mit beiden Händen lagenweise mit Salz und einigen Wacholderbeeren (sechs Handvoll Kohl, eine Handvoll Salz) den Topf und drückt und knetet das Kraut so fest wie möglich hinein. Große Mengen werden mit den Füßen eingestampft. Obenauf wird ein Leinentuch gebreitet, darauf kommt ein rundes Holzbrett, das man mit einem Stein oder Gewicht beschwert. Nach zwei Tagen steht sicherlich Wasser über dem Brett. Wenn nicht, muß etwas abgekochtes Wasser hinzugegeben werden.
Säuerndes Kraut braucht Pflege. Jede Woche müssen Tuch und Brett gereinigt oder erneuert werden. Der sich bildende Belag ist

ein Ergebnis der Gärung; er ist nicht schädlich, sollte aber wöchentlich entfernt werden. Wann das Sauerkraut fertig ist, wird durch gelegentliches Kosten ermittelt und ist letztlich auch Geschmacksache.
(Ein »Schnell-Sauerkraut« ist unter dem Namen »Töpsgenkraut« auf Seite 188 beschrieben.)

Wirsing mit gepfefferter Soße

Den abgebrühten, zerteilten Wirsing in Wasser gar dämpfen und mit der Soße vermischt anrichten. Zu der Soße: In einem Eßlöffel Butter gehacktes Grünzeug (Porree, Zwiebeln, Möhren, Petersilienwurzel, Sellerieknollen und -laub usw.) sowie eine Zehe Knoblauch andünsten, mit einem Teelöffel Mehl überstreuen, ein zerbröseltes Lorbeerblatt, eine Prise getrockneten Thymian dazugeben und durchmischen. Wenn sich das Aroma wohlriechend bemerkbar macht, mit einer reichlichen Tasse Rotwein, dem ein Teelöffel Apfelessig und eine Prise Zucker zugefügt wurde, ablöschen und mit Salz abschmecken, ganz zum Schluß etwa gleichviel Kapern wie grüne Pfefferkörner (aus Dosen) dazugeben.

Weißweinsoße

¼ l herben Wein, ein bis zwei Teelöffel Hefewürze, die salzig ist, mit einer gehackten Zwiebel und zwei Eßlöffeln Semmelbrösel eine halbe Stunde sehr sanft mehr ziehen lassen als kochen. Eine Prise Zucker, ein Teelöffel Butter und gehackte Petersilie runden den Geschmack ab. Anstelle von Hefewürze kann Fleischextrakt oder eine sehr kräftige Gemüse- oder Fleischbrühe, evtl. auch mit gehacktem Fleisch darin, verwendet werden. Diese Soße ist delikat zu Wirsingkoteletts.

Wirsingkoteletts

Wirsing in groben Stücken halbweich kochen, hacken und vermischen mit geriebenen Nüssen, Semmelbröseln, etwas Olivenöl oder Margarine, einer gehackten Zwiebel und den Kräutern, die noch im Garten zu holen sind (Petersilie, Sellerielaub, »Maggikraut«). Muskatnuß, Selleriesalz und Rosenpaprika als Gewürz tun es auch, falls der erste Frost von den Gartenkräutern schon zu viel vernichtet hat. Die Masse muß sich mit der Hand formen lassen – handtellergroße Bratlinge in Semmelmehl wenden und in Fett auf der Pfanne braten.

Rotkohlkompott

Rotkohl ist bekömmlich und ganz und gar nicht schwer, sofern man darauf verzichtet, ihn in Fett zu schmoren. Den geraspelten Rotkohl mit ein bis zwei großen Zwiebeln und wenigstens so viel Apfelstücken (die man nicht zu schälen braucht), wie Rotkohl im Topf ist, in wenig Wasser weichdünsten – im Drucktopf 10 Minuten, sonst etwa 50 Minuten. Dann erst mit Salz, Zucker, Zitronensaft und Beifuß abschmecken und gleich auftragen. Grüne Weinbeeren verfeinern den Geschmack, doch verträgt nicht jeder die Kernchen im Gemüse.

Lauch wie Spargel

Von schönen, dicken Lauchstangen die grünen Teile opfern und nur die festen, weißen Schäfte 5 Minuten in Salzwasser abkochen. Das Wasser fortgießen. Die abgetropften Lauchstangen in eine ausgefettete Auflaufform nebeneinander – nicht übereinander! – legen und entweder mit Butter und Semmelbröseln bedecken und wenigstens 25 Minuten im Rohr überbacken oder den Lauch mit einer Käsesoße übergießen, die aus Milch, Ei, Paprika und geriebenem Käse (Parmesan, Schweizer oder Tilsiter) mit einer Prise Zucker zusammengequirlt wurde. Jede andere Art Soße gibt dem Gericht eine andere geschmackliche Note, sei es eine Bechamel- oder eine Holländische Soße.

Bechamelsoße

Butter (Margarine), Zwiebeln und Mehl zusammen anschwitzen, bis sich die Zwiebeln, nicht aber das Mehl, hellgelb färben. Mit Salz, einer Prise Zucker und Muskat würzen, mit Milch ablöschen.

Holländische Soße

Im Wasserbad vier Eier und einen Becher Joghurt unter Zugabe von Salz und ein wenig Zucker schlagen und zum Stocken bringen und, falls notwendig, mit Milch, Wasser oder Weißwein verlängern. Alles Gemüse gibt Saft an die Soße ab; sie soll deshalb zuerst sehr dicklich sein.

Lauchauflauf

Grünkernflocken (in bereits aufgeschlossener Form) mit kochendem Wasser überbrühen, so daß ein etwa pflaumenmussteifer Brei entsteht, der stark nachquillt und sich wie Kloßteig durcharbeiten läßt mit Zwiebeln, allen Kräutern des Gartens, auch Mangold- oder Spinatblättern, kleingeraffelten Karotten, Selleriestückchen und einem Ei. Gut salzen und mit Basilikum herzhaft machen, in eine gefettete Auflaufform oder Alu-Einweg-Form füllen und mit den abgebrühten Lauchstangen, die evtl. längs geteilt sind, langsam bei 200 °C im Rohr garen, erst bedeckt, dann offen.

Lauchsoufflé

Nur das Weiße des Lauchs darf für dieses feine Gericht verwendet werden. Wir schneiden die Stangen längs auf, waschen gründlichst, schneiden Halbringe und waschen noch einmal. Dann kochen wir das Gemüse in mildem Salzwasser, bis es so weich ist, daß es sich durch ein Sieb streichen läßt. Die Porreemasse wird in eine Bechamelsoße (linke Spalte) eingerührt, die durch 3 Eigelb und mit 100 g geriebenem Parmesan interessanter gemacht wurde. Sehr steifen Eischnee ziehen wir darunter, nachdem wir auf Salz mit einer Prise Zukker, Basilikum und/oder Currypulver abgeschmeckt haben. Wir überbacken in der Auflaufform (oder in Portionsförmchen) etwa 30 Minuten bei mittlerer Hitze. Hierzu schmecken Hirseplätzchen gut (Seite 100), aber auch Kaßlerkoteletts.

Reformationssalat

Zwei rote Paprikaschoten werden der Länge nach aufgeschnitten, von den Kernen und den weißen Rippen befreit und mit kochendem Wasser überbrüht. Zwei bis drei große Gartenzwiebeln oder zwei Stangen Lauch werden in Ringe geschnitten und ebenfalls überbrüht. Beide Gemüse im Sieb abtropfen. In Olivenöl mit einer Prise Zukker betten wir zuerst die Zwiebel-(Lauch-) Ringe, dann die in feine Streifen geschnittenen Paprika und nun eine gute Handvoll entkernte Oliven, am besten grüne und schwarze gemischt. Diese sollten zuvor gewaschen oder kurze Zeit im Wasser gelassen werden, denn oft sind sie zu salzig. Vorsichtig mischen und kurz vor dem Anrichten mit einem herben Weißwein säuern. Falls vorhanden, Petersilie darüber streuen oder mit einigen Feldsalatrosetten garnieren. Ein Vitaminstoß!

Allerheiligen-Salat

Feldsalat und gelbe, dünnschalige Paprika wie oben vorbereiten und mit Joghurt/Zitrone, Salz/Zucker angemacht erzielen den gleichen Effekt (Vitamine!). Dieser Salat ist aber leichter verdaulich.

Soja-Kohlsuppe

Wenn auch Kohl für den Normalverbraucher nach dem typischen Geschmack geräucherten Specks verlangt, der durch nichts zu ersetzen ist, wollen wir es aber doch mal mit Sojatrockenmasse versuchen. Wir quellen sie mit reichlich, nicht unter 2 l Wasser, Lorbeerblatt, reichlich Suppengrün, Salz und Paprika auf, fügen den feingeschnittenen Kohl – Wirsing oder Weißkraut – sowie feingeschnittene rohe Kartoffeln hinzu und schmecken mit Muskat, Basilikum und Petersilie während des Garens ab und ergänzen, was an Flüssigkeit fehlt. Weizenschrot in reichlich Butter anrösten und, mit etlichen Tropfen Sojasoße und geriebenem Parmesan durchmischt, in die Teller verteilen, mit Kohlsuppe auffüllen. Diese Schrotmischung wird durch Sojasoße und Parmesan ziemlich salzig, deswegen Vorsicht beim Würzen der Suppe! (Eine weitere Kohlsuppe folgt auf Seite 159.)

Laubfrösche aus Römerkohl

Harmlos für Kohlempfindliche und schnell gemacht: Die sehr langen Außenblätter brühen und 10 Minuten zugedeckt stehen lassen, dann abtropfen. Inzwischen eine Fülle (Seite 118) vorbereiten, mit Muskat würzen. Sie kann mit Zwiebeln, Kräutern, Spinat usw. auf verschiedenen Grundlagen aufgebaut werden: eingeweichtes Weißbrot, in Fett geröstete Semmelbrösel, Weizenkeim- oder auch Sojaschrot oder Rindfleisch-Hack oder alles zusammen. In jedes Blatt einen Löffel Fülle wickeln, den »Frosch« mit der Verschlußseite nach unten in einen flachen Topf mit geschmolzenem Fett oder heißem Öl legen und 15 Minuten leise schmoren. Darauf achten, daß sich genügend Flüssigkeit bildet, sonst Gemüsebouillon nachgießen. Eine Holländische Soße wie zum Lauch schmeckt gut dazu.

Römerkohl und Endivie einlegen

Römerkohl und Endivie können wir auch in kleinen Mengen einlegen (ähnlich wie Sauerkraut). Also nicht verzagen, falls Gefahr besteht, daß sie im herbstlich-nassen Garten faulen und verkommen.
Römerkohl bzw. Endivienköpfe verlesen und waschen, in Streifen schneiden, leicht salzen, auch ein wenig zuckern und über Nacht stehen lassen. Abtropfen, ausdrücken und in einen Steintopf oder in ein sauberes Weckglas lagenweise einschichten mit Salz, etwas Pfefferkörnern, Lorbeerblatt, Senfkörnern, einem in Scheiben geschnittenen Apfel, Reblaub und Möhrenscheiben. Obenauf ein besonders großes unzerteiltes Blatt legen, mit Teller und Stein beschweren und mit einem Tuch bedecken, so daß Luft (zum Zwecke der Gärung) hinzutreten kann. Nach 14 Tagen das große Blatt vorsichtig entfernen und den Topf (Glas) nun mit Tuch, Teller und Stein zudecken. Kühl aufbewahren. Römerkohl, Endivien und andere derbe Wintersalate, auch Weißkohl, können zusammen eingelegt werden. Beobachten muß man das Einmachgut immer.

Nußsalat in Äpfeln

Frische Walnüsse knacken, abziehen, falls sie noch nicht zu trocken sind und halbieren; Eidotter, Senf, Öl, Zitronensaft, Salz und Zucker mit einer halben Tasse Rahm zusammen quirlen und die Nüsse darin anrichten. Dieser Salat soll der in den Nüssen enthaltenen Bitterstoffe wegen nicht stehen. Sehr wohlschmeckend ist dieser oftmals ja nur in geringen Mengen vorhandene Nußsalat in ausgehöhlten Apfelhälften, denen man die Schale beläßt und deren Schnittflächen, mit Zitronensaft »gebeizt«, nicht braun anlaufen.

Nußsalat mit Äpfeln

Mit einer Quarkmayonnaise (Seite 173) wird der Salat weniger kalorienreich. Hierzu hacken wir von den unabgezogenen Nüssen soviel wir haben, raspeln ungeschälte, aber entkernte Äpfel grob, reiben eine Zwiebel musfein und geben der Quarkmayonnaise, die sofort die Äpfel bedecken muß, einen Pfiff durch einen Schuß Weißwein, Südwein oder Sherry.

November

Favoriten des Monats: Kürbis, Quitten, Birnen, Rosenkohl, Lauch

Kohlsuppe
Gemüsesuppe Julienne
Bohnensuppe, weiß-grün
Gomasio
Buttermilchnußsuppe
Birnenbuttermilch
Lauchsuppe
Blitzsuppe
Kartoffelsuppe mit Pilzen
Käse-Apfel-Vorspeise
Birnenhupferle
Birnensalat mit Endivie
Rote-Bete-Salat, französisch
Rote-Bete-Salat, säuerlich bis mild
Rote-Bete-Salat, roh
Roter Salat
Apfelsalat
Rosenkohlsalat
Lauchsalat, roh
Salat aus gekochten Gemüsen
Salate aus Kürbis
Kürbis, sauersüß
Kürbis, kandiert
Ingwerkürbis
Kürbis, gebacken
Kürbissuppe mit Milch oder gebratenen Zwiebeln
Selleriekoteletts
Tomatenfix
Tomatensoße Gärtnerinnenart
Nußsoße
Senfsoße
Sandwichaufstrich, klassisch
Teltower Rübchen
Teltower Rübchen, sahnig
Chinakohl
Diabolo
Chinakohlwickel mit Käsezugabe
Käsesoße
Käsefülle
Quittengelee, Quittenmus
Quittenbrot
Quitten-Partyhappen
Quitten auf Vorrat, kandiert oder gedörrt
Quittenschaum

»Fällt Novemberschnee auf Garten und Feld, ist's mit der kommenden Ernte aufs beste bestellt.«
Doch sind wir denn wirklich am Ende mit den Früchten dieses Jahres? Es warten, sonnengleich, gelbgrüne Quitten und rotgelbe Kürbisse. Sie verlängern unsere Garten-Gaumen-Freuden. Die Rüben und Knollen – rote Bete, Mohrrüben, Sellerie, die rauhes Wetter in der Gartenerde überstehen – decken unseren Frischkostbedarf zusammen mit Birnen, Äpfeln und Nüssen. Chinakohl (Blätter, Triebe und Stiele), Rosenkohl und Porree machen auch im Spätherbst noch unsere Tafelfreuden abwechslungsreich und gesund.

Kohlsuppe

Warme Suppen sind jetzt gefragt. Kohlblätter in Streifen schneiden, mit grob geschnittenen Zwiebelstücken in Butter andünsten. Steifes Tomatenpüree (Seite 132) und zwei Handvoll frische, gewaschene und nur wenig zerschnittene Champignons (evtl. aus der eigenen Zucht im Gartenkeller oder Shii-ta-ke) mitdünsten, ablöschen mit Brühe aus Würfeln. Mit Majoran, Estragon, Rosenpaprika und Salz würzen, beim Anrichten geriebene, angeröstete Semmel und geriebenen Käse darüberstreuen. Petersilie, falls sie noch frisch aus dem Garten geholt werden kann, ist immer gut! (Eine Soja-Kohlsuppe ist auf Seite 156 beschrieben.)

Gemüsesuppe Julienne

Eine andere Suppe kochen wir mit geraspelten Möhren, feingeschnittenem Lauch, geraspeltem Sellerie, etwas gestiftetem Weißkohl, Zwiebeln, rohen Kartoffeln, einer Tasse grünen Erbsen und einer weiteren Tasse grünen Bohnen (beides aus der Gefriertruhe). Der persönliche Stil drückt sich in der mengenmäßigen Abstimmung der verschiedenen Gemüse zueinander aus. Die Suppe kann mehr nach Lauch und Zwiebeln oder stärker nach Sellerie und Möhren oder betonter nach Kohl schmecken. Jedenfalls werden die Gemüse und die Kartoffeln zuerst in Öl angedünstet und danach mit der entsprechenden Menge Wasser, Brühe oder Sojabouillon aufgefüllt.

Bohnensuppe, weiß-grün

Weiße Bohnensuppe ist nicht jedermanns Sache, aber in Verbindung mit (tiefgefrorenen) grünen Bohnenstückchen doch gut. Allerdings brauchen die Bohnen*kerne* die Vorgabe von 12 Stunden Einweich- und Kochzeit (im Drucktopf entsprechend weniger). Dann kommen die grünen Bohnen mit dem Bohnenkraut und trocken geröstetes Sojamehl oder Buchweizenschrot hinzu, das die Suppe bindet. Ein Löffel Butter und Salz vor dem Anrichten oder eine in Butter zerdrückte Knoblauchzehe, aber *kein* Salz dafür aber Würstchenscheiben, veredeln die sonst etwas hausbackene Suppe ganz ungemein. Sehr zu empfehlen mit einem Eßlöffel Gomasio.

Gomasio

Helga brachte zum Gastgeschenk ein Glas voll Gomasio als »Handarbeit« mit. Es sei, erklärte sie, geröstetes Sesam vermischt mit geröstetem Meersalz. Deshalb bekommt man trotz des kräftigen Geschmacks und des Würzeffekts davon keinen Durst. Die Krümel schmecken aufs Butterbrot, zu Tomaten, zu Gurken, zu Rettich und in Suppen besonders würzig.

Buttermilchnußsuppe

½ l Buttermilch (Schwedenmilch) erhitzen, Ein Eigelb mit süßer Milch, abgeriebener Zitronenschale, einem Eßlöffel Mondamin (Stärkemehl), einem Eßlöffel Zucker und einer Prise Salz quirlen und dazugeben. Bis ans Kochen kommen lassen, ehe eine Tasse gehackte Nüsse daruntergehoben wird. Den geschlagenen Schnee in Häufchen auf die Suppe setzen, die dann nicht mehr kochen, aber 10 Minuten sehr heiß gehalten das Aroma entwickeln soll.

Birnenbuttermilch

½ l Buttermilch mit dem Saft geschmorter Birnen, einem nicht zu kurzen Ende Zitronenschale, einem Eßlöffel Speisestärke und einem ganzen Ei unter ständigem Quirlen zum Kochen bringen. In die sämig gewordene Suppe die Birnenspalten, den Saft einer Zitrone, Zucker und Zimt nach Gutdünken einrühren. Die Suppe schmeckt warm ebenso gut wie kühl.

Lauchsuppe

Lauch muß sehr gründlich gewaschen werden. Dann in Ringe schneiden, nochmals gründlich durchspülen, einmal abbrühen und mit Salzwasser garen, dem getrockneter Thymian und Basilikum zugesetzt ist. Möhrensaft, möglichst frisch aus der Saftzentrifuge gewonnen, mit Dosenmilch, einer Prise Zucker, Rosenpaprika, getrockneten Dillspitzen und Weizenkeimen in einem Becher gut durchschütteln und dem Lauch, sobald er weich ist, unter Rühren beifügen. Im Drucktopf ist es nach 3 Minuten so weit, sonst nach 15 Minuten. Dann soll die Suppe nicht mehr kochen, aber zugedeckt und warm gehalten ihren Wohlgeschmack voll entwickeln.

Blitzsuppe

Frisch gepreßter Möhrensaft wird – mit Tomatenpüree, saurer Sahne oder Kefir, Salz und Zucker, Thymian und Estragon verquirlt, einmal kurz aufgekocht und über einer mit Reibekäse bestreuten, gerösteten Weißbrotscheibe angerichtet – zu einer gesunden Blitzsuppe.

Kartoffelsuppe mit Pilzen

Pilze lassen sich tadellos einfrieren, am besten gleich geputzt und geschnitten in nicht zu großen Portionen.

Von diesen, oder von jenen, die wir auf einen Faden gefädelt, hängend in der Sonne getrocknet haben oder die wir mit einigem Glück noch aus dem Garten ernten, weichen wir ein bzw. tauen wir auf, am besten abends vorher, oder putzen und zerteilen sie. Salzkartoffeln – auch vom Abend vorher – bringen wir in einer Mischung aus Milch, Fett und dem Einweichwasser bzw. Auftauwasser der Pilze oder mit Hefepilzbrühe bis zum Kochen. Dabei fest umrühren. Jetzt die geschnippelten Pilze mit gehackten Zwiebeln, Salz und einer Messerspitze Muskat hinzufügen und 10 Minuten weiterköcheln lassen, bis die Pilze weich sind und die Kartoffeln zergangen. Ab und zu umrühren.

Käse-Apfel-Vorspeise

Für je einen Esser wird ein Apfel quer geteilt. Außer dem sternförmigen Kernhaus auch etwas Fruchtfleisch entfernen, in die Höhlung kleingeschnittene Würfelchen eines herzhaften Käses legen und die Äpfel in das auf höchste Temperatur vorgeheizte Rohr schieben, das dann abgeschaltet wird. In der Nachhitze brauchen die Äpfel kaum mehr als 6 bis 8 Minuten, um gar zu sein.

Es empfiehlt sich, jeden halben Apfel in ein Ragoutförmchen oder in eine Einweg-Alu-Form entsprechender Größe zu setzen (oder aus Folie selbst einen Untersatz zu falten) und ihn darin auch auf den Tisch zu bringen.

Birnenhupferle

500 g Mehl mit zwei Eiern, Salz und kaltem Wasser zu einem zähen Teig verklopfen, der vom Löffel oder Rührgerät abreißt. 500 g geschälte, geraspelte, harte Kochbirnen hineingeben und durchmischen. Mit dem nassen Eßlöffel Klöße abstechen, in siedendes Salzwasser einlegen und leise ziehen lassen, bis sie schwimmen (etwa 10 Minuten). Braune Butter und Zucker mit Zimt oder Zucker mit Ingwer hierzu runden den Geschmack ab, machen aber das Gericht auch nahrhafter.

Birnensalat mit Endivie

Zwei große, saftige Birnen schälen, schnitzeln und mit dem Saft einer Zitrone beträufeln. Mit den nudelig geschnittenen Blättern von Endivie, Römerkohl oder Lattich vermischen, nachdem ihnen der bittere Geschmack durch lauwarmes, mehrmaliges Waschen genommen wurde und die jetzt durch das Einbetten in Öl etwas an Härte verlieren. Dieser Salat sollte wenigstens eine halbe Stunde vor dem Essen fertig sein.

Rote-Bete-Salat, französisch

Rote Rüben schmecken oft erdig. Es ist wichtig, sie überaus gründlich zu schrubben, ehe man sie weichkocht, danach kalt abschreckt und ihnen die Haut abzieht. Der Salat schmeckt am vornehmsten in Scheiben geschnitten mit viel Öl, etwas Salz, Zucker und Knoblauch – ohne Säure.

Rote-Bete-Salat, säuerlich bis mild

Rote Rüben werden angenehm säuerlich durch Zitronensaft – Essig läßt sie oft zu scharf geraten. Saure Sahne macht sie milde und farblich sehr ansprechend, besonders wenn saure Gurkenstückchen darübergestreut werden.

Rote-Bete-Salat, roh

Roh geriebene Rote Rüben mit roh geriebenen Äpfeln mischen, mit Salz, Zitrone, Zukker und Meerrettich abschmecken. So zubereitet, sind sie zu vielen Gerichten eine frische Zukost in der dunklen Zeit.

Roter Salat

Die zartesten inneren Teile eines Weißkohlkopfes auf der Rohkostreibe hobeln, Meersalz darüberstreuen, 1 bis 2 Stunden zugedeckt stehen lassen. Grob geraspelte rote Rüben mit Zucker bestreuen, mit Zitrone beträufeln und in etwa der gleichen Zeit mürbe werden lassen. Kohl von Hand fest auspressen und mit den Rüben mischen.

Wir schmecken bedachtsam ab und fügen nach Bedarf Salz, Zucker oder Zitrone und jedenfalls Öl oder saure Sahne hinzu.

Apfelsalat

Geschälte Äpfel in Scheiben oder Würfel schneiden, mit Zitronensaft und Zucker vermischen, eine Stunde stehen lassen. Zwiebeln schälen, in Ringe schneiden, in Zitronenwasser aufkochen, dann abgekühlt zu den Äpfeln geben (Kochwasser weggießen). Die Salatmischung nochmals fein abschmecken mit frischen oder getrockneten Kräutern, Kapern oder Gewürzgurkenstücken.

Gequirlter Sahnejoghurt macht den Salat reicher und schön bindig. Senfsahne als Ergänzung macht ihn schärfer. Mit Zuckergurken im Verhältnis 3:3:3 (Äpfel-Zwiebeln-Gurken) wird er wieder milder und erhält eine neue Geschmacksrichtung.

Rosenkohlsalat

Rosenkohl putzen, überbrühen und in frischem Wasser fast weich kochen, die Röschen zum Abtropfen auf ein Sieb schütten. Im Mixer vier hartgekochte Eier, zwei Eßlöffel Öl, einen Eßlöffel Senf, einen Eßlöffel gehackte grüne Petersilie (evtl. tiefgefrorene), getrocknete Kräuter, ¼ l Gemüsebrühe (Fertigprodukt), zwei feingehackte Sardellen (oder Paste in entsprechender Menge) und eine kleine feingehackte Zwiebel zu einer »schnellen« Salatsoße rühren und sie über die flach angerichteten Rosenköhlchen gießen.

Als Variante oder zur Ergänzung kann gekochter, in Stäbchen geschnittener Sellerie dazwischengelegt werden; auch Schwarzwurzeln, halb gar gekocht und in kleine Stücke geschnitten passen hierzu.

Lauchsalat, roh

Das Weiße von vier bis acht Stangen Lauch (Porree) nach gründlichem Waschen in feine Ringe schneiden (evtl. einmal kurz überbrühen), mit Öl, Zitronensaft, Salz, Basilikum und zwei bis drei hartgekochten, mit der Gabel zerdrückten Eiern vermischen.

Varianten: Anstelle der Eier können Formosa-Krabben oder Streifen von gekochtem Schinken oder Bratenreste oder auch Tilsiter-Käse-Würfel untermischt werden.

Salat aus gekochten Gemüsen

Blumenkohlröschen, Möhrenscheiben, Selleriestifte, einige Rosenköhlchen, Rote-Rüben-Würfel, Schwarzwurzelstücke usw., auch fast rohe, überbrühte Porreeringe oder Zwiebelscheiben werden bunt vermischt mit rohen Spinat- oder Endivienblättern, rohen Äpfeln oder Birnen und ganz nach Gusto mit Mayonnaise oder Joghurt-Kräutersoße, Tomatenfix (Seite 165) oder Sanddorn-Quark-Soße (Seite 142) oder auch nur mit Öl-Zitrone-Salz-Zucker angemacht.

Salate aus Kürbis

Frische Salate erscheinen uns in der dunkler werdenden Jahreszeit besonders begehrenswert. Wir erfinden also z.B. Salate aus Kürbis. Die festen, mit dem Buntmesser geschnittenen rohen Kürbisstückchen müssen vor allem einmal mürbe und geschmacklich herzhafter gemacht werden. Das bewirkt in 2 bis 3 Stunden eine Marinade aus scharfem Paprika oder (und) Pfeffer, Salz und Zitronensaft. Jetzt den Kürbis mit Zucker abschmecken oder (und) etwas Madeira dazugießen. So marinierter Kürbis kann, mit Öl, einem Apfel und einer sauren Gurke in

Der leuchtende Oktober schenkt uns späte Sonnenfrüchte. Riesige Kürbisse, goldgelbe Quitten, feste Birnen und die derben, zuckersüßen Hauszwetschen haben wir vor dem ersten Frost ins Haus geholt, um sie nun in aller Gemütlichkeit einzulegen, zu kandieren, zu gelieren und gewürzgespickt für die dunkle Zeit zu verwahren. Anleitungen hierzu finden Sie in erster Linie unter den Stichwörtern: Quittengelee, Quittenbrot, Quitten-Partyhappen, Kürbis kandiert, Ingwerkürbis, Kürbis gebacken, Salate aus Kürbis.
Zum Lagern bestimmte Äpfel und Birnen werden trocken – nicht abgerieben –, den Stiel nach oben und ohne sich zu berühren verwahrt.

Würfeln angerichtet und mit Hüttenkäse unterzogen, eine ganz andere Geschmacksnote bekommen.

Kürbis, sauersüß

Schale, Kerne und alle weichen Teile entfernen, das feste Fruchtfleisch würfeln oder in 1 cm starke Scheiben teilen oder in Halbkugeln mit dem Löffel abstechen. 24 Stunden in scharfem Zitronensaft oder Essigwasser stehen lassen. Am folgenden Tag die Fruchtstückchen abtropfen und in bereits dicklich gekochtem, mit Stangenzimt, zwei bis drei Nelken und Zitronenschale aromatisiertem Zuckerwasser (auf 1 kg Kürbis 1 l Wasser und ½ kg Zucker) so lange kochen, bis der Kürbis glasig wird. Die Fruchtstückchen mit dem Schaumlöffel aus dem Sud heben und in vorbereitete Gläser füllen, den Zucker noch weiter kochen, bis er schwer und sirupartig vom Löffel tropft. Abkühlen lassen, lauwarm über den Kürbis füllen und beobachten: Sollte der Saft wieder dünnflüssig werden, muß man ihn abgießen und nochmals einkochen.

Kürbis, kandiert

Kürbisstückchen eignen sich auch zum Kandieren (siehe Seite 81). Die hübsch zurechtgeschnittenen Kürbisstückchen sollten aber zuvor in scharfem Zitronenwasser einige Male aufwallen.

Ingwerkürbis

1 kg Kürbis wie oben beschrieben so vorbereiten, daß die Würfel oder Kugeln in kochendem Wasser einige Male aufwallen können. Nach dem Abgießen und Abtropfen die Stückchen auf flachen Tellern mit 1 kg Kristallzucker, 5 g Ingwerpulver und 3 g weißem Pfeffer bestreuen und zugedeckt bis zum anderen Tag stehen lassen. Der Saft, der sich gebildet hat, wird zum Sieden gebracht. Die Kürbisstücke darin nach und nach glasig kochen, herausfischen und in Gläser legen. Den Zucker-Ingwer-Sirup dicklich kochen und über die Früchte gießen. Beobachten – und evtl. nochmals aufkochen.

Kürbis, gebacken

Kürbis in dicke Scheiben schneiden, mit Salz bestreuen, eine Stunde kühl stellen, dann mit einem Tuch oder Küchenkrepp trocknen. In verquirltem Ei und Semmelbröseln wälzen und auf der Pfanne in reichlichem und sehr heißem Öl von beiden Seiten hellbraun backen.

Kürbissuppe mit Milch oder mit gebratenen Zwiebeln

½ kg gewürfeltes Kürbisfleisch, ohne Kerne und die weichen Fruchtfasern drumrum, in ¼ l Gemüsebrühe (Fertigprodukt) kochen und durch ein Sieb streichen. Diese Masse läßt man in ½ l kochende Milch einlaufen, die mit gehackten Nüssen gewürzt ist.

Wer's herzhafter mag, läßt die Nüsse fort und brät stattdessen Zwiebeln in Öl oder gewürfeltem Bauchspeck schön braun und schüttet dies vor dem Anrichten in die Suppe.

Selleriekoteletts

Eine große, feste Sellerieknolle schrubben, vom Laub befreien und mit der Schale in leichtem Salzwasser nicht zu weich kochen (Gabelprobe). Die heiße Knolle unter fließendem kaltem Wasser schnell abziehen und in fingerdicke Scheiben schneiden. Etwas auskühlen lassen, in Eigelb und Semmelbröseln (mit Salz vermischt) wenden und in heißem Fett auf der Pfanne braun backen.

Tomatenfix

Steif eingekochtes Tomatenpüree mit Oliven- oder Distelöl, Gewürzgurkenstückchen oder Kapern, ein wenig Rotwein oder Madeira, Basilikum oder Rosenpaprika und mit saurer Sahne oder Kefir im Mixer verquirlen. Sehr gut als Soße oder Dip.

Tomatensoße Gärtnerinnenart

Ein bis zwei Zwiebeln, ein bis zwei große Äpfel, drei bis vier große Möhren reiben und mit einem Stückchen Sellerie nach und nach zusammen in Öl anschmoren; mit eingemachtem Tomatenmus 15 Minuten schmurgeln lassen. Wenn nötig, etwas Wasser nachfüllen. Abschmecken mit Salz, Zukker, evtl. einem Schuß Rotwein und mit Kräutern.

Nußsoße

Feingehackte Kerne von Wal- oder Haselnüssen mit einer Zwiebel und Petersilie (evtl. bereits eingefrorene) in erhitztes Pflanzenfett geben, nach sorgfältigem Vermischen mit (Würfel-)Brühe ablöschen und mit Salz abschmecken. Diese Soße wird ebenso wie braune Butter mit Semmelbröseln verwendet; sie ist aber feiner, voller und wohl auch großartiger.

Senfsoße

Hochprozentige Dauermilch (Dose) mit zwei Eßlöffeln Senf, einem pürierten rohen Apfel und so viel Rosinen oder Kapern oder Gurkenstückchen oder Bananenscheiben oder Olivenhälften vermischen, wie die Soße halten kann. Als Party-Dip mit geröstetem Weißbrot oder zu Stangensellerie (den sehr geschickte Hobby-Gärtner im Keller in sandgefüllten Eimern zustande bringen) oder mit harten Eiern ist die Senfsoße ausgezeichnet.

Sandwichaufstrich, klassisch

Gemahlene Nüsse und feingeriebenen rohen Sellerie mit hochprozentigem Frischkäse (Gervais, Philadelphia), etwas Dosenmilch oder Butter zu einer geschmeidigen Masse verarbeiten (man kann auch Mayonnaise aus der Tube nehmen) und mit getrocknetem Dill, pulverisiertem Bohnenkraut, frischer Petersilie und frischem Sellerielaub fein abschmecken. Zuerst diese Masse auf den Anschnitt eines frischen Kasten-Weißbrotes streichen und dann eine sehr dünne Scheibe vom Brot abschneiden.

Wenn der Aufstrich verbraucht ist, werden von den Brotscheiben mit einem sehr scharfen Brotmesser die Rinden abgeschnitten, jeweils zwei oder drei Scheiben aufeinandergeklappt und in regelmäßige Drei- oder Vierecke geteilt.

Teltower Rübchen

½ kg geputzte Rübchen in siedendem Salzwasser, dem eine Messerspitze Natron zugesetzt ist, aufkochen, abgießen und abtropfen. Einen Teelöffel Zucker mit einem Eßlöffel Margarine (Butter) dunkelbraun brennen und mit Würfelbrühe ablöschen. In diesem Sud die Rübchen weichkochen. Vor dem Anrichten die Flüssigkeit mit Speisestärke leicht andicken, mit Pfeffer, Majoran, Basilikum und Salz abschmecken.

Teltower Rübchen, sahnig

Die Rübchen können auch in Salz-Natron-Wasser ziemlich weich gekocht, dann, abgetropft, in einer Sahnesoße, die mit Zitronensaft, einem Ei, Salz, Pfeffer, Stärkemehl und ein wenig Zwiebelsalz, aus Kräutern nach Geschmack, bereitet wurde, eingelegt und fertig gegart werden. Die Soße soll schön dick sein!

Chinakohl

Chinakohl wird wie Wirsing (Seite 114) zubereitet. Die Chinesen selbst lassen ihn erst in sehr heißem Schweinefett schmoren, ehe sie ihn mit Sojasoße und einem Schuß Reiswein (Obstschnaps als Ersatz) löschen. Sie mischen Champignons und kleine Stücke Rindfleisch oder Huhn darunter. Nie fehlen darin grüne rohe Spinat- oder Salatblätter oder Bohnensprossen bzw. Weizenkeimlinge oder auch kleine Späne von rohem Sellerie und grob gehackte Nüsse, Möhren oder Paprika.

Diabolo

Einmal überbrühte Chinakohlblätter, die schon von der Staude gelöst sind, in schmale Streifchen schneiden. Von einer Hartwurst (Salami oder »Dürre Runde«) ebenfalls Streifen schneiden und nun noch einige Gewürzgurken und eine rote abgebrühte, rohe Paprika zerteilen, von Kernen und Rippen befreien und auch gleichmäßig streifig schneiden. Eine Soße rühren aus Joghurt plus Crème fraîche, Zitronensaft und Südwein, Salz und Pfeffer. Abschmecken. Anstelle von Paprika kann auch ein roter Apfel mit der Schale in Streifen den Salat verschönern. Dann darf die Soße aber schärfer sein.

Chinakohlwickel mit Käsezugabe

Aus den langen, schmalen Blättern des Kohles können auch Anfänger der Kochkunst gefüllte Wickel leicht herstellen. Die Blätter lösen, brühen und auf ein Tuch zum Abtrocknen breiten. Für eine fleischlose Fülle – natürlich kann mit Hackfleisch füllen, wer es mag – auf der Pfanne Haferflokken in reichlich Fett braun rösten und mit wenig Pflanzenbrühe (aus Würfeln) ablöschen. In diese Masse nach dem Auskühlen folgende Zutaten hineinarbeiten: gehackte Zwiebeln, gestiftelter Sellerie, eingeweichte getrocknete Pilze, Kräuter nach Geschmack oder entsprechend dem Vorrat, Salz, Muskat und eine Prise Zucker, evtl. auch Hefewürze. Sollte die Masse zu krümelig sein, bindet ein Eiweiß; gerät sie zu weich, saugen ungeröstete Haferflocken, die nachträglich hinzugefügt werden, das Zuviel an Flüssigkeit auf. Von der Fülle mit einem Löffel eine entsprechende Menge auf jedes Blatt am weißen Ende (Blattrippenseite) legen und das Blatt von dort aus zu seiner Spitze hin zusammenrollen. Die Wickel werden, damit sie nicht aufgehen, dicht an dicht in eine gut gefettete, 1 cm hoch mit Brühe gefüllte Auflaufform gepackt und mit geschlossenem Deckel oder unter Alufolie 40 bis 50 Minuten gegart. Eine Käsesoße wird zum Schluß darübergegossen oder dazu gereicht.

Käsesoße

Würfel oder Späne eines Hartkäses (z.B. Schweizer oder Tilsiter) im Tiegel langsam schmelzen. Mit Speisestärke angequirlte Milch vorsichtig unter ständigem Rühren dazugießen und durchkochen, mit Milch oder Wasser verdünnen, bis die Beschaffenheit dick-sämig ist. Abschmecken ist immer notwendig, da die Käsesorten unterschiedlich salzig bzw. säuerlich sind. Eine Prise

Zucker oder ein Schuß Südwein mildern und verfeinern den Geschmack.

Käsefülle

Möchte man sich die Soßenbereitung sparen und dennoch den Käsegeschmack zum Chinakohl nicht missen, weicht man zur Fülle Semmeln ein, drückt sie gut aus und röstet sie zerdrückt in reichlich Fett auf der Pfanne. In die schmurgelnde Masse wird je Semmel eine halbe Tasse geriebener Käse eingestreut. Muskat, Majoran, Estragon, Paprika und Basilikum sind als Würzen zu empfehlen.

Quittengelee, Quittenmus

Aus Quittensaft läßt sich in gleicher Weise wie aus unreifen Äpfeln Gelee kochen. Zukkerzugabe ebenfalls im Verhältnis 1:1, also 1 l Saft auf 1 kg Zucker (Seite 94). Zu Marmelade aus Quitten benötigt man auf 1 kg Fruchtmasse nur ½ kg Zucker.

Quittenbrot

Ohne Zucker werden reife Quitten zu Quittenbrot oder -pasten verarbeitet, und zwar entsprechend der auf Seite 152 beschriebenen Zwetschenkreide. Um die Masse bis zur Schnittfestigkeit zu trocknen, streicht man sie auf Alufolie und schiebt sie bei geringster Wärmeeinstellung in das einen Spalt weit geöffnete Rohr. Man schneidet dann regelmäßige Dreiecke, Rhomben oder sticht Herzen aus.

Quitten-Partyhappen

Quittenpasten, zusammen mit Käse auf Zahnstocher gespießt und mit einer Olive oder einem Stück Gemüse aus dem Mixed-Pickles-Glas verziert, sind Garteneigenes, das man sogar im November anbieten kann.

Quitten auf Vorrat, kandiert oder gedörrt

Quittenspalten kann man auch kandieren. Wie's gemacht wird, lesen Sie auf Seite 81.

Einige Handvoll Spalten oder Ringe (ohne Kernhaus) sollten auch getrocknet werden (Backobst Seite 137). Sie bereichern die Weihnachtsbäckerei (Früchtebrot im Dezember Seite 175).

Quittenschaum

wird wie Apfelmus zubereitet. Mit einem Unterschied: Selbst sehr klein geschnittene Quitten kochen länger, ehe sie sich durchpassieren lassen. Gesüßt und mit reichlich steifem Eischnee unterzogen, schmeckt der Schaum warm wie kalt. Wenn gelöste Gelatine mit dem Eischnee geschlagen wird, darf das Mus durch Weißwein verdünnt sein. Die Speise hält sich nach dem Steifwerden der Gelatine mehrere Tage.

Dezember

Favoriten des Monats: Mandeln, Nüsse und Maronen, Äpfel, Wurzelgemüse

Maronen vorbereiten zum Rösten, Kochen, Kandieren, Glasieren
Maronen, kandiert
Maronen, glasiert
Maronenpüree
Maronenauflauf
Maronenkuchen
Weiße Bohnen (Kerne der Stangenbohnen)
Rote Ravioli
Rosenkohl, gebacken
Grüner Schnee
Nudelauflauf
Obstsauerkraut
Rotkohl
Sauerkrautsalat mit Walnüssen
Nußmayonnaise
Nußpickles
Äpfel, garniert
Apfelmus Surprise
Waldorfsalat
Mayonnaisen
Bratäpfel
Nußlikör
Weihnachtsreis
Arme Ritter
Kutscherkartoffeln
Apfelkartoffeln
Kartoffelflinsen
Kartoffelsuppe, roh
Früchtebrot
Fruchtschnee
Geleefrüchte
Pfannkuchen zur Suppe
Selleriesuppe, klar
Marzipan
Mandelkonfekt
Haselnußkonfekt
Nußroller
Französischer Nougat oder Türkischer Honig
Obstkonfekt
Kandierte Nüsse
Mandelpudding
Nußkaramelspeise
Karameleis mit Früchten

»Windige Weihnacht verspricht reichen Obstsegen fürs kommende Jahr.« Jetzt bereiten wir erst einmal Weihnachtsherrlichkeiten aus den Früchten unseres Fleißes, bringen den Gartensommer in die Winterstube. Wir greifen in diesem Monat kräftig in die Vorräte, einmal um Geld zu sparen, und auch um zu den Feiertagen Gutes auf den Tisch zu bringen!

Maronen vorbereiten zum Rösten, Kochen, Kandieren, Glasieren

Sagen Sie nicht, Edelkastanien seien keine Gartenfrucht. Sie sind es. Wenn auch nicht überall in Deutschland, so doch etwa von Aachen bis zum Bodensee, besonders in der Pfalz, wo auch die Gärten reichlichere Ernten spenden als anderswo. Diese Kastanien sind allerdings kleiner als Maronen aus den Mittelmeerländern.

Die harten Schalen der Maronen werden vor dem Kochen in Salzwasser oder vor dem Rösten im Rohr ein- bis zweimal eingekerbt. Sie lassen sich von diesen Schlitzen aus gut abziehen, solange sie heiß sind. Auch die braune Haut um den weißen Nußkern sollte entfernt werden. Durch nochmaliges Abbrühen geht es besser.

Maronen, kandiert

Kandiert ergeben Maronen ein feines Konfekt nach Schweizer Art. Wie die Maronen nach der soeben beschriebenen Vorbereitung weiterbehandelt werden, finden Sie auf Seite 81 ausführlich erklärt.

Maronen, glasiert

Als Gemüsebeilage (z.B. zu Geflügel oder Prager Schinken) glasieren wir die Maronen. Hierzu bereiten wir mit einem Teelöffel Zucker und einem Eßlöffel Butter eine tiefbraune Einbrenne, die wir mit reichlich Wasser oder Brühe ablöschen und leicht salzen. In diesen Sud legen wir die vorbereiteten Maronen und lassen sie langsam darin weich kochen, wobei die mehligen Früchte alle Flüssigkeit aufsaugen. Evtl. muß Brühe nachgegossen werden, jedoch soll am Ende das Gericht aus glänzend braunen, kaum feuchten Kastanienfrüchten bestehen.

Maronenpüree

Dazu verwenden wir die Nüsse, die beim Vorbereiten zerbrechen. Wir pürieren sie im Mixer oder treiben sie durch den Fleischwolf und lassen das Gekrümel in eine (oben beschriebene) dunkle Zuckereinbrenne gleiten, die wir jetzt aber mit Milch (pur oder »gepantscht« mit Wasser) ablöschen. Darin die Maronen gut, ca. 20 bis 30 Minuten, durchkochen und leicht salzen. Dieses Gericht spritzt, brennt leicht an und muß während der Kochzeit beobachtet und umgerührt werden. Es schmeckt vorzüglich in Verbindung mit geschmortem Sauerkraut bzw. mit Sauerkrautsalat.

Maronenauflauf

Das in Milch weichgekochte Püree mit Zukker, geschmolzener Butter, Maraschino, Vanillezucker und fünf Eigelb kräftig durchmischen, ehe der steifgeschlagene Eischnee daruntergezogen wird. Den Auflauf in einer ausgebutterten Form bei 200 °C im Rohr etwa 40 Minuten backen.

Maronenkuchen

Zuerst von ½ kg Kastanien, ohne Schale gewogen, Püree herstellen. 125 g Margarine mit 175 g Zucker, Vanillezucker und vier Eidottern zu Creme rühren, dann das Maronenpüree und 75 g gehackte Mandeln unter stetem, starkem Rühren dazugeben und schließlich den steifgeschlagenen Schnee darunterheben, zugleich mit einem kräftigen Schuß Rum. In einer ausgebutterten Kastenform (Alu-Einmal-Form) 45 bis 60 Minuten bei milder Hitze backen.

Weiße Bohnen (Kerne der Stangenbohnen)

über Nacht einweichen, unter Beigabe einer Zwiebel, die mit einigen Gewürznelken gespickt ist, weichkochen (im Dampfdrucktopf in 20 Minuten). Mit einem Glas Rotwein die verkochte bzw. aufgesogene Flüssigkeit ergänzen, mit Salz, Thymian, Rosmarin und einer geraffelten Birne würzen. Vor dem Anrichten zerlassene Butter über die Bohnen gießen.

Rote Ravioli

Um den Ravioliteig zu bereiten, bedienen wir uns der Angaben zu Zwetschenknödeln (Seite 119). Der Teig wird aber nicht mit den Händen geformt, sondern etwa ½ cm dick auf einem bemehlten Brett ausgerollt. Mit einem Glas, dessen Rand wir ebenfalls immer wieder in Mehl tauchen, stechen wir Scheiben aus, die wir halbseitig mit einer roten Füllung belegen. Die andere Hälfte klappen wir über und drücken die Ränder fest zusammen. Die Fülle besteht aus pürierten, gekochten, roten Rüben, denen soviel in Butter geröstete Semmelbrösel zugegeben werden, daß eine kloßartige Masse entsteht. Anstelle von Semmeln können auch Weizenkeime, die in Öl geröstet sind, zum Versteifen der Füllung verwendet werden. Zwiebeln, Pfeffer, Salz und ein paar Tropfen Zitrone und an Würzkräutern, was wir im Vorrat haben, sollte die Füllung pikant machen.

Die Ravioli können entweder in Salzwasser gekocht werden, bis sie steigen. Dann werden sie mit Käse bestreut und auf einer Wärmeplatte angerichtet, oder sie können fritiert oder im Rohr gebacken werden, in jedem Fall gehört reichlich Käse darüber oder eine Käsesoße (Seite 166) dazu sowie Feldsalat (Seite 50).

Rosenkohl, gebacken

Die gewaschenen, geputzten, in Salzwasser nicht zu weich gekochten Röschen werden einzeln in Ei und Semmelmehl gewälzt und so paniert schwimmend in Fett gebacken.

Grüner Schnee

besteht aus (Gefrier-)Spinat, der sehr trokken püriert sein muß. Er wird vorsichtig unter Zugabe von Butter, angequirltem Stärkemehl, Pfeffer und Muskat gewärmt und mit Milch nur so weit verdünnt, als unbedingt erforderlich ist. Vier Eidotter einrühren, vier steife Eischnee und zwei Eßlöffel Parmesan darunterziehen. Die lockere Masse in einer ausgefetteten, geschlossenen Puddingform im Wasserbad 20 Minuten kochen. Stürzen, mit Parmesan überstreuen.

Nudelauflauf

Gebrochene Makkaroni, Spätzle oder Bandnudeln werden wie üblich gekocht, abgespült und abgetropft. Wurzelgemüse und

Rosenkohl ist die Winterkönigin im Gemüsegarten. Es lohnt sich tatsächlich, diese Persönlichkeit genau kennen zu lernen, ihre Bedürfnisse zu erforschen und sie in allen Wettern zu beobachten. Man muß sie lieben, diese Staude, die den Alleinstand liebt, damit sie uns Woche für Woche von ihren Sprossen eine Anzahl kleine, grüne, zarte Röschen schenkt. Im kleinen Gemüsegarten sind zwei, allerhöchstens drei Pflanzen ausreichend, die im April ins Freiland oder ins Anzuchtbeet ausgesät werden und im Laufe des Frühsommers ihren endgültigen Standort erhalten, wo inzwischen Salat oder Kohlrabi einen Platz auf dem Beet frei gemacht haben.

Porree, grüne Erbsen (aus dem Gefrierfach), eine frische Fenchelknolle in Stücken und einige angeröstete Weißkohlblätter, auch Spinatblätter oder Mangold (wenn sie nicht erfroren oder unter Schnee begraben sind) werden in Fett mit einem Lorbeerblatt, Thymian, Majoran, Petersilie angedünstet und mit den Nudeln vermischt. Unter das »Potpourri« Käsewürfel heben und das Ganze zusätzlich mit Käsescheiben belegen. In der Form im Rohr etwa 40 Minuten überbacken.

Obstsauerkraut

Sauerkraut und die gleiche Menge vom Kernhaus befreiter Äpfel in Wasser mit 1 bis 2 Zwiebeln, Salz, Zucker, Wacholderbeeren und Basilikum zum Kochen bringen und so vorsichtig weitergaren, daß nicht umgerührt zu werden braucht. Die Äpfel sollen nicht zermusen. Ist die Flüssigkeit verdampft, wird von dem Saft einer Ananas (Dose) dazugetan und das Kraut mit kleinen Ananasstücken belegt. Kochen wir dieses Gericht in einer Kasserolle aus Edelstahl, die auf den Tisch kommt, soll nicht gerührt, sondern der Deckel soll so wenig wie möglich gelupft werden, um den Duft festzuhalten. Bleibt das Obstsauerkraut ansehnlich, schmeckt es auch besser.

Rotkohl

schmeckt besonders festlich, wenn wir die zunächst abgebrühten, gehobelten Blätter ohne Strünke und weiße Rippen mit reichlich Rotwein, Obstwein oder Johannisbeersaft zum Kochen bringen, dann mit einer großen, zerschnittenen Zwiebel, 2 bis 3 geschälten, zerteilten Äpfeln, mit 1 bis 2 Gewürznelken, Salz und einer Prise Zucker weiterkochen, wobei ab und zu die Flüssigkeitsmenge im Topf kontrolliert werden sollte. Evtl. Rotwein nachfüllen. Erscheint das Gericht nicht ausreichend säuerlich, kann mit Zitrone oder wenig Apfelessig nachgeholfen werden. Ganz zum Schluß raspeln wir einen rohen Apfel darunter, der nicht mehr mitkochen soll. Er hebt den Geschmack in aparter Weise.

Sauerkrautsalat mit Walnüssen

Kurzgeschnittenes, gewaschenes Kraut mit geraffelten säuerlichen Äpfeln oder Birnen, grob gehackten Walnüssen, einer Handvoll eingeweichter Rosinen oder kleingeschnittener Backpflaumen vermischen, mit Basilikum, Rosenpaprika und Öl anreichern, auf Salz und Zucker, evtl. mit Apfelessig, abschmecken.

Nußmayonnaise

kann alle sonstigen Zutaten im Sauerkrautsalat ersetzen. Hierzu veredeln wir gekaufte oder selbstgemachte Mayonnaise (Seite 104) mit grob gehackten Nüssen, unter denen auch Mandeln und Pistazien und Cashewkerne sein dürfen. Die Nußmayonnaise eignet sich gut zur Herstellung auf Vorrat.

Nußpickles

Nüsse, nun feiner gehackt, und kleingehackte, bunte Gemüsestückchen aus dem Mixed-Pickles-Glas, gut abgetropft, in die Mayonnaise einrühren. Wir häufen einen Klecks hiervon auf ein frisches, jetzt recht kostbares, Salatblatt und legen dieses auf eine gebutterte Grahamschnitte. Ein Tupfer Gelee von roten oder schwarzen Johannisbeeren ist der I-Punkt. Natürlich paßt auch noch eine Scheibe gekochter Schinken dazu!

Äpfel, garniert

Äpfel quer teilen, aushöhlen und mit Nußmayonnaise füllen, der wir mit Tomatenmark und etwas süßem Senf ein neues Aussehen und einen neuen Geschmack geben. Sauersüße Bohnen kreuzweise oder sternförmig darüberlegen und in die Mitte eine kandierte Erdbeere oder Kirsche setzen.

Apfelmus Surprise

Aus Tafeläpfeln bereiten wir mit wenig Zukker ein recht steifes Mus und verteilen es so in Portionsnäpfchen, daß in der Mitte eine Vertiefung bleibt. Diese füllen wir mit Cumberlandsoße (Seite 95) und verdecken die scharf-süße Überraschung mit Schlagsahne.

Waldorfsalat

Dieser Salat wird aus gekochtem Sellerie in Würfeln, rohen Äpfeln in Würfeln und grob gehackten Nüssen gemischt. Nun können wir zwischen vier Arten Mayonnaise wählen: rohe Mayonnaise, gekochte Mayonnaise, Diät-Mayonnaise oder Mayonnaise aus Joghurt. Gewürfeltes Gemüse entläßt immer Saft, darum sollte der Salat nicht früher als 15 Minuten vor dem Essen gemischt werden. Gehackte Kräuter mit den Fingern gleichmäßig oder als Kranz über den angerichteten Salat verteilen.

Mayonnaisen

Rohe Mayonnaise: Vier Eigelb, Salz, Zitronensaft, Pfeffer, ¼ l bestes Olivenöl, etwas Senf und ein Teelöffel Zucker werden recht kalt gemixt, bis die Eier mit dem Öl eine Verbindung eingegangen sind, die allmählich steifer und steifer gerät.

Gekochte Mayonnaise: Im Wasserbad gekochte Mayonnaise wird aus drei ganzen Eiern, sechs Eßlöffeln Öl, dem Saft von zwei Zitronen, ⅛ l Milch, in die ein Teelöffel Mondamin eingequirlt ist, gemacht und mit Salz, Senf, Curry, Kräutern und einer Prise Zucker abgeschmeckt.

Diät-Mayonnaise besteht aus einem halben Becher Joghurt, zwei Eigelb, einem Eßlöffel Sahne, einigen Tropfen Zitronensaft und getrocknetem Dill. Joghurt kann durch Magerquark, Zucker durch Fruktose (Zuckeraustausch) und Salz durch Sina ersetzt werden. Die Zutaten werden im Mixer vequirlt oder im Becher geschüttelt.

Joghurtmayonnaise: Eine halbe Tasse Öl, drei Dotter von hartgekochten Eiern, zwei Eßlöffel Senf, Saft einer halben Zitrone, einen Becher Magermilch-Joghurt, Salz und Zucker der Reihe nach zusammenrühren, bis eine dickflüssige Soße entsteht.

Bratäpfel

Sie gehören zum ersten Schnee. Aber wir haben kein Ofenrohr mehr in der Stube, aus dem sie duften könnten. Trotzdem: Bratäpfel müssen sein! Wir durchstechen die Äpfel vom Stiel zur Blüte, befreien sie so vom Kernhaus, füllen Johannisbeergelee oder eine andere Fruchtkonfitüre in die Röhre hinein oder vermischen Rosinen mit geriebenen Nüssen und drücken sie als Füllung in den Hohlraum, setzen die Äpfel auf einen feuerfesten, reichlich gebutterten Teller und schieben sie für eine halbe Stunde bei 100 °C ins Rohr. Beim Herausnehmen übergießen wir sie sofort mit Schwarzwälder Kirsch oder einem anderen Obstler. Zucker streut sich jeder nach Geschmack selbst über die geöffnete heiße Frucht, oder: feste Äpfel rundum schälen, mit Butter bestreichen, in Zucker und Zimt wälzen und abbacken. Mit Vanillesoße auf den Tisch.

Nußlikör

Walnüsse knacken, die Kerne zerschneiden, mit 75%igem Alkohol (aus der Apotheke) übergießen und zugedeckt 14 Tage stehen lassen. In dieser Zeit brauchen wir uns nicht weiter um sie zu kümmern.
Dann 2 l Wasser mit 1 kg Zucker, fünf Nelken und fünf Gewürzkörnern 10 Minuten leise kochen, danach den von den Nüssen abgegossenen Alkohol hinzugießen, ohne daß der Sud nochmals zum Kochen kommen darf. Den Likör in Flaschen füllen und gut verschließen.

Dieser Nußlikör aus eigener Werkstatt läßt sich, abgesehen von seinen sonstigen löblichen Eigenschaften und angenehmen Verwendungsmöglichkeiten, auch zum Aromatisieren und zum Süßen verschiedener Gerichte verwenden, wie beispielsweise der obengenannten Bratäpfel.

Weihnachtsreis

½ kg Reis mit einer Prise Salz in 1 l Wasser langsam kochen, bis die Flüssigkeit aufgesogen ist. In der Zwischenzeit werden nun sechs bis zehn Stück Backpflaumen ohne Kerne, kandierte Kirschen, kandierte Kürbisstücke, getrocknete Aprikosen ohne Kerne, halbe Walnüsse, eine Handvoll süße abgezogene Mandeln und Rosinen etwa gleichgroß geschnitten und untereinander gemischt. Zusammen mit schäumend heißer, brauner Butter und zwei bis drei Päckchen Vanillezucker wird diese Mischung sehr zart unter den Reis gehoben. Dieser soll, mit den Zutaten fix und fertig angerichtet, noch eine halbe Stunde im kochenden Wasserbad zugedeckt ziehen. Sehr heiß auf den Tisch bringen und sogleich essen!

Aber wir können nicht immer schwelgen. Einfache Gerichte besorgen den wirtschaftlichen Ausgleich im Dezember.

Arme Ritter

Weißbrotscheiben werden zunächst in einer flachen Schüssel mit gesüßter, eiverquirlter Milch übergossen. Sind sie unter mehrmaligem Umdrehen und Überschöpfen der Flüssigkeit nach 2 Stunden ganz durchzogen, werden sie auf der Pfanne in nicht zu knapp Fett von beiden Seiten knusprig gebraten. Hierzu paßt Apfel- oder Birnenkompott oder was immer wir an eingefrorenem Obst, evtl. auch roh, dazu geben wollen.

Kutscherkartoffeln

Gekochte, feste Kartoffeln werden mit ebensoviel blätterig geschnittenen Champignons, einem Teelöffel Majoranlaub, einer Messerspitze Piment, Muskat, einer Zehe feingeriebenem Knoblauch und ein bis zwei feingehackten Zwiebeln vermischt. Getrocknete Kräuter aus dem Vorrat: Dill, Basilikum, Bohnenkraut, Petersilie, Sellerie und zwei Hände voll Schnittkäse in Würfeln kommen darunter und das Ganze zum Überbacken in eine ausgefettete Form.

Apfelkartoffeln

Etwa ¾ kg geschälte rohe Kartoffelstücke werden in Öl in einer Schmorpfanne angebraten. Nach und nach gibt man Zwiebeln (diese sollen nicht braun werden!) und geschälte rohe Äpfel hinzu, würzt mit Salz, Zucker, Paprika oder schwarzem Pfeffer, Majoran und Thymian (aus dem Trockenvorrat) und schmeckt – wer das mag – mit einer Gewürznelke oder einem Hauch Zimt ab. Bei geschlossenem Deckel gar schmoren und dabei auf genügend Flüssigkeit achten, da die jetzt abgelagerten Äpfel nicht mehr genug Saft abgeben. Hierzu schmeckt Rotkohl.

Kartoffelflinsen

500 g gekochte kalte Kartoffeln (vom Vortag) im Mixer zerstampfen, mit einem bis zwei Eiern, Salz, einer Prise Zucker, Muskatnuß und, wenn nötig, mit ein wenig Wasser verkneten. Mit der Hand Klöße formen, sie mit einer Gabel etwas platt drücken, in reichlich Semmelbrösel wälzen und auf der Pfanne backen – mit oder ohne Fett, je nach Pfannenart oder Leibesfülle. Hierzu schmeckt Apfelmus oder Birnenkompott mit Preißelbeeren, aber auch ein Rohkostsalat (Seite 60). Sind uns vom Vortag nicht ausreichend Kartoffeln geblieben, verlängern wir die Masse durch Weizenkeimschrot. Dadurch werden die Flinsen außerdem auch zarter und lockerer.

Kartoffelsuppe, roh

Frischgepreßten Möhren-, Sellerie-, Zwiebel- und Sauerkrautsaft zusammen erhitzen. Feingeriebene rohe Kartoffeln dazugeben und bei sehr kleiner Einstellung etwa eine halbe Stunde am Kochen halten. Kräuter nach Wahl, Salz und Pfeffer nach Geschmack.

Früchtebrot

Mit gedörrten Birnen, getrockneten Apfelringen und Birnenspalten bzw. Quittenscheibchen, getrockneten Aprikosen, Backpflaumen und Nüssen (alles aus eigener Ernte) backen wir ein hauseigenes Früchtebrot. Aus 1½ bis 2½ kg Mehl – halb Weizen, halb Roggen – wird ein Hefeteig angesetzt (je ½ kg Mehl ein Würfel Hefe), der ohne weitere Zutaten an Fett und Eiern, jedoch mit dem Einweichwasser der Trockenfrüchte, locker geschlagen wird. Nach dem ersten Aufgehen werden die geschnittenen Früchte, die gehackten Walnüsse, Zitronenschale und Saft von einer Zitrone, etwas Zimt und gestoßene Nelken hineingeknetet und der Teig nochmals zum Aufgehen warm gestellt.

Aus der angegebenen Menge lassen sich zehn kleine Brote formen. Je mehr Obst darin untergebracht ist, um so schwerer ist der Teig, aber auch um so wohlschmeckender. Die Brote werden bei mittlerer Hitze (evtl. im Alufolienschutz) gebacken. Die »Stricknadelprobe« ist angebracht; beim Einstechen in der Mitte des Brotes darf kein Teig an der Nadel kleben. Die Brote sollen langsam auskühlen und in Steintöpfen oder in Folie gewickelt im kühlen Keller aufbewahrt werden, damit sie noch an Aroma gewinnen, ohne an Feuchtigkeit zu verlieren. Dieses Brot wird mit Butter bestrichen gegessen.

Fruchtschnee

Vorbedingung für garteneigene Obstnachtische und -aufläufe im Winter ist, daß Fruchtmark im Sommer eingefroren oder sterilisiert wurde. 1 l Fruchtmark (Erdbeeren, Brombeeren, Himbeeren, Mirabellen, grüne Stachelbeeren) wird vorsichtig mit dem unter Zugabe von acht Eßlöffeln Zukker sehr steif geschlagenen Schnee vermischt. Diese lockere Masse füllen wir in eine Form und backen sie 20 bis 30 Minuten bei niederer Temperatur (150 °C).

Geleefrüchte

können ebenfalls aus Vorratsfruchtmark jetzt erst für die Festtage und zu Geschenkzwecken hergestellt werden: Das Mark mit der gleichen Menge an Gelierzucker aufkochen, dann auf Alufolie breit ausgießen und schnittsteif werden lassen. Mit dem Buntmesser kleine Würfel schneiden bzw. Förmchen oder ein Schnapsglas zum Ausstechen benutzen. Die Stückchen in grobem Zucker wälzen und einzeln hübsch in Stanniolpapier verpacken.

Pfannkuchen zur Suppe

Aus den (vom Fruchtschnee übriggebliebenen) Eidottern machen wir sehr kleine Omeletts (je Dotter ein Teelöffel Mehl, ein Teelöffel Wasser, Salz). Auf der Schneckenpfanne oder mit Hilfe des Spiegeleiringes werden sie gleichmäßig groß und dick, oder wir backen sie ohne oder mit wenig Fett auf der (beschichteten) Pfanne. Diese winzigen Kuchen eignen sich zur Suppeneinlage an festlichen Tagen, z.B. in einer klaren Selleriesuppe.

Selleriesuppe, klar

Roh gepreßten Selleriesaft unter Zugabe von gehacktem Sellerielaub, angedünsteten Zwiebeln oder Zwiebelsalz, einem Hauch Knoblauch und Hefewürze lediglich erhitzen, nicht kochen. So wird die Suppe ihre gesundheitsfördernde Kraft voll entwickeln.

Marzipan

erfordert 250 g süße Mandeln sowie vier Stück bittere, 250 g Puderzucker und drei Eßlöffel Rosenlikör (Seite 87) oder Schwarzwälder Kirschwasser. Die Mandeln brühen, abziehen, trocknen und mahlen, mit dem Puderzucker unter tropfenweiser Zugabe des Rosenlikörs bzw. des Kirschwassers verkneten. Die Masse soll sich formen lassen und nicht kleben. Wir können daraus Bällchen rollen, die wir in Kakao wälzen, oder wir können Herzen ausstechen und diese, mit Eiweiß bepinselt, leicht überbacken. Zum Schluß können wir sie gar noch verzieren mit glasierten Blüten (Seite 81).

Wozu die Arbeit? haben mich Freunde und Freundinnen, besonders die lässige junge Marianna, gefragt, und Mandeln wachsen nicht im Garten. Alles können wir kaufen – auch Fruchtpasten und Marzipan! Aber sind dann die Früchte, die Nüsse, die Mandeln darin Produkt unseres Gartens? Die Liebe der Hände, die säten, hackten, ernteten, einteilten und verwahrten, die verständige Liebe, die sich in Selbstgemachtem ausdrückt, ist gewiß nicht zu kaufen. Und darin liegt doch der besondere, der eigentliche Wert des Selbstgemachten.

Mandelkonfekt

250 g abgezogene, gestiftelte Mandeln auf dem Backblech im Rohr lichtgelb rösten. In einer Kasserolle Zucker bei geringer Hitze schmelzen, bis er bräunlich wird. Die gerösteten, heißen Mandeln dazuschütten und umrühren. Wenn die Mandeln zu knattern beginnen, mit dem Löffel kleine Häufchen von der Masse abstechen und auf gefettete Alufolie oder auf Oblaten setzen. Sie werden luftgetrocknet und mit Schokolade überzogen.

Haselnußkonfekt

Im Mixer drei Eidotter mit Zucker 10 bis 15 Minuten rühren, zwei Eßlöffel Rum dazugeben, 150 g geröstete, geriebene Haselnüsse hineinschütten und noch 2 Minuten weiterrühren, dann erst den steifgeschlagenen Eischnee unterziehen und die Masse in kleinen Häufchen auf einem gefetteten Blech oder auf Alufolie zum Trocknen bei 100 bis 150°C ins Rohr schieben. Sind die Häufchen fest, bekommen sie eine Haube von sehr steifer Konfitüre, die weiter mittrocknen soll. Ist das Konfekt ziemlich fest und erkaltet, mit Rum-Zucker (Puderzukker, mit einem Schuß Rum im Wasserbad 10 Minuten gerührt) glasieren.

Nußroller

Wir brauchen Nüsse bzw. geschälte Mandeln oder beides zusammen und eine Zukker-Zimt-Mischung zu gleichen Teilen, also z.B. eine Tasse Nüsse auf eine Tasse Zukker-Zimt. Nüsse und Mandeln mahlen, mit Zucker und Zimt vermischen, mit zwei Eiern und so viel Schnaps (Weinbrand, Obstler) anfeuchten, daß die Masse knetbar wird. Auf eine glatte Alufolie Zucker streuen, darüber den Teig mit einem Porzellanteigroller, den man zwischendurch häufig mit Weinbrand befeuchtet, ausrollen und überzuckern. Die Teigplatte wird mit der Folie auf einem Backblech bei schwacher Hitze gebacken und sofort nach dem Herausnehmen heiß in Stückchen von 2×4 cm geteilt. Die Alufolie zieht man dann erst ab.

Französischer Nougat oder Türkischer Honig

Eine Süßigkeit, die aus einer knappen Tasse Honig, 250 g Zucker, einer Handvoll Haselnußkerne, von denen etwa ein Drittel gerieben ist, und vier Eiweiß hergestellt wird. Den Honig aufkochen und vom Feuer nehmen, den Zucker unter Rühren dazugeben und dann das sehr steif geschlagene Eiweiß. Diese Masse rühren wir so lange, bis sie anzieht, d.h. dickflüssig wird. Dann geben wir zuerst die gemahlenen, danach die ganzen Nußkerne hinein und streichen (streichen, nicht häufen!), solange die Masse noch warm ist, diese auf fünfmarkstückgroße Oblaten, die wir mit einem Holzbrettchen beschweren, damit sie glatt trocknen. Außer Nußkernen können wir von unseren kandierten Kirschen und Kürbissen, sowie Zitronat und Orangeat, in die Honig-Zucker-Eiweißmasse geben.

Obstkonfekt

Aus Backpflaumen machen wir ebenfalls Konfekt, indem wir als »Kern« entweder Marzipan oder eine Nuß hineinstecken. Dann werden die Früchte in Zuckerguß gedreht und einzeln, auf Stäbchen gespießt, getrocknet. Am besten läßt man sie auf den Stäbchen, denn sie kleben immer etwas. Aprikosen, die säuerlich schmecken, erhalten kandierte Mirabellen oder Kirschen als Kern und werden in feinstgemahlenem, mit Puderzucker vermischtem Mandelmehl gewälzt.

Kandierte Nüsse

Sie sind sehr schnell gemacht, wenn wir uns bei Gelegenheit Zuckersirup vorbereiten und diesen vorrätig halten. Dazu ist nicht mehr nötig, als ein Glas Wasser mit ½ kg Zucker dicklich zu kochen. Diesen vorgekochten Sirup erhitzen wir, kochen nochmals, bis wir uns durch Abtropfen-lassen von der Brüchigkeit überzeugt haben, halten dann portionsweise halbe Walnüsse (oder geschälte Mandelkerne) auf dem Schaumlöffel in den brodelnden Sud und lassen die Kerne zum Abkühlen auf einen gefetteten Teller gleiten.

Mandelpudding

Dazu brauchen wir etwa 60 g abgezogene süße Mandeln, 125 g Zucker, fünf Eigelb und etwa eine Tasse Milch. Wir lassen zwei Drittel der Zuckermenge langsam schmelzen und rösten die gehackten Mandeln darin goldgelb, schütten die Masse auf ein bebuttertes Blech und brechen sie erkaltet in

Die luftgetrockneten Früchte aus unserem Garten haben mit dem Verlust des Saftes auch von ihrer Säure verloren, so daß bei ihrer Verwendung auf Zucker fast ganz verzichtet werden kann. Dörrpflaumen, Apfelringe, Birnenschnitze, Quittenhäcksel, Weinbeeren (Rosinen), auch Feigen, wo sie wachsen, werden eingeweicht, dann kleingeschnitten und mit gehackten Nüssen und Mandeln vermengt unter den Hefeteig gehoben. Zum Teig läßt sich von dem Einweichwasser verwenden. Es können auch alle Arten getrockneter Früchte ohne Mehl, aber mit Südwein gut durchknetet zu einer Rolle geformt, in Blätterteig oder zarten Mürbeteig eingerollt und in milder Hitze gebacken werden.

Stücke, die wir mit dem restlichen Zucker zerstoßen (im Mörser oder mit einem Holzquirl in einer Steinguttasse). Milch und Eier werden verquirlt, die Krokantbrösel hineingeschüttet, in eine ausgebutterte Puddingform gefüllt und im Wasserbad gekocht, bis die Masse gestockt ist. Dies soll langsam geschehen, damit die Eimasse keine Blasen schlägt, die sich später als Löcher präsentieren und das »Stehen« des gestürzten Puddings in Frage stellen.

Nußkaramelspeise

Ein Eßlöffel Zucker wird in zwei Eßlöffeln Butter karamelisiert, d.h. gebräunt oder gebrannt. Zuerst mit etwas warmem Wasser, dann mit ⅜ l Milch ablöschen. In ⅛ l Milch drei Eßlöffel Speisestärke, vier Eßlöffel Zucker und vier Eigelb quirlen und in die wieder zum Kochen gebrachte Flüssigkeit gießen. Wenn der Brei dicklich wird, den Topf von der Kochplatte nehmen, eine Tasse gehackte Nüsse sowie den steifgeschlagenen Schnee unterziehen und in Glasschälchen füllen. Mit Alkoholkirschen (Seite 84) garnieren. Man kann die Speise auch über kaltes Birnen-, Kirsch- oder Sauerkirschkompott füllen; sie vermischt sich nicht und wird sogleich steif.

Karameleis mit Früchten

soll die letzte Anregung für dieses Jahr sein: Aus karamelisierter Zucker-Sahne (wie soeben beschrieben) läßt sich unter Zugabe von wie üblich vorgequollener gelöster Gelatine ein vorzügliches Eis im Eiswürfelfach des Kühlschranks bereiten; es wird besonders kremig, wenn die Hälfte der Sahne als Schlagrahm vor dem Gefrieren kalt unter das erkaltete Karamel gerührt wird. Mit einem Fruchtreigen des Gartenjahres garniert oder als Fruchteisbecher angeboten, dürften darin alle guten Wünsche für das neue Jahr in der Silvesternacht enthalten sein.

Januar/Februar

Favoriten des Monats: Kohl und Kraut, Zwiebeln, Lauch, Sellerie, Champignons, Backobst

Zwiebelgemüse
Zwiebeln in Wein
Zwiebeln und Pilze
Zwiebeln, gefüllt
Zwiebeln, gefüllt überbacken
Zwiebelherzensuppe
Zwiebelsuppe, bäuerlich
Zwiebelsoße, Lauchsoße
Zwiebelscheiben, paniert
Zwiebelkuchen
Zwiebel-Allerlei
Zwiebeln, amerikanisch
Zwiebeln, griechisch
Apfelzwiebeln
Zwiebelsalat
Sauerkrautsalat mit Meerrettich
Sauerkrautsalat mit Roten Rüben oder Möhren oder Äpfeln
Sauerkraut mit Pflaumen
Sauerkrauttopf
Grünkohl, bekömmlich
Grünkohl, deftig
Grünkohl mit Birnen
Weißkrautbratlinge
Kapernsoße
Selleriebällchen
Käsekartoffeln mit sauren Gemüsen
Bohnenkernsuppe
Puff- oder Saubohnen mit Tomaten
Puff- oder Saubohnensalat
Erbsensuppe
Lauchgrütze
Lauch, sauersüß
Champignonsalat
Helgoländer Salat, grün-weiß-rot
Champignontoaste
Walnußtoast
Makkaronisalat
Himbeernachtisch zum Frühstück
Schlemmerfrühstück
Partysoße »Wintergarten«
Töpsgenkraut
Töpsgenkrautsalat
Champignons in Essig und Rotwein
Backobst verarbeiten
Backobst mit Graupen
Backobst mit Klößen nach Brandenburger Art
Backobst mit Klößen nach bayerischer Art
Backobst mit Schwemmklößen
Zum Schluß

»Januarsonne hat weder Kraft noch Wonne«,
und
»Ein milder Februar bringt Elend für das ganze Jahr.«
Das eine wissen wir, das andere wollen wir uns nicht wünschen. Wir bleiben dabei, daß wir nur auf dem Umweg über den im Sommer und Herbst gespeicherten Vorrat jetzt eigene Gartenerzeugnisse auf den Tisch bringen können. Der gefrorene Boden gibt unter der Schneedecke nur ausnahmsweise etwas her.
Zwiebeln halten neben ätherischen Aromastoffen viel pflanzliches Eiweiß und auch Vitamine während langer Lagerungszeiten. Ihnen wenden wir unser verstärktes Interesse zu.

Zwiebelgemüse

Möglichst gleichgroße Zwiebeln oder etwa gleichgroße, in nicht zu dicke Stücke geteilte, schwitzen wir in Öl an, füllen mit Wasser auf und garen sie unter Zugabe von einer Handvoll Sultaninen oder Backpflaumen ohne Kern. Die Soße, die wir knapp halten, binden wir mit Stärkemehl und würzen mit Curry oder Paprika, Salz, Rosmarin, Thymian und evtl. getrockneter (eingefrorener) Petersilie.

Zwiebeln in Wein

Gleichmäßig große Zwiebeln in so viel Rot- oder Weißwein ankochen, daß sie eben bedeckt sind. Den Wein abgießen und auffangen, die Zwiebeln abtropfen lassen. Einen Teelöffel Zucker in einem Eßlöffel Butter auf der Pfanne schmelzen und die Zwiebeln darin unter Schütteln braun glasieren. Den Wein mit Stärkemehl verquirlen und über die glasierten Zwiebeln schütten, mit Salz, Estragon und Liebstöckel würzen und durchziehen lassen. Diese Zwiebeln eignen sich zur Füllung von Pasteten. Sie verbessern Kohlgerichte und schmecken gut über Omeletts oder Kartoffelpuffern.

Zwiebeln und Pilze

Zwiebeln abkochen, das Wasser fortgießen. Die Zwiebeln zusammen mit frischen oder Dosen-Champignons, auch getrockneten, zuvor über Nacht eingeweichten Gartenpilzen, in Pflanzenöl oder Margarine dünsten unter Zugabe von Hefewürze, Würfelbrühe und Suppengrün, getrocknet oder eingefroren. Mit Milch und Stärkemehl die Soße binden. Varianten: Wir heben die Gemüsemischung unter trockenen gekochten Reis oder unter gekochte grüne italienische Bandnudeln, die wir vorher etwas zerbrochen haben.

Zwiebeln, gefüllt

Große Zwiebeln können ausgehöhlt und gefüllt werden (siehe Füllungen, Seite 118). Sehr gut ist ein Tomatenreis als Füllung oder Weizenkeimschrot, der mit Spinat, Würzkräutern und einem Ei zu einer bündigen, wohlschmeckenden Masse verarbeitet wurde. Auch Suppensternchen oder- nudeln, nur kurz aufgekocht, gut mit kaltem Wasser abgeschreckt und ausreichend lange abgetropft, ergeben, mit geriebenem Käse vermischt, eine angenehme Zwiebelfülle.

Zwiebeln, gefüllt und überbacken

Thunfisch (aus Dosen), verknetet mit in Milch eingeweichtem Weißbrot und einem rohen Ei, füllt die abgebrühten, großen Zwiebeln sehr interessant. Wir überstreuen sie zudem mit einer Mischung aus Semmelbröseln, Parmesan und nach Möglichkeit frischem Knoblauch und überbacken die Zwiebeln, dicht an dicht in eine ausgefettete Auflaufform gesetzt, im Ofen etwa 20 Minuten bei 200 °C.

Zwiebelherzensuppe

Aus den beim Aushöhlen übrig bleibenden Zwiebelherzen machen wir eine Suppe: Das Gemüse bei geringer Hitze mit oder ohne Öl (auf der beschichteten Pfanne) andünsten und mit kochendem Wasser auffüllen. Die weichen Zwiebelherzen durch ein Sieb streichen, Weißwein dazugießen, salzen, ein bis zwei Eigelb in die Suppe verquirlen und nur noch so lange ziehen lassen, bis die Gewürze – Kümmel, Paprika, Majoran, Basilikum und Petersilie – ihr Aroma entwickelt haben.

Zwiebelsuppe, bäuerlich

Etwa 150 g Zwiebeln putzen, würfeln und in Fett andünsten, in etwa 1 l Wasser oder Gemüsebrühe weich kochen. Einige zerquetschte gekochte Kartoffeln vom Vortag zum Sämigmachen 10 Minuten lang mitkochen. Mit Salz und saurer Sahne (evtl. durch Joghurt zu ersetzen) abschmecken. In Butter gebratene Weißbrotscheiben oder -würfel verfeinern die Suppe. Lange Streifen von Schinken zusammen mit Kohlblättern verändern die Suppe ein wenig.

Zwiebelsoße – oder lieber eine Lauchsoße?

Dazu werden in ½ l Würfelbrühe vier bis fünf grob gehackte Zwiebeln und zwei bis drei Eßlöffel geriebene Semmeln mit Salz und Kräutern nach Geschmack gekocht und gequirlt, so daß weder Zwiebeln noch Semmelbrösel erkennbar bleiben. Einige Kümmelkörner machen die Soße bekömmlicher. Sie schmeckt gut zu Schmorkartoffeln oder Gemüsesülze. Wer den Geschmack von Lauch vorzieht, bereitet diese Soße eben mit Lauch.

Zwiebelscheiben, paniert und gebacken

Wenigstens drei sehr große Zwiebeln in ½ cm starke Scheiben schneiden und mit einem Tuch bedecken. Ein Ei mit Salz mischen, die Zwiebelscheiben darin wälzen, danach in Semmelmehl umdrehen. So paniert in sehr heißem Fett (Butter, Margarine, Öl) auf beiden Seiten goldgelb backen. Sie schmecken gut zu Sauerkraut, Kartoffelbrei oder Erbspüree.

Zwiebelkuchen

Einen Hefeteig bereiten aus 500 g Mehl, einem Würfel Hefe, ⅛ l Milch, etwas Zucker zum Ansetzen des Hefestückes und Salz. Aufgehen lassen, durchklopfen und nach nochmaligem Aufgehen auf ein Backblech ausrollen oder ausstreichen. Auf diese Unterlage abgebrühte Zwiebelringe, Schnittkäsewürfelchen und Kümmelkörner gleichmäßig verteilen, abbacken. Sobald die Zwiebeln und der Teig sich an den Rändern gelb zu färben beginnen, rasch drei bis vier mit Milch und etwas Salz verquirlte Eier über den Zwiebelblechkuchen gießen. Wenn der Überguß gestockt ist und leicht angebräunt, ist der Zwiebelkuchen fertig. Er kann warm, aber auch kalt gegessen werden. (Schwäbischer Zwiebelkuchen Seite 139).

Zwiebel-Allerlei

Rohe Sellerie und rohe Möhren putzen und in feine Stifte schneiden. Etwa eine Tasse voll beiseite stellen. Die übrigen Sellerie und Möhren mit so viel rohen Zwiebeln, wie bekömmlich erscheint, in sehr heißem Öl andünsten, mit Sojasoße, wenig Wasser und einem Schuß Branntwein (Madeira ist auch gut) ablöschen und weiterschmoren, zum Schluß Champignons aus der Dose oder zuvor eingeweichte getrocknete Steinpilze mit wenigen Stückchen roten Paprikas hinzufügen. Ganz zum Schluß kommt das rohe Gemüse dazwischen. Das schmeckt ganz fernöstlich, und natürlich gibt es dazu Reis.

Zwiebeln, amerikanisch

Geschälte Orangen in halbierten entkernten Scheiben und gebrühte Zwiebelringe zu gleichen Teilen mit Pfeffer und wenig Salz in Öl auf der Pfanne unter dem Deckel schmoren. Diese Zusammenstellung schmeckt erstaunlich gut und wird zu einem Festmahl, wenn das Ganze in kleinen Förmchen angerichtet wird; diese werden zuvor mit gekochtem Schinken ausgekleidet und erhalten einen Deckel aus Schinken. Bis zum Essen in den warmen, nicht heißen Ofen schieben.

Zwiebeln, griechisch

Ganz kleine, geschälte Zwiebeln in heißem Öl und mit einem Teelöffel Zucker goldgelb rösten, mit Süd- oder Rotwein ablöschen und mit Zitronensaft, zwei bis drei Nelken, kandierten Ingwerstückchen, Salzoliven und Kapern abschmecken. Vor dem Anrichten einen tüchtigen Schluck Cognac zum Verfeinern darüberschütten. Das ist allerdings nichts für Kinder!

Apfelzwiebeln

Drei große Äpfel quer teilen und zusammen mit dem Kernhaus so viel Fruchtfleisch herausschneiden, daß nur ein 1 cm starker Rand stehen bleibt. Das Ausgehöhlte (ohne Kernhaus) in Butter (besser als in Öl) und mit der gleichen Menge an klein geschnittenen Zwiebelstückchen unter Zugabe von Majoran und Salz anschmoren und mit trockenen Hirseflocken untermischen. Wenn die Masse zu trocken ist, tut ihr ein Schuß Wein zum Anfeuchten gut. Die Apfelhälften füllen, mit einer Käsescheibe abdecken und im Ofen bei 200 °C überbacken. Nach etwa 15 Minuten sind sie gar.

Zwiebelsalat

Trockene, magere Siedfleisch- oder Bratenreste in streichholzlange dünne Streifen schneiden. Etwa die gleiche Menge an rohen Zwiebelringen ebensodünn schneiden, daruntermischen und beides zusammen reichlich mit Olivenöl tränken. Vegetarier nehmen anstelle von Fleisch gestiftelten Schweizerkäse. Eine Marinade aus Zitronensaft, Salz, Zucker, feingestiftelter Zitronenschale, Basilikum und Dill – um diese Jahreszeit natürlich aus dem Trockenvorrat – darübertropfen. Dieser Salat sollte mittags hergerichtet werden, wenn er abends gegessen werden soll. Senf- bzw. Zuckergurken aus dem sauersüßen Vorrat strecken und verändern den Salat.

Sauerkrautsalat mit Meerrettich

Kurzgeschnittenes Sauerkraut nach dem Waschen mit einem Tuch trocknen, mit Sahne oder Fertigmayonnaise mischen, mit feingeriebenen Äpfeln und Meerrettich abschmecken. Dieser Salat muß unverzüglich gegessen werden!

Sauerkrautsalat mit roten Rüben oder Möhren oder Äpfeln

Gelockertes Sauerkraut durchmischen mit rohen roten Rüben, Orangen, Zwiebeln und mit einer Marinade aus Joghurt, Zucker, Salz, bayerischem Weißwurstsenf, mit einem Eigelb und Öl. (Öl kann entsprechend der Diätvorschrift auch ganz fortbleiben.)

Dieser Salat ist sehr wandlungsfähig. Anstelle von rohen roten Rüben dürfen es auch gekochte sein. Gekochte Möhren (anstelle von roten Rüben) und Ananas (anstelle von Orangen) verändern Aussehen und Geschmack. Äpfel und Zuckergurkenstücke geben dem Sauerkrautsalat wieder eine andere Note, insbesondere, wenn wir dann lediglich mit Öl, Selleriesalz und anderen (eingefrorenen oder getrockneten) Salatkräutermischungen würzen, um die Erinnerung an den Sommer zu wecken.

Sauerkraut mit Pflaumen

Mildes Sauerkraut, das wir im Oktober aus festen Weißkohlköpfen gehobelt und mit Salz eingestampft haben, wird – nur wenn nötig! – gewaschen, um das Zuviel an Säure zu entfernen. Anstelle von Wasser mit Südwein (italienischem oder spanischem Kochwein) aufsetzen und zusammen mit folgenden Zutaten schmoren: Zwiebeln nach Gütdünken, Lorbeerlaub, Senfkörner, Koriander, ganzer schwarzer Pfeffer, Nelken und nicht zu wenige ausgesteinte Backpflaumen. Diese geben dem Gericht eine besondere Geschmacksnote. Weder das Kraut noch die Pflaumen dürfen zerkochen – aber die Flüssigkeit soll möglichst ganz aufgesogen sein. Auf Salz und Zucker erst am Ende der Kochzeit abschmecken.

Sauerkrauttopf

Eine Puddingform mit rohen Kartoffelscheiben auslegen, halbvoll mit angekochtem Sauerkraut füllen, gehackte Nüsse, geachtelte Äpfel, Zwiebelringe und so viel getrocknete, eingeweichte Pilze darauf streuen, wie wir im Vorrat haben. Mit rohen Möhrenscheiben oder nochmals Kartoffeln abdecken, die Form fest verschließen. Im Wasserbad 2 Stunden lang leise kochen. Diese Art der Zubereitung hat den Vorteil, daß sie keine Gerüche entläßt.

Grünkohl, bekömmlich

Drei Eßlöffel grobe Haferflocken unter Rühren in 1 l kochendes, leicht gesalzenes Wasser einschütten. Es darf auch Gemüsewürfelbrühe sein. Nach ungefähr 10 Minuten Kochzeit kommen etwa 375 g gründlich gewaschener, abgebrühter und gehackter Grünkohl ohne Stengel hinzu; gleichzeitig werden eine Zwiebel oder eine Stange Porree und ein Stück Sellerie oder entsprechend Petersilienwurzel hineingegeben. 1 Stunde Kochzeit! Vorsicht, Grünkohl brennt gern an! Vor dem Anrichten einen Eßlöffel Butter unterziehen und geriebenen Käse darüberstreuen.

Grünkohl, deftig

1 bis 1½ kg Grünkohl ohne Rippen gründlich waschen, einige Male in Natronwasser

aufkochen, abgießen und abtropfen. Je nach Lust und Zeit grob oder fein hacken, in vier Eßlöffeln Öl mit Zwiebeln und Nelkengewürz mit Salz anschmoren und mit Würfelbrühe ablöschen. Etwas Zucker läßt das Gemüse nach 1 Stunde Kochzeit sämig und dicklich werden. Hefeextrakt oder Sojasoße, vor dem Anrichten dazugegeben, verfeinern den Geschmack.

Grünkohl mit Birnen

Grünkohl wird wie im vorhergehenden Rezept beschrieben, vorbereitet und spinatfein gehackt und in wenig frischem Wasser – ohne Öl –, aber mit einer geriebenen Zwiebel, geraspeltem Sellerie und mehreren in Achtel geschnittenen harten, wenn möglich geschälten, Kochbirnen gekocht, bis alles weich ist (etwa 45 Minuten). Dann erst mit Salz, Nelkenpfeffer, Koriander und Kräutern abschmecken. Erscheint das Gemüse zu wässerig vor dem Anrichten, können ein bis zwei Zwiebacke kurz mitgekocht und zerrührt werden.

Weißkrautbratlinge

Kohlblätter ein- bis zweimal abwällen, fein hacken, in Öl anbraten und mit Würfelbrühe nicht zu weich dämpfen. Mit Haferflokken oder Weizenkeimschrot durchmischen, würzen mit gehackten Zwiebeln, wenig Knoblauch, einer Handvoll gehobeltem Sellerie, einem Hauch Curry, Basilikum und Majoran (Kümmel bei Bedarf und nach Geschmack). Diese formbare Masse wird in reichlich Öl auf der Pfanne portionsweise gebraten. Tomatensoße (Seite 129 und 165) oder eine sauersüße Kapernsoße ergänzt die Geschmackskomposition aufs vorteilhafteste. Für dieses Gericht kann auch ein Kohlgemüserest verwendet werden.

Kapernsoße

Eine weiße Einbrenne (aus Margarine mit Mehl), wird mit wenig Wasser gelöscht. Eigelb, der Saft einer halben Zitrone, eine Tasse Weißwein und ein Teelöffel Senf, eine Prise Zucker und Salz werden verquirlt und der leise kochenden Mehlschwitze beigefügt, evtl. durch einen Schuß Sahne auf die richtige Menge ergänzt. Nicht mehr kochen – nur ziehen lassen; die Kapern sollen nicht länger als 5 Minuten vor dem Essen darin sein, sonst kann die Soße zu säuerlich werden.

Selleriebällchen

Eine kleine Knolle Sellerie und ein bis zwei Petersilienwurzeln werden zusammen gekocht, dann abgezogen und im Mixer zermust. In Butter angeröstete Semmelbrösel oder Weizenschrot oder Grünkerngrütze, zwei Eier, Salz, getrocknete Kräuter und nach Belieben ein wenig Knoblauch kommen hinzu, so daß ein formbarer Teig entsteht; kleine Bälle drehen, braten und in eine klare Brühe einlegen.

Käsekartoffeln mit sauren Gemüsen

Gekochte Kartoffeln vom Vortag werden, Stück um Stück abwechselnd mit Käse, in eine flache Auflaufform (Deckel der Jenaer-Schüssel) grob geraffelt, wobei die Form ständig gedreht wird. Die »Späne« dürfen nicht zusammengepreßt werden, sondern müssen ganz locker liegen. Sogleich im vorgeheizten Rohr 10 bis 15 Minuten überbakken. Währenddessen werden rohe Apfel ebenso grob geraffelt, sofort mit sauersüßen Bohnen, Zuckergurken und Essigkürbis vermischt, evtl. mit Salz abgeschmeckt. Ist auch in 15 Minuten fertig.

Bohnenkernsuppe

Getrocknete Pilze einweichen, frische Champignons – es dürfen auch gut abgetropfte aus der Dose sein – putzen. Beide Pilz»sorten« mit Zwiebeln und ein wenig Knoblauch in heißem Öl 1 Minute in der offenen, dann mit Basilikum und Majoran 3 Minuten in der bedeckten Pfanne dämpfen. Umschütten in den Topf, worin bereits seit einer halben Stunde eine Handvoll eingeweichter Bohnenkerne in Brühe mit Suppengrün kocht. Pilze und Bohnen sollen zusammen weich werden, ehe ein Eßlöffel Tomatenmark hinzugetan und mit Salz sowie evtl. einer Prise Zucker abgeschmeckt wird. Mit geriebenem Käse zu Tisch bringen. Wer weiße Bohnen nicht mag oder nicht verträgt, kann diese Suppe auch mit (tiefgefrorenen) Saubohnen kochen.

Puff- oder Saubohnen mit Tomaten

Puff- oder Saubohnen (aus dem Gefrierfach) einmal abkochen, in frischem Wasser annähernd weich werden lassen. Eine Soße aus Zwiebeln und Tomaten, die mit nicht mehr als einer halben Tasse Wasser sämig weichgekocht sind, wird mit Pfeffer, etlichen Lorbeerblättern, einer Nelke, Thymian, etwas Salz und Zucker gewürzt und mit herbem Weißwein verdünnt. Die Bohnen in dieser Soße heiß auftragen. Ein leichtverdauliches Gericht!

Puff- oder Saubohnensalat

Die soeben beschriebenen Bohnen und die Soße getrennt voneinander erkalten lassen. In die Soße Öl geben oder die Bohnenkerne in Öl durchschütteln, dann Bohnen und Soße mischen.

Erbsensuppe

Getrocknete grüne Erbsen über Nacht einweichen, vorkochen und dann am besten im Dampfdrucktopf mit Brühe und Suppengrün zum Garen aufsetzen. Das Gemüse entweder durch ein Sieb treiben, wobei die Hülsen weitgehend zurückbleiben oder – für weniger Empfindliche – die Erbsen entweder im Mixer pürieren oder durch den Fleischwolf drehen. Mit ausreichend Milch, einem Stich Butter, Salz, Salbei, Thymian, Majoran und etwas Muskat abschmecken und über Salz- oder Käse-Cräckers anrichten.

Lauchgrütze

Einigermaßen starke Lauchstangen mit wenig Grün kräftig waschen, in fingerlange Stücke zerschneiden und mehrere Male in Natronwasser aufwällen lassen, so daß sie halbgar und bekömmlich sind. Gerstengraupen, die – vorgeweicht – in einer Stunde ausreichend weichgekocht sind (im Drucktopf in entsprechend kürzerer Zeit) abwechselnd mit dem Lauch in eine verschließbare, feuerfeste Form schichten. Wir würzen mit Salz, Muskat, Basilikum und gießen mit Zitronensaft und einem Hauch Zucker oder entsprechend mit Sanddornmark verquirlte Joghurt darüber. Im Rohr bei 150 °C 40 Minuten durchziehen lassen.

Lauch, sauersüß

Nur die weißen Teile des Lauches in feine Ringe schneiden, waschen, einmal abbrühen, abtropfen. Mit grob geriebenen rohen Äpfeln, gestiftelter Gewürzgurke, sauersüßen Bohnen und einigen Cognackirschen sowie Kapern vermischen. Gut schmeckt dazu eine Quark-Öl-Senf-Soße mit wenig Salz und Zucker, aber viel getrockneter Petersilie, getrocknetem Dill, getrocknetem Bohnenkraut und, wenn möglich, frischem Sellerielaub.

Champignonsalat

Frische Champignons werden im ganzen geputzt – es können auch Dosen-Champignons I. Wahl verwendet werden. In wenig siedendem Kochwein ziehen lassen, durch ein Haarsieb gießen. Den Wein zusammen mit Öl, Salz, Zitrone, Zitronenschale, fein gehackten Zwiebeln und den Dottern von zwei hartgekochten Eiern zu einer Soße schlagen. Mit Kräutern bereichern und die Champignons, möglichst mit grünem Salat oder einem Kranz von Feldsalat, darin anrichten.

Helgoländer Salat, grün-weiß-rot

besteht aus Feldsalat, rohem geriebenem Sellerie und Roter Bete. Der Feldsalat wird mit Zwiebeln und Blutorangen vermischt, der Sellerie mit seinem Laub, mit Zitronensaft, Banane und einem ungeschälten rotbackigen Apfel; die roten Rüben schließlich werden mit Gewürzgurken und Mandeln vermengt, so daß jeder Salat – nach Möglichkeit von den anderen »Farben« getrennt angerichtet – in sich nochmals grün-weiß-rot vereint. Verbunden sind die Salate durch die gemeinsame Marinade aus Öl, Salz und Weißwein.

Champignontoaste

Frische Champignons waschen, gut abtropfen, putzen, zerschneiden und mit ein wenig Salz auf der beschichteten Pfanne ohne Fett rösten. Weißbrotscheiben buttern, die gerösteten Pilze darauf legen, wenige Tropfen Zitrone darüber träufeln, für drei Minuten in den vorgeheizten Grill schieben. Oder Rührei gesalzen auf die Pilze schichten, Paprika darüberstreuen und ins vorgeheizte Rohr zum Überbacken schieben. Oder – dritte Möglichkeit – die Pilze mit Käse bedecken und überbacken oder übergrillen.

Walnußtoaste

Walnüsse schälen und reiben, dann mit Zitronensaft, einigen wenigen Salzkörnern und einem Eiweiß verkneten. An Kräutern kommt Estragon, Majoran, Thymian in Betracht. Gebutterte Toastscheiben noch warm mit der Nußpaste bestreichen und in vier Teile teilen. Auf jedes Viertel eine gut abgetropfte Essigpflaume aus dem süßsauren Vorrat legen. Die Toaste lassen sich zur Not eine halbe Stunde vorsichtig warmhalten.

Makkaronisalat

Gekochte, nachträglich in gabelgerechte Stücke geschnittene Makkaroni und Zutaten, von denen einige geraffelt werden: eine Zwiebel, ein roher Apfel, ein Stück Sellerie, eine Mohrrübe, eine Gewürzgurke (Senfgurke, Essigkürbis); werden vermischt mit einem Becher Joghurt, einer Handvoll geriebener Nußkerne, Öl und Zitronensaft, Salz und Zucker nach Geschmack. Die Soße mit Kapern, Schinkenstückchen und (oder) Käsewürfeln unter die abgekühlten Makkaroni heben. 15 bis 20 Minuten durchziehen lassen vor dem Anrichten.

Himbeernachtisch zum Frühstück

Himbeeren langsam, d. h. von abends bis morgens, zusammen mit frischem Zitronensaft und Weinbrand (Himbeergeist) zugedeckt auftauen. Grob gehackte Walnüsse mit Weizenkeimen in viel Honig erwärmen und vorsichtig unter die Beeren heben, einen Becher gequirlten Joghurt darübergießen. Als Frühstück oder zum Nachtisch gedacht.

Schlemmerfrühstück

Johannisbeergelee, gemahlene Nüsse und Kefir sind die Grundlagen für ein Frühstück, zu dem sich jeder Zeit nimmt. Man kann sie zu einem gesunden Aufstrich verarbeiten, der zu Knäckebrot besonders gut schmeckt, aber das tut's auch über rohen, mit Honig angerösteten Haferflocken.

Partysoße »Wintergarten«

Eine »Partysoße« von eigenartigem Reiz kommt heraus, wenn man in Dosenmilch unter Zugabe von Mostrich, Curry, Pfeffer, Salz und Zitronensaft die folgende Mischung – alles gehackt – einarbeitet: Backpflaumen, gedörrte Äpfel, getrocknete Aprikosen, kandierte Kirschen und (oder) Mirabellen, Essigkürbisstücke und (oder) Senfgurken. Spieße mit Bananen, Krabben oder Leberwurst in den »Dip« getaucht, vollenden das Gaumen-Abenteuer.

Töpsgenkraut

Es könnte auch »Schnell-Sauerkraut« heißen. Dazu wird der gelagerte Weißkohl verwendet oder verbraucht, der sich nun gegen Winterende nicht mehr recht halten will. Die besten Teile der Weißkohlköpfe ohne den Strunk fein hobeln, leise, ganz leise einsalzen und stehen lassen, bis das Kraut weich ist und Saft gezogen hat (2 bis 5 Stunden). Jetzt drückt man das Kraut fest in kleine Töpfchen (»Töpsgen«), gießt den Saft darüber und stellt kühl. Nach einer Woche ist dieses Kraut gut, braucht aber beim Kochen meist noch etwas Säure. Die führen wir ihm am besten mit frischer Zitrone und rohen geriebenen Äpfeln zu, warten damit aber bis kurz vor dem Anrichten.

Töpsgen-Krautsalat

Auch Sauerkrautsalat können wir jetzt in »Töpsgen« einlegen, was uns bei Gelegenheit Arbeit erspart. Wir schneiden den Kohl wie eben beschrieben, salzen nur wenig und drücken eine 3 cm hohe Krautlage fest in den Topf, darüber schindeln wir eine Schicht Möhren- bzw. Rote-Rüben-Scheiben; jetzt folgen: Kraut – Gewürzgurken, Kraut – halbe Walnußkerne, Kraut – Estragon, Lorbeerlaub, Wacholderbeeren, Apfelscheiben usw. bis das oder die »Töpsgen« voll sind. Mit einem Teller oder Brettchen zudecken, so daß der sich bildende Saft darüber austreten kann, und das Brettchen mit einem Stein beschweren. Ein Tuch, das stets feucht sein und ab und zu ausgewaschen werden sollte, liegt bis zum Verbrauch – innerhalb von 4 Wochen – locker darüber.

Champignons in Essig und Rotwein einlegen

Falls die Vorräte schon zusammenschmelzen, halten wir uns an dieses Rezept, denn Champignons gibt es eigentlich immer. Die tadellosen Pilze brühen, abgießen und 4 Minuten leise kochen in einem Sud von Wasser und Wein zu gleichen Teilen, einem Teelöffel Salz und ebensoviel Zucker, Zitronenschale und so viel Essig (Essigessenz), daß die Pilze gut säuerlich schmecken. Herausfischen und in Gläser legen, während der Weinsud weiter einkocht, bis gerade noch genug Flüssigkeit bleibt, um die Pilze im Glas zu bedecken. Dem Sud fügen wir, nachdem die Pilze entfernt sind, an Gewürzen Lorbeerlaub, Estragon, Curry und Nelkenpfeffer hinzu.

Backobst verarbeiten

Gedörrte Pflaumen, Birnen (Kletzen), Apfelringe, Aprikosen (Marillen) sowie Rosinen werden zweckmäßig über Nacht eingeweicht und im gleichen Wasser, dem nach Geschmack Zucker, Zimt, Zitronenschale, Rotwein, Honig oder Rübensirup beigegeben wird, in etwa 15 Minuten weich gekocht. Backobst schmeckt am besten, wenn es noch lauwarm ist. Wenn der Saft mit ein wenig Kartoffelmehl bindig gemacht wird, sollte ein kräftiger Stich Butter in dem Kompott nicht fehlen. Butter, keine Margarine!

Backobst mit Graupen, zugleich eine Betrachtung über Herd, Kochkiste und Dampfdrucktopf

Gerstengraupen, sogenannte Kälberzähne, sind sehr zu Unrecht in Verruf gekommen. Sie werden am besten über Nacht eingeweicht und anderntags mit tüchtig Suppengrün und Salz oder Würfelbrühe aufgesetzt und langsam gargekocht.

Früher garte man sie nicht unmittelbar über dem Herdfeuer, sondern an der Seite. Sie brennen nämlich leicht an. Dann aber erfanden sparsame oder zum Sparen genötigte Hausfrauen die »Kochkiste«, eine mit Heu, Holzwolle oder auch nur geknülltem Zeitungspapier zum Isolieren ausgefütterte, verschließbare Kiste, in deren Hohlraummitte der Topf mit Angekochtem für Stunden heiß blieb, so daß Hülsenfrüchte, Kartoffeln, Eintopfgerichte ohne Aromaverlust mit sehr wenig »Energie« im eigenen Saft gar wurden. Heute kochen wir Gerstengraupen mit Dampfdruck oder wir stellen die 15 Minuten lang angekochten Graupen im Topf – anstatt wie ehedem in die Kochkiste – in das auf 90°C vorgeheizte Rohr und lassen sie da bis zum Essen. Zu diesem salzigen Graupengemüse schmeckt sehr süßes Backobst besonders gut, ebensogut wie süßes Apfelmus zu salzigen, mit Suppengrün gewürzten Kartoffelpuffern.

Backobst mit Klößen nach Brandenburger Art

¾ kg gekochte Kartoffeln durch ein Sieb (»Flotte Lotte«) drücken und mit vier Eiern, 60 g geschmolzener Butter oder Margarine, 125 g Weizenmehl und zwei bis drei Teelöffeln geriebener Semmel, einer Prise Salz und Muskatnuß vermischen. Diese Masse ergibt zwölf bis achtzehn Klöße, je nachdem, wie groß sie ausfallen. Das Backobst dazu reicht man gesondert.

Backobst mit Klößen nach bayerischer Art

150 g Semmelbrot in Würfeln mit 100 g Weizenmehl in eine Schüssel geben und mit ⅜ l kochender Milch, in der ein guter Eßlöffel Butter oder Margarine geschmolzen wurde, übergießen. Zwei bis drei Eier darüber schlagen und leicht mit Salz bestreuen. Die Schüssel für wenigstens eine halbe Stunde fest zugedeckt stehen lassen. Danach den Teig so lange durcharbeiten, bis von den Semmelwürfeln nichts mehr zu erkennen ist. Mit nassen Händen Klöße formen und in leise siedendem Salzwasser ziehen lassen, bis sie schwimmen (etwa 15 Minuten). Die Klöße mit dem Schaumlöffel herausneh-

men, auf einer gewärmten Platte mit brauner Butter übergießen und zum Backobst essen. Restliche Klöße aufgeschnitten auf der Pfanne rösten.

Backobst mit Schwemmklößen

¼ l Milch, 125 g Mehl und ein Ei verquirlen, in 20 bis 30 g erhitzte Butter gießen und zu einem Kloß abbrennen. In die abgekühlte Masse weitere zwei bis drei Eier, Muskatnuß und einen halben Teelöffel Salz einarbeiten. Mit dem Löffel Klöße abstechen, die in kochendem Salzwasser in 2 Minuten gar sind. Sie werden in das gekochte Backobstkompott, das mit Orangensaft und -schale geschmacklich abgerundet wurde, eingelegt und als Abendsuppe auf den Tisch gebracht; dazu gibt es ein Butterbrot.

Zum Schluß

Selbst der leidenschaftlichste Gartenliebhaber will sich nicht alle Tage und bei jeder Witterung die Hände draußen schmutzig machen. So wird die Gartenhausfrau oder der Küchengärnter ebenfalls gut daran tun, ab und zu nach Lust und Laune einen Kochtag zu machen, wenn möglich bei Regen, anstatt an jedem Tag im Jahr zu schnippeln, zu schneiden, zu kneten und zu rühren, zu komponieren und zu kosten. An entsprechenden »Gartentagen« schafft man auch mehr als gedacht.

Viele von den hier gegebenen Vorschlägen für die Küche lassen sich für die Woche im voraus bedenken und zusammen schneller verwirklichen. Das gilt auch für jegliche Tätigkeit im Garten: Zusammen geht's besser.

Verzeichnis der Rezepte

Sachregister

Bildquellen

Seite 55: Elke Rickert, Husby
Seite 63: Jan Lelley, Krefeld
Seite 89: Hermann Link, Ravensburg
Seite 101 und 163: Burda Bilderdienst, Offenburg
Seite 178: Achim Samwald, Michelsneukirchen
Alle anderen Fotos: Beate Maltusch, Weinheim

Alle Zeichnungen fertigte Marlene Gemke, Wien.
Den Gartenplänen liegen Entwürfe von Hermann Mattern zugrunde.

Vorratshaltung von Obst und Gemüse. Von → **A. Studer** und → **E. Suter,** Affoltern am Albis, und → **H. U. Daepp,** Schweizerischer Obstverband, Zug. 156 Seiten mit 16 Farbtafeln und 25 Zeichnungen. Kst. → **DM 28,–.**

Ernte am Wegrand. Kräuter und Beeren sammeln, konservieren, verwenden. Von → **Ch. Recht,** Neuried-Altenheim, und → **F. Wetterwald,** Offenburg. 127 Seiten mit 49 Farbfotos und 28 Zeichnungen. Kt. → **DM 14,80** (Ulmer TB 14).

Unsere Küchen- und Gewürzkräuter. Beschreibung, Anbau, Verwendung. Von → **Dr. G. Boros,** Zürich. 4. Aufl. 123 Seiten mit 64 Abb. Kst. → **DM 24,–.**

Heil- und Teepflanzen. Beschreibung, Anbau, Verwendung. Von → **Dr. G. Boros,** Zürich. 3. Aufl. 223 Seiten mit 104 Abb. Kst. → **DM 28,–.**

Gemüse im Garten. Planung, Anbau, Pflege, Rezepte. Von → **M. Buffler,** Willsbach, und → **W. Reich,** Stuttgart. 3. Aufl. 196 Seiten mit 85 Abb. Kst. → **DM 16,80.**

Pilze im Garten. Von → **H. Steineck,** Leichlingen. Überarb. und erg. 2. Aufl. 148 Seiten mit 24 Farb-, 45 SW-Fotos und 12 Zeichnungen. Kst. → **DM 28,–.**

Wein aus eigenem Keller. Trauben-, Apfel- und Beerenweine. Von → **W. Vogel,** Köngen. Erg. und verb. 2. Aufl. 147 Seiten mit 21 Farbfotos und 20 Zeichnungen. Kst. → **DM 28,–.**

Bier aus eigenem Keller. Von → **W. Vogel,** Köngen. 145 Seiten mit 24 Farbfotos und 22 Zeichnungen. Kst. → **DM 36,–.**

Likörbereitung. Wissenswertes über Alkohol und alkoholische Getränke mit Rezeptbeispielen für die häusliche Zubereitung. Von → **Destillateurmeister H. George,** Großheppach. Erg. 6. Aufl. 104 Seiten mit 18 Abb. und 1 Übersichtskarte »Die Spirituosen Europas«. Kst. → **DM 14,80.**

Prospekte kostenlos

Erhältlich in Ihrer Buch(Fach)handlung
oder beim **Verlag Eugen Ulmer**
Postfach 700561, 7 Stuttgart 70

E.U.
VERLAG
EUGEN
ULMER